동의수세보원 역해

동의수세보원 역해

[원리편]

이제마 지음
최대우 역해

景仁文化社

이 책은 이른바 '사상의학서(四象醫學書)'로 더 잘 알려진 동무 이제마(東武 李濟馬: 1837~1900)의 『동의수세보원』 전반부를 우리말로 옮기고 해설한 것이다. 『동의수세보원』은 1901년 초간본이 나온 이후 여러 차례 중간되었고, 또 여러 사람에 의해 한글로 번역되었다. 이미 번역본이 출간되었음에도 다시 번역을 시도한 것은 사상의학의 이론적 배경에 대한 전통적 해석이 사변적 시각에 묶여 있다는 점에 주목했기 때문이다. 이들 번역은 대체로 사상의학을 주역의 변화 원리 또는 변형된 오행 원리를 토대로 이루어진 의학 이론이라는 시각에서 설명한다. 이러한 시각은 사상의학 이론이 전통적인 한의학 이론과 동일한 이론적 지반을 갖고 있다는 것을 의미한다. 다시 말하면 사상의학 이론을 한의학 이론의 계승으로 파악한 것이다.

그런데 이들의 시각에는 이론적 배경이 서로 다를 수 있다는 가정이 배제되어 있다. 물론 사상의학 역시 유기체적 인간관에 기초할 뿐만 아니라 주역 개념 사용에서부터 처방과 약재 사용 등 많은 측면에서 한의학과 다르지 않다. 그렇기 때문에 이들은 한의학과 의학사상에 이론적 차이가 존재한다는 사실을 의심하지 않은 것이다. 그러나 이미 이들 해석과 다른 시각의 번역서(홍순용·이을호 역술, 『사상의학원론』, 서울: 수문사, 1973)가 지적하듯이 사상의학은 이론적 지반을 초월이 아닌 경험에 둔다. 이 사실은 사상의학 이론과 한의학 이론의 차이를 검증하는 결정적 단서가 된다는 점에서 주목해야 한다. 사상의학이 이론적 근거를 초월이 아닌 경험에 두었다는 것은 곧 음양오행설에 근거를 둔 사변적 논의 체계를 벗어나 있다는 것을 의미하기 때문이다. 그러나 사변적 논의 체계를 벗어났다는 결정적 이유는 사상의학이 이론적 근거를 유학에 두면서도 독자적 관점에서 재구성하여 이론화했다는 데 있다. 이러한 논의 방식은 유학은 물론 도가, 음양오행설 심지어는 참위설까지 끌어들여 초월적 관점에서 이론화한 한의학의 사변적 논의 방식과는 근본적으로 다르기 때문이다.

물론 사상의학 역시 유기체적 인간관에 기초하고 있으며 주역적 개념이나 성리학적 개념을 사용하여 이론을 전개한다. 이러한 여러 상황은 한의학과 다르게 전개한 사상의학의 이론 체계를 파악하기 어렵게 만들기 때문에 한의학이나 또는 성리학을 계승한 것으로 받아들이기 쉽다. 그러나 사상의학 이론이 오직 유학에 이론적 근거를 두며 또 독자적 관점에서 유학사상을 재구성하고 이를 확장시켜 장부 이론의 토대로 삼았다는 사실을 발견한다면 이제마가 의학 이론 전개를 위해 이들 개념들을 차용했다는 것을 알 수 있을 것이다.

이 책은 이러한 시각에서 번역과 해설을 시도한 것이기 때문에 홍순용과 이을호가 경험에 근거를 두고 역술한 『사상의학원론』을 저본으로 삼았다. 그러나 『사상의학원론』은 이론적 근거를 경험에 둔 이유, 한의학과의 이론적 차이, 사상의학 이론의 철학적 근거 등을 드러내지 못하고 있다. 따라서 이 책은 『사상의학원론』을 저본으로 하면서도 옮긴이의 관점에서 사상의학 이론이 음양오행의 사변적 논의에 토대를 두지 않은 이유, 그리고 유학사상을 성리학이 아닌 독자적 관점에서 재구성한 이론적 근거가 무엇인지를 해제를 통해 밝혔다. 그리고 이를 토대로 사상의학은 한의학과는 다른 새로운 관점에서 수립된 의학 이론이라는 관점에서 『동의수세보원』 전반부를 해설하였다. 다만 사상의학 이론을 이해하는 시각의 전환은 엄밀한 논증을 요하기 때문에 새로운 해제 대신 옮긴이가 이미 발표한 논문(「이제마 사상설의 철학적 근거」, 『범한 철학』, 62집, 2011, 9)을 해제 형식으로 다시 수록했다.

끝 부분에는 손영석 선생과의 대담을 실었다. 이제마의 3대 제자인 손 선생의 증언은 사상의학 이론을 이해하는 중요한 자료가 된다고 판단했기 때문이다. 주목해야 할 내용은 이제마의 생애에 대해 지금까지 한국에 잘못 알려진 부분과 사상의학 이론의 전수 과정에 대한 부분이다. 특히 수제자로 알려진 한두정(韓斗正)은 이제마의 가르침을 따르지 않아 제자로 인정받지 못했다는 증언은 사상의학 이론을 이해하는 결정적 자료라고 생각한다.

이 책이 나오기까지 도움을 주신 분들에게 감사의 말씀을 드린다. 다산학 연구의 권위자이신 고 이을호 선생님은 은사로서 뿐만 아니라 사상의학을 이해하는 안목을 배우고 익히는 데에 큰 영향을 주셨다. 은사이신 안진오 선생님은 옮긴이의 삶과 학문에 더 없이 깊고 큰 가르침을 주셨다. 그리고 송일병 교수님은 따뜻한 가르침과 격려를 통해 이제마 연구의 방향을 바로 잡아 주셨고, 연변의 손영석 선생님은 진료 시간에 쫓기면서도 이제마의 생애와 사상을 바르게 이해하는 길로 이끌어 주셨다. 또한 노양진 교수는 격의 없이 나눈 철학적 대화를 통해 이제마의 학문적 관점을 이해하는 데 많은 도움을 주었다. 이 밖에도 초고 수정과 교열에 도움을 주신 분들에게도 깊은 감사를 드린다. 끝으로 여러 어려움 속에서도 출판을 허락해 주신 경인문화사 사장님에게도 감사를 드린다.

2012년 10월
옮긴이

I

오늘날 우리 사회에는 인간의 질병을 치유하는 다양한 방법이 존재한다. 그러나 동시에 이로 인해 야기되는 혼란과 갈등이 존재하는 것 또한 사실이다. 물론 우리는 그 이유를 다 알 수 없다. 다만 의학 이론의 기초가 되는 철학적 근거의 충돌이 갈등의 주요 이유 가운데 하나라는 사실은 의심의 여지가 없어 보인다. 질병을 진단하고 치유하는 방법의 근저에는 오랜 세월 이들의 의식 세계를 지배해 온 각기 다른 철학적 관점이 자리 잡고 있기 때문이다. 오늘의 우리 사회가 경험하는 한의학과 서양의학 간의 갈등은 본질적으로 이러한 철학적 관점의 차이에 기인한 것이라고 해야 할 것이다.

철학적 관점의 차이는 동·서 의학만이 아니라 한의학과 사상의학 사이에도 존재한다. 사상의학에 대해서는 이론의 독창성을 인정하면서도 한의학의 범주에 속하는 의학 이론으로 간주하는 것이 일반적인 시각이다. 한의학에서 파생된 의학 이론이라는 점, 그리고 사상의학 역시 유기체적 인간관에 기초한다는 점에서 보면 이러한 평가에 이론의 여지가 없어 보인다. 그렇지만 사상의학의 이론적 지반까지 한의학과 동일한 것으로 보는 데에는 이견이 있다. 사상의학의 이론적 근거는 음양오행설에 근거를 둔 한의학과 다르다고 보기 때문이다.

잘 알려진 것처럼 『내경(內經)』 이후 한의학의 이론적 전통을 규정했던 것은 '음양오행설'이었다. 한의학의 의학적 경험은 상고시대부터 시작되었지만 이론화가 이루어진 것은 춘추전국시대부터 진·한 교체기 무렵으로 추정된다. 한의학은 도가, 유가, 음양가 심지어는 참위설 등 여러 학설을 받아들여 음양오행설로 재구성하여 이론화했고, 이후 음양오행설은 한의학을 상징하는 핵심적 개념이 되었다. 물론 시대의 변화에 따라 운기설이나 해부학에 대한 탐색도 있었지만 이들 역시 음양오행설에 기초하거나 음양오행설을 사유의 방법으로 끌어들여 객관적 관찰 능력의 부족과 치료 방법의 한계를 극복하려고 했다. 1930년대에 한의학의 과학성에 대한 비판적 검토가 있기까지 음양오행설에 근거한 한의학 이론은 사실상 어떠한 도전도 받지 않은 채 이론의 명맥을 유지해 왔다고 할 수 있다.

오늘날 한의학은 서양의학과의 소통, 그리고 이론의 과학화에 대한 문제를 인식하면서도 한의학 이론의 반성적 성찰에 대해서는 소극적이다. 그 이면에는 한의학은 음양오행설을 기초로 형성된 합리적인 지식 체계라는 확고한 믿음이 깔려 있다. 한의학 이론에 대한 다양한 해명과 치료의 효용성, 그리고 서양의학 예속화에 대한 우려 등등의 이유를 들어 음양오행설을 계속 옹호하는 것은 이러한 믿음 때문이라고 할 수 있다. 그러나 이 믿음은 다양한 의학 이론이 공존하는 오늘의 학문 세계에 정면으로 배치된다. 질병 치료의 확장을 위한 의학 이론의 소통과 과학화는 시대적 요청이기 때문이다. 이러한 측면에서 음양오행설에 근거한 이론의 반성적 검토는 한의학의 역할과 가능성을 가늠하는 중요한 관건이라고 할 수 있다.

음양오행설에 대한 반성적 검토는 사상의학 이론의 본질을 밝히는 데 핵심적 관건이 된다. 사상의학은 그 이론적 근거가 한의학과 다르다는 논거가 종종 제시되었지만, 지금도 사상의학을 여전히 전통적 한의학의 한 유형으로 간주하려는 주장과 뒤섞여 논의에 혼란을 불러오고 있다. 이러한 혼란은 물론 사상의학 역시 오행설에 근거한 이론일 것이라는 믿음이 깔려 있기 때문이다. 이러한 논란을 종식시킬 수 있는 방법은 사상의학 이론의 정체성을 밝혀 근거 없는 추론이나 잘못된 믿음을 불식시키는 일일 것이다. 사상의학의 정체성은 이론의 철학적 근거가 무엇인지를 밝히는 것이 첩경이라고 할 수 있다. 철학적 근거의 동이(同異) 여부가 한의학과 사상의학의 이론적 차이가 무엇인지를 드러내는 관건이기 때문이다.

Ⅱ

앞서 지적했던 것처럼 사상의학 이론의 해석에는 사상의학을 한의학의 한 유형으로 간주하는 시각과 그것을 한의학과 차별화하려는 시각이 대립적으로 제기되고 있다. 전자는 완전한 동일은 아니지만 한의학 이론을 수용한 것으로 보는 입장이고, 후자는 한의학에 기초했지만 한의학과는 다른 이론이라는 입장이다. 이러한 해석상의 대립은 한의학 이론의 계승이라는 관점과 독창적 이론이라는 관점의 대립으로 환언할 수 있다.

그런데 이들 논의의 출발이 사상과 오행 개념이기 때문에 이 논의는 다시 두 개념의 동일성 여부로 압축할 수 있다. 먼저 계승으로 보는 입장은 『주역(周易)』의 체용설(體用說)에 근거해서 오행 도식을 이제마의 이론에 적용시키거나, 사상을 새로운 오행 도식 내지는 오행의 변형으로 해명한다. 이들이 대부분 오운육기(五運六氣)나 오행체용(五行體用)으로 사상의학의 장이론(臟理論)을 설명한 것은 한의학과 동일한 이론체계로 인식하기 때문이다. 이러한 설명은 사상의학이 오행을 근간으로 인간의 질병을 진단하고 치료하는 방식을 계승하고 있다는 강한 믿음에 기인한 것으로 보인다. 사상의학 이론에는 이들의 주장을 입증할 만한 이제마의 언급을 찾아볼 수 없기 때문이다. 따라서 그들은 사상의학이 오행을 벗어난 새로운 이론일 수 있다는 가정을 처음부터 배제한 것으로 보인다.

독창적 이론으로 보는 관점은 사상을 오행과 무관한 개념으로 이해한다. 이들은 사상의학이 인간의 존재 구조를 사원으로 구조화[天人性命]하여 설명한다는 점과 오직 유학에 이론의 근거를 두고 전개한다는 점에 주목한다. 구조적 설명은 인간의 존재 구조를 유기체적 관계로 해명하되 인간의 감각기관에 의존하는 실증적 설명 방식이고, 유학에 이론의 근거를 두고 전개한 것은 유학의 현실주의를 수용한 것이다. 이 두 가지 점은 인간 해명에서 그 타당성 여부에 관계없이 검증 가능한 방식을 취했다는 점에서 과거의 한의학적 해명과 정면으로 배치된다.

한의학에서는 사물의 연관관계를 오행으로 표현하는 방식을 취함으로써 인체의 생리와 변화를 상생상극으로 설명한다. 이 방식은 객관적 검증이 불가능한 사변적 논의에 의존한다는 점에서 주관적이다. 그러나 사상의학은 검증 가능한 방식을 취함으로써 이러한 주관적 논의 방식을 탈피하고 있다. 이것이 곧 사상의학을 한의학과는 다른 독자적 이론으로 해석하는 이유이다.

이러한 두 갈래의 해석이 가능한 것은 물론 사상의학 이론을 내 놓게 된 이제마의 구체적인 설명 부족이 직접적인 원인이다. 또한 한의학 이론이나 오행 이론에 대해 자신의 견해를 밝히는 직접적인 언급도 없다.

그러나 이제마는 그의 저서 여러 곳에서 한의학 이론과 차별화를 암시하는 언급을 찾아볼 수 있다는 점에 주목해야 한다.

첫째, 『격치고(格致藁)』, 「반성잠(反誠箴)」 서론에서 잠(箴)의 이름과 뜻은 역상(易象)을 모방[依倣]한 것으로서 복희(伏羲)가 말한 역상(易象)과 다르다고 주장하고 있다.

둘째, 장중경의 체질 구분은 병 증세를 기준으로 논한 것이고 자신의 체질 구분은 인물(人物)을 지목하여 논한 것이라고 언급하고 있다.

셋째, 과거에는 마음의 편착(偏着)이 발병의 요인임을 모르고 음식과 풍한서습(風寒暑濕)만을 발병의 원인으로 보았다고 비판하고 있다.

넷째, 무엇보다도 자신의 『동의수세보원』은 과거에는 없던 의서(醫書)로서 시비가 되겠지만 결국 의학의 중심[樞軸]이 될 것이라고 말하고 있다.

만일 사상의학이 전통적인 한의학을 계승했다면 '역상(易象)의 모방(模倣)'이나 '한의학 이론과의 차별화'를 언급할 필요가 없었을 것이다. 따라서 이러한 언급들은 사상의학 개념의 혼동, 그리고 한의학의 계승으로 해석될 수 있는 오해를 미리 차단하기 위한 것이라고 보아야 할 것이다.

이제마의 이러한 언급이 아니더라도 사상의학이 한의학과는 다른 독창적 의학 이론이라는 관점의 논의는 이론의 본질에 접근하는 일정한 성과를 거둔 것으로 평가할 수 있다. 이들의 논의는 사상의학 이론이 사변적 논의에서 실증적 방식으로 선회한 것임을 밝혀냈기 때문이다. 그렇지만 이들 논의 역시 사상의학 이론의 본질에 접근했다고는 보기 어렵다. 실증적 논의를 가능하게 한 이론적 근거가 제시되어 있지 않기 때문이다. 물론 이들은 사상의학의 이론적 근거가 훈고학이나 성리학이 아닌 공맹유학[經學]에 있음을 말하고 있다. 그러나 그들이 말하는 공맹 유학은 어떠한 성격의 것인지 불분명하다. 따라서 사상의학의 독창성을 드러내기 위해서는 무엇보다도 먼저 실증적 논의를 가능하게 한 근거가 무엇인지를 밝혀야 할 것이다.

III

이제마는 이 책의 말미에서(「四象人辨證論」, 7판) 자신의 저술이 의학계의 시비가 되겠지만 의약의 중심이 될 것임을 확신하였다. 그는 왜 시비에 휘말릴 것을 알면서도 사상의학이 의학의 중심이 될 것이라고 확신하는 것일까? 이에 대한 구체적인 언급은 없지만 사상의학 이론에는 그 의도를 파악할 수 있는 단서를 발견할 수 있다. 단서는 이론의 '전개구조'와 '철학적 근거'로 요약할 수 있는데, 이들 내용은 한의학과 정면으로 배치되는 것이 특징이다. 이에 근거하면 이제마는 의학 이론의 틀을 새롭게 재구성하여 한의학 이론을 극복하려 한 것으로 해석된다.

한의학과 사상의학은 이론의 근간을 유기체적 인간관에 두었다는 점에서 공통점을 갖는다. 이 점이 사상의학을 한의학과 동일한 범주 안의 의학 이론으로 간주하는 주된 이유이다. 그렇지만 사상의학의 전개구조와 철학적 근거는 한의학과 동일한 인간관에 기초하지 않았다는 것을 분명하게 드러내 준다. 한의학에서는 인간이 자연과 유기체적 관계 속에 존재하기 때문에 자연의 변화가 인간의 생명에 영향을 미친다고 생각했다. 예를 들면 인간의 질병은 풍우한서(風雨寒暑)나 음식이 인체에 영향을 미치기 때문에 발생한다고 생각한다. 한의학이 자연의 변화와 같은 외적 조건에서 질병 발생의 원인을 찾고 치료 방법을 모색하는 것은 이 때문이다. 그러나 이제마는 자연의 변화보다는 자연 안에서 살아가는 인간의 존재 구조에 주목한다.『격치고』「반성잠(巽箴)」 말미에 그려진 아래의 그림은 이제마가 인간의 존재 양상을 어떻게 이해하고 있는가를 잘 설명해 준다. 이 그림은 인간을 둘러싼 외적 구조, 다시 말하면 인간이 존재하는 구조를 입체적으로 설명한 것이다.

未來在天 天在上也

兌

乾

知行在我 我在左也 震 離 太極 坎 巽 祿財在他 他在右也

坤

艮

過去在地 地在下也

이 그림은 태극을 중심으로 팔괘가 배치되었기 때문에 '역(易)의 원리'를 수용하여 인간을 설명한 것으로 이해하기 쉽다. 그러나 역의 원리 수용은 개념에 집착한 선입견에 지나지 않는다. 이제마는 「반성잠」 서두에서 '반성잠'의 이름과 뜻[名義]은 역의 괘상을 모방하여 서술한 것임을 밝히고 있기 때문이다. 그는 괘상을 취해 형상과 이치를 설명한 것은 자신의 독자적인 견해일 뿐 복희가 말한 역상의 의미는 아니며, 괘의 명의(名義)가 복희의 역상과 우연히 일치하고 있지만 이것을 논증하지 않은 것은 자신의 능력으로 도달할 수 있는 것이 아니기 때문이라는 사실을 분명하게 밝히고 있다. 괘상은 모방하기 위한 것일 뿐, 주역의 변화 원리와 자신의 의학 이론은 전혀 관계가 없다는 설명이다.

　그러면 왜 괘상을 모방하여 자신의 생각을 드러내려 한 것일까? 이제마는 태극을 중심으로 팔괘를 상하 좌우에 배치한 이유에 대해 "한 인간(一身)은 하늘 아래에서 성(誠)을 세우고 중용의 도는 하늘 아래에서 행해지므로 건태(乾兌)의 위치를 위에 표시한 것이다. 만물은 땅위에서 함께 태어나고 대학의 덕은 땅 위에서 행해지므로 곤간(坤艮)의 위치를 아래에 표시한 것이다. 지행(知行)을 가지런하게 갖추는 기술은 그 이치가 왼쪽에 있지만 얻을 수 있는 기술은 반드시 나에게 있으므로 리진(離震)의 위치를 왼쪽에 표시한 것이다. 재록(財祿)을 고르게 나누는 권세는 그 이치가 오른쪽에 있지만 얻을 수 있는 권세는 반드시 남에게 있으므로 감손(坎巽)의 위치를 오른쪽에 표시한 것이라"고 해명한다.

　이 해명은 팔괘를 상하 좌우에 배치한 이유보다 인간을 이해하는 관점에 주목해야 한다. 상하에 배치된 천지는 인간이 존재하는 시간과 공간을, 좌우에 배치된 지행과 재록은 인간이 존재하는 동안 접촉하는 사·물(事·物)을 가리킨다. 그리고 지행과 재록을 좌우에 배치한 것은 인간의 내면적 자각 활동과 외적 행동을 구분하기 위한 것이다. 이러한 배치는 괘상을 모방한 것이기 때문에 괘의 배치에 특별한 의미를 부여할 필요는 없다.

　주목할 것은 성(誠)과 도덕을 인간사회에서 행해져야 할 당위적인 일로 인식했다는 점, 또 도덕을 자각하고 행하는 지행, 그리고 함께 나누어야 할 재록을 인간 스스로 실천을 통해 얻어내야 하는 일로 인식한 점이다. 후술하겠지만 지행과 재록에 대한 이러한 인식은 새로운 성명 해석의 근간이 된다는 점에서 중요하다. 이것은 과거와 다르게 인간을 유학적 관점에서 그리고 우주를 인간을 중심으로 이해하겠다는 변화된 입장을 드러낸 것이다. 즉 인간은 시공간적 존재이지만 우주의 원리를

따라 유지되는 단순한 생명체가 아니라 생명의 주체로 인식한다는 의미
이다. 따라서 그가 말한 태극은 우주의 변화 원리로 설명하는 주역의 개
념과 변별해야 한다. 이제마가 말한 태극은 생명의 주체인 인간을 가리
키는 개념일 뿐이기 때문이다.

   이러한 해석을 뒷받침하는 단서는 사상의학 이론의 전개 구조에 있
다. 사상의학 이론의 완결서인 이 책 『동의수세보원』은 이론적 기초가
철저하게 인간을 중심으로 서술되어 있다는 것을 알 수 있다. 이 서술의
내용은 크게 네 가지로 정리할 수 있다.

   첫째, 인간은 천기와 인사의 사상구조 안에 존재한다. 이제마는 이 책
의 서두에서 "천기(天機)에는 지방(地方), 인륜(人倫), 세회(世會), 천시(天
時) 네 가지가 있고, 인사(人事)에는 거처(居處), 당여(黨與), 교우(交遇), 사
무(事務)의 네 가지가 있다"고 하였다. 이것은 앞서 살펴본 그림에 기초
해서 인간이 존재하는 구조를 구체적으로 설명한 것이다. 천기는 인간
을 둘러싸고 있는 구조[외적]를, 인사는 인간이 살아가면서 맺는 관계
[내적]를 가리키는 개념이다. 천기의 사상에서 천시와 지방은 시간과 공
간을, 인륜과 세회는 타인과 사회와의 관계를 가리키는 개념이다. 그리
고 인사의 사상에서 거처와 사무는 사는 곳과 사회에서 관여해야 할 일
을, 당여와 교우는 거처를 함께하는 친족과 비친족 간의 인간관계를 가
리키는 개념이다. 천기와 인사는 필연적 관계라는 점에서 사상구조는
기본적으로 유기체적 인간관에 기초한 것으로 해석된다.

   둘째, 사상구조의 주체는 인간이다. 이제마는 사상의학 이론을 유기
체적 인간관에 기초하지만 유기체의 주체는 인간이라고 생각한다. 그는
"이목비구가 천시를 듣고, 세회를 보며, 인륜을 냄새 맡고, 지방을 맛보
며, 폐비간신은 사무에 통달하고, 교우를 취합하며, 당여를 정립하고, 거

처를 안정케 한다"고 말한다. 이목비구가 천기를 지각하고 폐비간신이 인사를 향한다는 것은 몸에 지행 능력이 주어져 있다는 은유적 표현이다. 성리학에서는 인간을 우주의 운행원리 안의 존재라는 시각에서 해명한다. 성리학이 인간에게 자율적 판단에 따른 행위보다는 보편 원리에 부합하는 행위를 요구한 것은 이 때문이다. 그러나 이제마는 인간의 지각 능력이 천기와 인사를 인식하고 행하는 것으로 설명한다. 인간의 자율적 판단과 행위 능력이 천기와 인간의 관계를 이끌어간다는 의미이다. 말하자면 인간은 천지 변화에 따라야 하는 객체가 아니라 주체라는 것이다. 따라서 이 설명의 본질은 초월적 해명을 부정하는 것으로 해석된다. 그는 천기와 인사 그리고 몸의 지행 능력을 말하면서도 그 본질에 대해서는 침묵한다. 이 침묵은 우리가 알 수 있는 것은 지행 능력을 통해 경험할 수 있는 것뿐이라는 의미이다. 다시 말하면 인간은 보편 원리가 아닌 지각하고 행할 수 있는 경험의 관점에서 이해해야 한다는 주장이다.

셋째, 인간의 지각과 도덕 행위를 몸 작용으로 설명한다. 이제마 역시 "사람들의 이목비구는 호선함이 더할 나위 없고 사람들의 폐비간신은 오악함이 더할 나위 없으며, 사람들의 함억제복은 사심이 더할 나위 없고 사람들의 두견요둔은 태행이 더할 나위 없다"고 하여 몸의 욕구에는 사심이나 나태함과 같은 측면이 있음을 말한다. 그러나 그는 동시에 "이목비구는 천을 관찰하고 폐비간신은 사람을 바로 세우며, 함억제복은 그 지혜를 실천에 옮기고 두견요둔은 그의 행업(行業)을 실행한다고" 하여 몸이 지각 활동은 물론 도덕 행위까지 행하는 것으로 설명한다.

유학에서 사유 활동을 마음의 작용으로 해명한 것은 맹자가 처음이다. 맹자는 마음과 몸을 대체(大體)와 소체(小體)로 분리시키고, 사유는 마음의 기능이며 몸에는 사유기능이 없다고 한다. 이후 유학에서는 지각과 도덕 행위는 곧 마음의 작용이라고 믿어왔다. 송·명 시대에 마음과 함께 몸(의 욕구)에 대한 많은 논의가 있었지만, 이들은 몸이 일정 부분 도덕 행위와 관련이 있을 것이라는 가정은 처음부터 배제한다. 주자학을 수용하여 심성에 대한 논의를 심화시킨 조선조 유학도 사정은 마찬가지다. 몸 기능에 대한 그들의 탐색은 리기론에 묶여 주자학의 논의를 벗어나지 못했기 때문이다. 몸에 대한 실증적 탐색은 정약용에 의해 비로소 시작되었다고 할 수 있다. 그는 신형묘합(神形妙合)설을 제시하여 마음과 몸 작용은 분리되어 있지 않다는 것을 검증하고, 도덕 행위는 인간의 자율적 의지에 따라 이루어지는 것으로 주장하였다. 다만 그가 말한 자율은 천명에 귀를 기울이고 따라야 한다는 점에서 초월적 관점을 벗어나지 못한 한계가 있다. 그러나 이제마는 지각과 행위는 물론 사욕과 도덕 행위까지 몸이 기능한 것으로 설명한다. 이것은 몸이 지각과 행위의 주체라는 것을 의미한다. 물론 그 역시 마음이 몸을 주재한다는 전통적 관점을 견지한다. 그러나 그의 주재는 몸의 부중절(감정의 폭랑)을 조절한다는 의미이므로 마음이 몸(의 욕구)을 주재한다는 유학적 개념과는 구별된다. 어떻든 몸이 지각하고 행한다는 그의 주장은 몸에 대한 새로운 탐색이라는 점에서 의미를 부여할 수 있다.

넷째, 체질(몸)을 실증적 방식으로 분류한다. 인간의 체질이 각자 다르다는 것을 발견하고, 이를 유형화해서 치료 방법을 모색한 것은 한의학의 오래된 전통이다. 이제마 역시 인간의 몸은 각자 다르다고 파악한다. 그러나 그는 이들과는 다른 방식으로 몸을 이해하고 유형화한다. 이제마는 "사람의 타고난 장부 이치에 같지 않은 것이 네 가지가 있는데, 폐가 크고 간이 작은 사람을 태양인(太陽人)이라 하고, 간이 크고 폐가 작은 사람을 태음인(太陰人)이라 하며, 비가 크고 신이 작은 사람을 소양인(少陽人)이라 하고, 신이 크고 비가 작은 사람을 소음인(少陰人)이다"고 하여 인간의 체질을 넷으로 나눈다. 한의학에서는 일찍이 몸(체질)을 5유형 또는 25유형으로 분류하여 체질에 맞는 치료 방법을 모색했다. 물론 이것은 사람의 형태, 체질, 성격 그리고 걸리기 쉬운 질병 등에 근거한 분류이기 때문에 물질적 근거를 갖고 있다. 이 유형은 모두 오행의 기(氣) 또는 외모나 안색 등을 오행에 맞춰 재구성한 것이다. 이러한 점에서 이들 유형은 물질적 근거나 유용성에 관계없이 추상적 분류라는 한계를 지닌다.

이에 비해 이제마는 몸에 대한 실증적 분석을 토대로 체질을 분류한다. 분류 근거는 두 가지이다. 하나는 장부의 대소 기능이다. 대소는 기능적인 면에서 '장부 장단(臟腑 長短)의 차이'를 가리키는 개념인데, 이제마는 이를 성정(性情)[감정]의 차이로 설명한다. 물론 여기서 성은 성리학적 성 개념[天理]과 구별해야 한다. 성은 공공의 이익을, 정은 사적 이익을 쫓는 감정이라는 차이가 있을 뿐 모두 감정을 지칭하는 개념이기 때문이다. 이제마는 감정의 편착(偏着)이 질병 발생의 주요 원인이라고 주장한다. 그리고 같은 상황에서 사람마다 감정이 각자 다르게 반응하는 것은 장부 기능의 차이가 그 원인이라고 주장한다. 장부 기능의 차이[대소]를 체질 분류의 기준으로 삼는다는 점에서 사상인의 사상(四象)은 '장부 기능의 차이'에 근거한 실증적 개념이다. 다른 하나는 사상인의 분포는 통계에 근거한 것이다. 이제마는 인간의 체질을 조사하여 자료화한다. 통계는 1만 명을 대상으로 조사한 것인데, 여러 차례의 조사를 집계하여 통계를 산출한 것으로 추정된다. 통계는 물론 체질 변별의 정확성을 기하기 위한 것이다. 그러나 통계는 또 다른 의미를 갖는다. 통계는 시술자의 주관적 판단보다는 객관적 자료에 근거해 치료 방법을 모색하는 데 목적이 있기 때문이다. 이러한 점에서 사상인의 체질 분류는 의료 경험에 근거한 이론화 작업의 시도로 해석된다.

이상의 네 가지 사실은 사상의학 이론이 한의학과 다른 방식으로 전개되었다는 것을 어렵지 않게 보여 준다. 사상의학 이론은 한의학과 마찬가지로 유기체적 인간관에 기초한다. 그러나 인간을 천기(사상구조) 안의 존재로 이해하고, 나아가 인간을 그 주체로 이해한 것은 한의학과 근본적으로 다른 전개 방식이다. 이것은 눈에 보이지 않는 기의 흐름[오행] 대신 확인 가능한 방법을 통해 인간을 해명하려는 시도이다. 지각과 행위를 몸 작용으로 설명하고, 통계 자료에 근거해서 체질을 분류한 것역시 마찬가지다. 이러한 전개 방식은 결국 한의학 이론의 본질에 대한 반성적 성찰의 결과에 근거한 것이라고 해석된다. 인간의 경험과 인식 능력에 근거한 이론 전개는 오행에 기초한 사변적 논의의 부정과 수용 거부를 의미하기 때문이다. 사상의학을 계승보다는 새롭게 재구성된 의학 이론으로 보아야 하는 이유가 여기에 있다.

IV

사상의학을 재구성된 의학 이론으로 보는 근거로 전개구조를 제시했지만 그것은 사상의학의 본질이라고 할 수 없다. 전개구조는 이론의 본질을 드러내는 수단일 뿐이기 때문이다. 사상의학을 오행의 계승이나 변형 또는 성리학 계승의 관점에서 해명한 것은 동일한 철학적 근거위에 성립된 이론이라는 가정을 전제로 한 것이다. 그러나 사상의학 이론의 전개과정을 검토하면 철학적 근거가 이들과 다르다는 것을 발견할 수 있다. 사상의학 이론의 본질인 사상설의 철학적 근거를 재구성의 관점에서 검토하려는 이유가 여기에 있다.

철학적 근거를 검토할 때 먼저 고려해야 할 사항은 사상의학은 오직 유학에 이론의 근거를 둔다는 점이다. 한의학이 도가를 비롯한 여러 사상을 수용한 것과는 달리 사상의학은 유학 이외의 사상은 일체 수용하지 않는다. 이것은 물론 이론의 근거를 오직 유학에 두었다는 것을 의미한다. 다음으로 고려해야 할 사항은 사상의학에서 사용된 유학 용어가 곧 특정한 유학 이론의 수용을 의미하지 않는다는 점이다. 이제마는 단지 이론 전개를 위해 유학 개념을 차용할 뿐이기 때문이다. 앞서 말한 바와 같이 이제마는 그가 사용한 주역 용어는 모방한 것으로서 주역의 내용과 다르다는 것을 명백하게 밝힌다. 차용에 따른 개념의 혼선을 미리 차단하기 위한 언급이다. 따라서 '사상' 개념을 포함한 많은 유학 용어는 수용보다는 이론 전개를 위해 차용한 것이라는 관점에서 검토되어야 한다.

이제마는 몇 권의 저술을 남겼지만 사상설의 철학적 근거는 『동의수세보원』에서 찾아야 한다. 이 책은 유학적 관점에서 재구성한 의학 이론의 완결서이기도 하지만, 서술 의도가 전개 순서와 서술 방식에 잘 드러나 있기 때문이다. 의학 이론에 앞서 전개된 「성명론」과 「사단론」, 그리고 「확충론」과 「장부론」은 사상의학의 원리론에 해당된다. 확충은 성명과 사단의 확충을 가리키므로 「장부론」은 곧 유가적 도덕 이론을 확충시켰음을 의미한다. 따라서 이 전개 순서는 의학 이론의 근거가 도덕학으로서의 유학에 있다는 것을 명시하기 위한 것이다. 다음은 서술 방식인데, 그는 의학 이론의 철학적 근거를 성명(性命), 리기(理氣), 성정(性

情) 등의 개념을 사용해서 서술한다. 개념만 보면 주자학의 수용으로 이해하기 쉽다. 그러나 이들 개념 역시 주자학과 다르게 사용하고 있다는 데 유의해야 한다. 이제마는 자신의 철학적 관점을 드러내기 위해 이들 개념을 차용해서 대비시키는 서술 방식을 취했기 때문이다. 이것이 이들 개념을 주자학의 계승이 아닌 재구성의 관점에서 해석해야 하는 주된 이유이다.

그러면 사상설의 철학적 근거를 구성하는 구체적인 내용은 무엇인가? 철학적 근거는 성명, 리기, 성정 세 개념을 통해 확인할 수 있다. 이제마는 특히 이들 개념을 통해 주희의 철학과 배치되는 관점에서 의학 이론의 철학적 근거를 드러내기 때문이다. 따라서 사상설의 철학적 근거가 무엇인지는 이들 개념의 검토 과정에서 자연스럽게 드러날 것이다.

1) 성명

성명은 인성(人性)과 천명(天命)이 아니라 천성(天性)[慧覺/至性]과 인명(人命)[資業/正命]이다. 주희의 리학(理學)은 정이천의 형이상학과 주렴계의 태극도설 등을 받아들여 체계화한 것이지만 그 근원은 '인성은 천명으로 부여된 것'이라는 유학 정신을 계승한 것이다.『중용』1장 '천명지위성(天命之謂性)' 절에서 성을 리, 명을 천명으로 해석한 것은 그의 관점을 가장 잘 드러내 준다. 만화(萬化)의 근원인 천리는 천명이라는 절대적 힘의 작용을 통해 만물에 리를 부여[理一分殊]함으로써 인간을 포함한 현상계에 관여한다는 논리다. 그는 인성은 천명으로 주어진다는 유학 정신을 리의 원천으로 삼아 추상적 성명 개념을 구조화하고 실체화함으로써 도덕 이론의 핵심적 축으로 삼는다. 즉 주희가 도덕

이론의 핵심적 개념으로 사용한 성명(천명과 인성)은 초월적 천리 개념의 실체화를 통해서 정당화된 것이다.

이제마 역시 성명은 하늘이 부여한다는 유가적 관념을 계승한다. 그러나 그는 천리 개념과는 근본적으로 다른 시각에서 성명을 해석한다. 『동의수세보원』「성명론」에서 그는 성명에 대해 이렇게 해명한다.

> 하늘이 만민을 내실 때에 성(性)은 혜각(慧覺)으로서 마련해 주었으니 만민이 삶에 있어서 혜각이 있으면 살고 혜각이 없으면 죽는다. 혜각이란 덕(德)이 생겨나는 곳이다. 하늘이 만민을 내실 때에 명(命)은 자업(資業)으로서 마련해 주었으니 만민이 삶에 있어서 자업이 있으면 살고 자업이 없으면 죽는다. 자업이란 도(道)가 생겨나는 곳이다.[1]

『동의수세보원사상초본권』에서 성명을 지행(知行)과 의식(衣食)[財祿]으로 해석한 것을 고려하면, 혜각과 자업은 이들 개념을 수정·보완한 것으로 보인다. 인간이 부여받은 성명은 지각과 행위 능력이며, 도덕적 삶은 이 능력의 발휘 여부에 따라 결정된다는 것이다.

도덕적 삶을 인식하고 실천하기 전에 도덕이라고 말할 수 있는 것은 없다. 알 수 있는 것은 오직 도덕을 인식하고 실천하는 능력이 우리에게 있다는 것, 그리고 도덕은 이 능력이 발휘된 이후에 생긴다는 사실뿐이다. 이러한 그의 생각은 우리가 지향해야 할 도덕적 삶은 '지행'에 있다고 강조한 데에서 확인할 수 있다. 이제마는 이렇게 말한다.

> 남의 선행을 좋아하면서 나도 선행할 줄 아는 것은 지성(至性)의 덕이요, 남

---

1) 이제마, 『동의수세보원』「성명론」, 30-31절. (이하 이 책에서의 인용은 「성명론」 「사단론」 등 장 제목을 제시한다.)

의 악행을 미워하면서 나는 결코 악행을 하지 않는 것은 정명(正命)의 도이다. 지행이 쌓이면 그것이 도덕이요, 도덕이 이루어지면 그것이 바로 인성(仁聖)이 므로 도덕은 다름 아니라 지행이요, 성명은 다름 아니라 지행이다.[2)

지행이 곧 성명이라는 것은 성명을 인식하는 과거의 관점을 바꾸기 위한 의도적인 언급이다.

'성명은 하늘이 준 덕성'이라는 주희의 해명은 지금까지 바뀔 수 없 는 정설로 인식되었다. 그 결과 리기론에 대한 많은 논란에도 불구하고 주어진 덕성을 따르는 것이 곧 도덕 실현의 방법이라는 절대적 믿음을 갖게 되었다. 그러나 이제마는 도덕의 선천성을 부정한다. 그는 선악을 판단하고 실천하는 구체적인 행위를 지성의 덕과 정명의 도, 즉 도덕이 라고 해석한다. 선악을 분별하는 자율적 판단과 그에 따른 행위의 결과 가 도덕이라는 것이다. 또한 그는 인성(仁聖)과 성명을 도덕 개념과 같은 맥락에서 해석한다. '성명은 다름 아닌 지행'이라고 한 것은 성명 역시 선천적으로 주어진 덕성[천리]이 아닌 지행의 결과를 가리키는 개념이 다. 이것은 성명 해석을 보편 원리[性卽理]라는 초월적 관점에서 지행의 결과라는 경험적 관점으로의 선회를 시도한 것이다. 이러한 측면에서 주희의 성명 해석의 관점을 원리주의로, 이제마의 관점은 결과주의로 구분할 수 있다.

이제마는 이처럼 경험적 관점에서 도덕을 이해하기 때문에 성명을 몸에 주어진 보편적 도덕 행위 능력으로 이해한다. 이미 설명했듯이 성 명은 혜각과 자업의 지행 능력이며, 그것은 천기와 인사를 지각하고 행 하는 기능이다. 그는 이러한 몸 기능을 "대동(大同)한 자는 천(天)이고 각

---

2) 같은 곳, 34절.

립(各立)하는 자는 인(人)이며, 박통(博通)하는 자는 성(性)이고 독행(獨行)
하는 자는 명(命)이다"라고 말함으로써 보편과 독자[개별]의 양면성으로
설명한다. 대동과 각립, 박통과 독행은 혜각과 자업, 즉 지행 능력의 보
편성과 독자성을 가리키는 대립 개념이다. 다만 대동은 대상[天氣]을 인
식하는 기능(이목비구)을, 박통은 도덕 행위를 지각하고 판단하는 기능
(두견요둔)을 가리키는 차이가 있다. 마찬가지로 각립은 대상(인사)을 인
식하는 기능(폐비간신), 독행은 행하는 기능(함억제복)을 가리키는 차이
가 있다. 그러나 이러한 차이에도 대동과 박통은 보편성을, 각립과 독행
은 독자성을 가리키는 개념으로 정리할 수 있다. 이들 개념은 몸의 양면
적 기능을 구체화한 개념이기 때문이다.

　여기에서 주목해야 할 것은 양면적 몸 기능을 천·인·성·명으로 환언
한 이유이다. 이것은 의학 이론의 근거와 재구성의 측면에서 살펴볼 수
있다. 먼저 천인성명을 검증 가능한 몸 담론으로 해명함으로써 의학 이
론의 근거로 삼고 있다는 사실에 주목할 필요가 있다. 성명은 인간의 도
덕성을 해명하는 오래된 유가적 개념이다. 이러한 성명 개념은 송대 성
리학에 이르러 형이상학적 관점에서 재해석되었고, 특히 주희의 형이상
학적 해석은 이후 유학 사상을 상징하는 개념으로 고착화되었다. 그러
나 이제마는 천인성명을 양면적 몸 기능으로 해석할 뿐 과거의 형이상
학적 해석에 대해 일체 언급하지 않는다. 이것은 사상의학 이론의 철학
적 근거를 검증 가능한 몸 기능, 즉 경험에 두겠다는 의도를 간접적으로
표현한 것이다.

　다음은 양면적 몸 기능을 천인성명의 사상(四象)으로 확장하여 사상
구조로 재구성하고 있다는 점이다. 이제마는 양면적 몸 기능을 천인성
명의 사상구조로 세분화한 다음, 이를 중심으로 의학 이론을 전개한다.

이 구조는『동의수세보원』「성명론」에서 「장부론」에 이르는 원리론 부분은 물론이요, 맹자의 사단론까지 '사심신물 사단론'으로 구조화하여 전개하고 있다는 점에서 확인할 수 있다. 이것은 물론 사상구조로 재구성한 몸 기능을 사상의학 이론의 철학적 근거로 삼았다는 것을 의미한다. 천인성명을 성리학적 해석 대신 몸 기능을 구조화한 개념으로 해석해야 하는 이유가 여기에 있다. 즉 이제마의 성명 개념은 '천명'과 '인성'이 아닌 '천성'과 '인명'으로 이해해야 한다. 천인성명은 보편적 기능(대동/박통)을 가리키는 '천성'과 독자적 기능(각립/독행)을 가리키는 '인명'을 사상으로 구조화한 개념일 뿐이기 때문이다.

2) 리기

리기(理氣)는 보편 원리로서의 리기가 아니라 호연의 리(理)와 기(氣)이다. 앞서 본 바와 같이 주희는 인성은 천명으로 주어진다는 유학 정신을 리의 원천으로 삼아 추상적 성명 개념을 구조화하고 실체화하여 도덕이론의 핵심 개념으로 삼았다. 리기 역시 도덕규범을 제시하기 위해 천리라는 추상적 개념을 실체화한 개념이다. 그가 부여받은 성[理]을 다시 본연[仁義禮智]과 기질의 성으로 구분한 다음, 순선한 본연의 성을 따르는 데에서 당위적 도덕규범을 모색한 것은 만화(萬化)의 근원으로 실체화된 천이 만물을 낳을 때 기(형체)와 함께 리를 부여하고 관여한다는 이론에 따른 것이다. 주희는 이러한 본연의 성을 근거로 최고의 도덕 가치를 정당화하고 또한 인간의 동등한 도덕적 지위를 정당화한다. 기질성, 욕구, 인심 등 인간의 욕망에 대한 그의 수많은 논의가 경험적 사실이 아닌 추상적 담론에 머무는 것은 이 때문이라고 할 수 있다.

　이제마 역시 리기 개념을 사용해서 도덕을 해명한다. 그러나 그것은 '호연의 리기(理氣)'로서 성리학적 리기와는 본질적으로 다른 개념이다. 특히 '호연의 리'는 사상의학이 한의학 이론이나 오행사상 또는 특정한 유학사상을 계승한 의학 이론이 아니라는 것을 보여 주는 상징적 개념 이라는 점에 주목해야 한다. 호연의 리는 유학의 역사에서 경험할 수 없 는 새로운 용어로서 사상의학 이론의 철학적 근거를 드러내기 위한 개 념이기 때문이다. 이제마는 호연의 리와 기에 대해 "호연지기(浩然之氣) 는 폐비간신에서 나오고 호연지리(浩然之理)는 마음에서 나온다. 인의예 지 등 사장(四臟)의 기를 확충하면 호연지기는 곧 여기에서 나올 것이요, 비박탐나 등 심욕을 분명하게 가려낸다면[明辨] 호연지리는 곧 여기에 서 나올 것이다"고 한다. '호연의 리'는 맹자의 '호연지기'와 주희의 '리 기'개념을 차용하여 만든 이제마의 독창적 용어이다. 잘 알려진 것처럼 리기는 도덕성의 근거를 그리고 호연지기는 도덕적 용기를 가리키는 개 념이다. 그러나 호연의 리에는 보편 원리와 같은 초월적 의미가 없으며, 호연의 기가 몸(장부)에서 나오는 것으로 말한 것 역시 맹자와 다르다. 이 때문에 호연의 리기는 성리학의 계승이 아니라 재구성의 관점에서 검토되어야 한다. 호연의 리기는 전통적 유가사상에 근거하면서도 도덕 에 대한 자신의 새로운 관점을 드러내기 위해 재구성한 독창적 용어이 기 때문이다.

　'호연의 리'가 독창적 용어라는 주장은 도덕의 원천에 대한 인식의 변화에 근거한 것이다. 맹자 이후 유학에서는 다양한 시각에서 도덕을 논의했지만 그 중심에는 항상 성선설이 자리하고 있다. 이러한 현상은 천으로부터 부여받은 선한 성품(도덕성)이 도덕의 원천이라는 믿음이 전제되어 있기 때문이다. 도덕에 대한 대부분의 논의가 선천적인 도덕성에 기초해서 이루어진다는 것은 곧 이러한 사실을 반증한다. 호연의 리기를 성리설적 관점에서 해명하려는 시각도 사실은 이러한 믿음에 기초한 것이다. 그러나 이들의 해명은 도덕의 원천에 대한 이제마의 관점을 간과하고 있다. 이제마는 호연의 리기를 마음과 몸의 작용으로 설명한다. 마음과 몸의 구체적인 작용은 비박탐나의 욕심을 분별하고 도덕적 용기를 실행에 옮기는 것이다. 이러한 분별과 행동은 마음과 몸이 사물(천기/인사)에 대응하는 과정에서 이루어진다. 따라서 호연의 리기는 마음과 몸의 작용 이후에 생긴 경험적 개념이다. 그가 특별히 '호연의 리'라는 새로운 용어를 창안해야 했던 이유가 여기에 있다. 도덕의 원천은 '마음과 몸의 작용'이라는 자신의 관점을 드러내기 위해서는 새로운 개념이 요청되었던 것이다.

그러면 마음과 몸이 도덕의 원천이라는 근거는 무엇인가? 그 근거는 지금까지 도덕의 장애 요소로 이해되었던 몸과 마음(인심)의 작용을 도덕의 원천으로 해명하고 있다는 데에서 찾아야 한다. 이제마는 오직 몸과 마음의 기능만이 도덕적 판단과 행위를 가능하게 한다고 본다.

몸에는 두 가지 운용[用]이 있는데, 성신(誠身)과 경신(敬身)이다. 마음에 두 가지 운용이 있는데, 리심(理心)과 이심(利心)이다. 성신 경신은 몸의 앞뒤이고 …… 리심 이심은 마음의 좌우이니 …… 이치를 가려잡는 것이 정밀하지 못하면 리심 또한 이심이 되지만 이익을 가려잡는 것이 바름을 얻으면 이심도 또한 리심이 된다.3)

몸이 실제 작용하는 이치[實理]는 곧게 행하는[直行] 것이므로 앞뒤는 있지

3) 이제마, 『격치고(格致藁)』, 「반성잠(反誠箴)」, 9(巽箴)-36. (이하 이 책에서의 인용은 「유략」 「반성잠」 등 장 제목을 제시한다.)

만 좌우는 없으며, 마음이 실제 작용하는 이치는 넓게 흔들리는[廣盪] 것이므로 좌우는 있어도 앞뒤는 없다. 만약 몸이 좌우로 횡행[橫放]하고 마음이 상하로 출몰한다면 곧 사방일욕(私放逸慾)으로 인한 소치이지 중용을 택하여 진실로 그 가운데[中]를 잡는 경우의 상하좌우는 아니다.4)

용(用)[성신/경신, 理心/利心]과 실리(實理)[직행/광탕]는 몸과 마음의 본래 기능과 실제 작용을 구분한 개념이다. 리심(理心) 이심(利心)의 분별과 성신 경신(誠身 敬身)은 마음과 몸에 주어진 본래적[선천적] 기능으로서 도덕 판단과 행위 능력을 가리킨다. 그런데 이 기능은 사물과 접촉하는 과정에서 작용하기 때문에 접촉 이전에 이심과 사욕(사방일욕)을 분별하고 극복하는 행위는 이루어질 수 없다. 이러한 분석에 의하면 도덕적 판단과 행위는 마음과 몸의 기능이며, 그것은 사물과의 접촉 과정에서 이루어지는 경험적 작용이다. 따라서 호연의 리기는 도덕 판단과 행위 결과를 가리키는 개념으로서 도덕의 원천을 의미한다. 호연의 리기를 마음과 몸의 작용으로 해석해야 하는 이유가 여기에 있다.

그러나 호연의 리기가 마음과 몸에서 나온다는 주장은 인간을 사물 인식의 주체로 해명하고 있다는 데에서 그 근거를 찾아야 한다. 앞서 말한 바와 같이 성리학에서는 인간을 우주 만물 생성의 보편 원리로 해명한다. 이것은 인간을 만물 속에 존재하는 하나의 개체로 인식하는 데 근거한 것이며, 도덕성의 원천 또한 같은 맥락에서 인식한 것이다. 그러나 이제마는 이들과는 본질적으로 다른 시각에서 인간을 해명한다. 그것은 인간(마음과 몸)을 대상이 아닌 사물 인식의 주체로 인식하는 것이다. 이제마는 "태극(太極)은 마음이고 양의(兩儀)는 마음과 몸이며, 사상은 일

---

4) 같은 곳, 9-38.

마음 몸 만물[事心身物]이고 팔괘는 일의 종시(終始), 만물의 본말(本末), 마음의 완급(緩急), 몸의 선후(先後)"라고 한다. 이것은 『주역』(「계사」 上)의 구절과 『대학』(1장)의 구절을 마음과 몸을 중심으로 재구성한 것이다.

잘 알려진 것처럼 성리학은 이 구절들에 근거해서 공맹철학을 리기철학으로 재해석했다. 그런데 이제마는 다시 이 구절을 재구성하여 자신의 독자적인 시각으로 정립한다. 그는 리기철학의 핵심적 근거인 태극과 음양에 마음과 몸을 대입시켜 인간(마음과 몸)이 사물 인식의 주체임을 명시한다. 사물의 본말과 종시를 헤아리는 도덕 판단과 행위의 주체가 인간이라는 것이다. 이것은 곧 인간과 만물을 태극과 음양의 보편 원리로 해명하는 전통적 방식을 벗어나 인간이 중심이 되는 새로운 방식의 해명이다. 이제마가 제안하는 '호연의 리기' 개념은 이러한 요청에 의해 창안되었다고 할 수 있다. 성리학의 리기 개념으로는 인간(마음과 몸)을 중심으로 해명하는 자신의 새로운 관점을 드러낼 수 없었기 때문이다.

그러나 인간 중심 해명은 마음과 몸 기능의 관계에 대한 새로운 해석을 토대로 한다는 데에 주목해야 한다. 이들의 관계는 호연의 리기를 성리학 개념으로 해석할 수 없는 중요한 단서를 제공하기 때문이다. 양의에 마음과 몸을 대체한 것은 이들의 기능이 음양 대대(待對)의 관계로 작용한다는 것을 의미한다. 좀 더 말하면 마음과 몸은 도덕의 서로 다른 영역을 담당하는 고유 기능을 갖고 있으며, 도덕은 이러한 두 기능이 대등하게 작용한 결과인 것이다. 따라서 호연의 리기가 마음과 몸에서 나온다는 것은 마음과 몸 기능이 대대관계로 작용하는 도덕의 양면적 요소라는 주장이다.

물론 이제마 역시 마음을 몸의 주재자로 설명함으로써 마음의 주재

능력을 인정한다. 그러나 마음이 몸을 이끌어간다는 전통적인 주재 개념과는 다소 차이가 있다. 그의 주재는 리심(理心)과 이심(利心)의 분별 여부에 따라 성신·경신(誠身·敬身)의 행위가 결정된다는 것을 가리킨다. 즉 마음의 도덕 판단에 따라 몸의 행위가 결정되는 말하자면 연관(聯關) 내지 선후관계를 가리키는 개념이다. 따라서 그의 주재는 마음과 몸의 도덕 기능을 동시에 인정하고 그 연관 관계를 가리키는 개념이라는 점에서 전통적인 주재 개념과 변별된다. 호연의 리기는 이러한 연관 관계를 전제로 하여 마음과 몸의 도덕 기능을 가리키는 구체적인 개념이다. 호연의 리기를 주희의 리기와 같은 초월적 개념으로 해석할 수 없는 또 다른 이유이다.

3) 성정

성정(性情)은 미발/이발(未發/已發)의 성정이 아니라 몸이 외부 환경과의 상호작용 과정에서 발현되는 일반 감정을 가리키는 개념이다. 주희는 성은 리이나 마음에 있으면 성, 지각하는 능력은 심의 리(理), 지각하는 것은 기(氣)의 영(靈)이라 하여 추상적인 리 개념을 심의 지각능력으로 실체화한다. 그리고 리의 미발은 성(未動), 이발은 정(已動)이라 하여 지각과정을 심의 동정으로 해명한다. 따라서 정은 리가 발한 것이므로 그가 말하는 감정(희노애락)은 인간의 일반 감정과는 구별해야 한다. 정은 감정을 가리키지만 그것은 리가 발한 원리적 개념이기 때문이다. 이처럼 주희의 성정은 리기 이원론의 구조 속에서 실체화된 관념적 사변적 개념이다.

이제마 역시 성정 개념으로 사상인의 감정을 설명한다. 그러나 그의 성정은 추상적 천리 개념을 실체화환 주희의 성정 개념과 거리가 멀다. 「확충론」 1절에서 그는 성정을 다음과 같이 설명한다.

> 태양인은 애성(哀性)은 널리 흩어지지만(遠散) 노정(怒情)은 촉박하여 급(促急)하다. 애성이 멀리 흩어진다는 것은 태양인의 귀가 천시를 살필 때 사람들이 서로 속임을 애처롭게 여기는 것이니 애성은 …… 듣는 것이다. 노정이 촉박하여 급하다는 것은 태양인의 비(脾)가 교우를 맺을 때 남이 자기를 업신여기는 것을 노여워하는 것이니 노정(怒情)은 …… 화를 내는(怒) 것이다. 소양인은 노성(怒性)은 널리 감싸 안아주지만(宏抱) 애정(哀情)은 촉박하여 급하다. 노성이 널리 감싸 안아준다는 것은 소양인의 눈이 세회(世會)를 살필 때 사람들이 서로 업신여김을 노여워하는 것이니 노성은 …… 보는 것이다. 애정(哀情)이 촉박하여 급하다는 것은 소양인의 폐가 사무를 처리할 때 남이 자기를 속이는 것을 슬퍼하는 것이니 애정(哀情)은 …… 슬퍼하는 것이다. 태음인의 희성(喜性)은 넓게 퍼지지만(廣張) 락정(樂情)은 촉박하여 급하다. 희성이 널리 퍼진다는 것은 태음인의 코가 인륜을 살필 때 사람들이 서로 돕는 것을 기쁘게 여기는 것이니 희성은 …… 냄새를 맡는 것이다. 락정(樂情)이 촉박하여 급하다는 것은 태음인의 신(腎)이 거처를 다스릴 때 남이 자기를 보호해 줌을 즐거워하는 것이니 락정은 …… 즐거워하는 것이다. 소음인은 락성(樂性)은 매우 강하지만(深確) 희정(喜情)은 촉박하여 급하다. 락성이 매우 강하다는 것은 소음인의 입이 지방을 살필 때 사람들이 서로 보호해 줌을 즐겁게 여기는 것이니 락성은 …… 맛보는 것이다. 희정(喜情)이 촉급하다는 것은 소음인의 간(肝)이 당여에 관여할 때 남이 자기를 돕는 것을 기뻐하는 것이니 희정은 …… 기뻐하는 것이다.[5]

확충 개념이 암시하듯이 이 글은 성명과 사단 개념을 확장시켜 사상인의 성정[감정]이 어떻게 형성되는지를 설명하려는 데 목적이 있다. 사

---

5) 「확충론」, 1절.

상인은 장부 기능의 차이를 기준으로 구분한 것인데, 그는 도덕 감정
[性]이 다르게 나타나는 것을 근거로 장부 기능의 차이를 설명한 것이
다. 이러한 차이는 세 가지로 나누어 설명할 수 있다.

첫째, 성은 도덕 판단과 행위 과정에서 나타난 감정을 가리키는 경험
적 개념이다. 성은 천기를 살피는 데에서, 정은 인사를 살피는 데에서
발현한다. 따라서 성은 천기를 살필 때 도덕 판단에 따라 생기는 도덕
감정을 가리키는 개념이고, 정은 인사를 살필 때 사물에 느껴 일어나는
마음의 작용, 즉 일반 감정을 가리키는 경험적 개념이라는 차이가 있다.
그러나 성 역시 경험적 개념의 범주 안에서 설명이 가능하다. 도덕 판단
에 따라 생기는 감정도 역시 인간관계에서 느껴 일어나는 마음의 작용
이기 때문이다. 성은 정과 구별되는 특별한 감정이기는 하지만 역시 정
의 범주에 속하는 경험적 개념인 것이다.

둘째, 성과 정은 모두 감정을 가리키는 개념이지만 성은 공적인 인간
관계, 정은 사적 인간관계에서 생기는 감정으로 구분할 수 있다. 성정
발현의 결과는 모두 희노애락의 감정으로 나타난다. 그러나 성은 공적
인 이해관계에서 생기는 도덕 감정이고, 정은 욕구 때문에 생기는 사적
감정이라는 차이가 있다. 남의 선행을 좋아하고 남의 악행을 싫어하는
데에서 도덕의 근거를 찾는 것은 이 때문이다.

셋째, 성정은 선천적 몸 기능의 차이에 따라 다르게 발현한다. 인간의
체질을 넷으로 구분하여 유형화한 근거는 몸 기능[폐비간신의 대소]의
선천적 차이이다. 이 차이는 성정의 발현을 통해 확인할 수 있다는 것이
이제마의 생각이다. 몸 기능의 차이는 성정 발현의 차이로 드러나기 때
문이다. 그러나 몸 기능은 불변하지만 성정의 발현은 가변적이라는 점
에서 차이가 있다. 성정의 발현은 수/불수(修/不修)를 통해 조절이 가능

하기 때문이다. 몸 기능은 선천적인 것으로, 성정의 발현은 자율의 문제로 인식한 것이다.

이제마가 사용한 성과 정 개념은 이처럼 모두 인간의 감정을 가리키는 경험적 개념이다. 물론 성과 정은 도덕 판단에 따른 공적 감정과 사물을 대할 때 느끼는 사적 감정이라는 차이가 있지만 성 역시 경험의 범주를 벗어나지 않는다. 성이 정과 다른 특별한 감정인 것은 사실이지만 몸이 외부와 접촉 과정에서 생겨난, 그리고 스스로 조절이 가능한 경험적 개념이기 때문이다. 이제마는 이처럼 성을 경험적 관점에서 해명함으로써 도덕 판단과 그에 따른 감정을 천리와 연결시켜 해명하는 전통적인 방식을 벗어난다. 도덕 감정 역시 몸이 외부와 접촉해서 생기는 일반 감정과 다르지 않다고 본 것이다.

이상과 같이 이제마의 성명, 리기, 성정 개념은 주희와 본질적으로 다르게 사용되고 있다. 이들 역시 인간의 도덕 판단과 행위를 해명하는 개념이지만 그것은 천리를 실체화한 초월적 개념이 아니라 지행 능력이 외부 환경과 접촉해서 생기는 경험적 개념이다. 성명은 선천적으로 주어지지만 그것은 몸에 주어진 지행 능력을 가리키며, 리기 역시 이 지행 능력이 외부 환경[천기와 인사]과 접촉 과정에서 생기는 도덕 판단과 행위를, 성정은 이에 따라 생기는 감정을 가리키는 개념에 지나지 않기 때문이다. 달리 말하면 이들은 공적/사적 이익에 따라 생기는 감정을 수신을 통해 조절이 가능한 낮은 수준의 도덕을 해명하는 개념인 것이다. 이에 근거하면 사상의학은 주희의 초월적인 도덕 개념을 경험적 관점에서 재구성하여 의학 이론의 기초로 삼았다고 할 수 있다. 말하자면 (도덕) 감정의 편착이 발병의 주요 원인이라는 사실을 발견한 이제마는 이들 개념을 경험적 관점에서 재구성하여 의학 이론의 이론적 근거를 마련한 것이다. 그러므로 사상의학은 유학사상을 계승하되 경험의 관점에서 재구성한 철학적 근거위에 세워진 새로운 의학 이론이라고 해야 할 것이다.

V

이상의 논의에 근거하면 사상설의 철학적 근거는 궁극적으로 한의학이나 유학의 인간 해명 방식에 대해 근본 물음을 제기한 것이라고 할 수 있다. 그 물음은 "초월적 방식의 인간 해명은 타당한가?"이다. 이제마는 음식이나 풍한서습(風寒暑濕) 등 외부적 조건보다도 도덕적 감정이 발병의 가장 큰 요인이라는 사실을 자신의 의료 경험을 통해 발견하였다. 그런데 초월적인 방식에 의존한 당시의 한의학 이론으로는 이에 따른 진단과 치료가 불가능했기 때문에 그는 유학에서 사상의학의 이론적 근거를 모색한 것이다. 그러나 당시의 주자학 역시 인간을 초월적 방식으로 해명하기 때문에 이제마는 유학에 기초하되 검증 가능한 경험의 관점에서 재구성하여 인간을 새롭게 해명한 것이다.

이 책은 사상의학이 인간을 경험의 관점에서 새롭게 해명하고 이론화했다는 이상의 논의에 근거하여 번역하고 해설한 것이다. 이제마가 예견했듯이 이 책의 서술 관점 또한 시비 거리가 될 수 있을 것이다. 그러나 동의 여부에 관계없이 이 책은 사상의학 이론 연구가 나아가야 할 방향을 모색하는 데 일정 부분 기여할 수 있을 것으로 기대한다. 또한 한의학과 사상의학에 대해 우리가 겪고 있는 혼란의 해소는 물론 소통의 방식을 찾는 데에도 기여할 수 있을 것으로 기대한다.

2012년 10월

옮긴이 識

차 례

제1장
성명론(性命論)

성명(性命)은 인성(人性)과 천명(天命)을 합하여 부르는 합성어이다. 성명론은 인간 존재의 본질과 구조, 그리고 그 근거가 무엇인지에 대한 물음과 이해 방식을 논의하는 것을 가리키는 개념이다. 유학은 전통적으로 인간에 대한 물음을 '천과 인간의 유기적 관계' 속에서 파악했다. 천과 인간의 관계는 『중용(中庸)』 1장 "하늘이 명령한 것을 일컬어 본성이라 한다(天命之謂性)"는 명제에 잘 드러나 있다. 이 명제는 "하늘이 만민을 낳는다"(『서경(書經)』「大雅 蒸民」)는 사상에 그 연원을 둔 것이다. 이 사상은 상고시대부터 전승되어 온 경천(敬天) 사상에서 유래한 것인데, 만물의 시원자인 하늘은 사람과 만물을 주재하는 인격신으로서 지고무상의 권위를 갖고 있을 것이라는 믿음에 근거를 둔 것이다. 생명을 부여받은 인간은 하늘을 절대적 외경과 존숭의 대상으로서만이 아니라 명령의 순복(順服) 여부에 따라 생사와 화복까지 결정하는 절대적 주재자로 인식한 것이다.

하늘을 절대적 외경의 대상과 주재자로 인식한 것은 "군왕은 천명에 의해 결정된다"는 정치적 천명 사상과 "천은 도덕성의 원천"이라는 도덕적 천명 사상으로 발전하게 된다. 물론 이 천은 초월적인 외재적 존재자로서의 천과 구별된다. 천명은 자각을 통해 인식된 인간 내면의 도덕성[人間性]으로서 인간이 인간답게 존재할 수 있는 존재 근거를 의미하기 때문이다. 다시 말하면 천명의 천은 인간의 성이 천명과 이어져 있다는 자각을 통해 인식된 내면적 천을 의미한다. 그러므로 천명은 경천 사상에서 유래한 천을 인간성의 근거와 우주의 근본 원리로 이해하려는 천명 사상으로 발전시킨 것이라고 할 수 있다.

이러한 천명 사상은 공자에 이르러 인간의 덕은 곧 하늘이 준 것(『논어(論語)』「述而」)이라는 인식으로 발전한다. 공자는 천명은 곧 덕이라고 이해하고, 이를 인(仁) 사상으로 심화시킨다. 천명이 곧 덕이라는 것은 천명에 대한 인식이 인격 내지 자아에 대한 자각으로 이어지고, 동시에 자아 회복과 내적 성실성을 통해서만 의식할 수 있는 내재적 천명으로 인식되었음을 의미한다. 이러한 의미에서 『중용』에서 '천명이 곧 성(天命之謂性)'이라고 한 것은 덕이 곧 천명이라는 인식을 구체화한 것이라고 할 수 있다. 그리고 맹자가 "마음을 보존하여 그 본성을 기르는 것은 하늘을 섬기는 방법이요, 요절하거나 장수함에 번민하지 않고 몸을 닦고 천명을 기다리는 것은 하늘의 명령을 세우는 것"(『맹자(孟子)』「진심」상)이라고 한 것 역시 천명 사상을 보다 체계화시키고 심화시킨 것이라고 할 수 있다. 따라서 천과 인간의 유기적 관계에 대한 이러한 유가의 이해는 천으로부터 품수 받은 덕성(德性)을 인간의 선천적 본질로 인식하고, 이를 근거로 도덕 판단과 행위를 논하는 성명 사상의 이론적 기초를 확립한 것이라고 할 수 있다.

이러한 성명 사상은 중국 송대에 이르면 "성명은 곧 보편적 도덕원리"라는 인식으로 바뀌게 된다. 성명에 대해 북송(北宋)의 정이천(程伊川)은 "마음이 본성이다. 하늘의 측면에서는 부여하는 것(命)이요, 사람의 측면에서는 본성(本性)이요, 몸의 주인인 것으로 말하면 마음이나, 사실은 다만 하나의 도(道)일 뿐이다"고(『이정유서(二程遺書)』 권18) 하고, 남송(南宋)의 주희(朱熹)는 "성은 받은 것, 명은 부여한 것이다(『역경(易經)』

건괘, 象辭, 朱子註"고 하여 천명을 인간 본성의 원천으로 이해하고, 이를 토대로 인간 본성을 도(道)[내재적 도덕원리]로 파악한다. 천명이 인간 본성의 원천으로 인식되고, 본성은 다시 윤리 도덕의 보편적 원리라는 인식으로 이어진 것이다. 따라서 이들이 "성[天命之謂性]"을 "리[性即理]"로 해석한 것은 천이 곧 보편적 도덕원리이며, 본성이 도덕률의 근거라는 주장을 구체화한 것이라고 할 수 있다. 이러한 성명 이해는 천명으로 부여받은 본성을 보편적 도덕 원리로 인식하고, 이를 토대로 도덕 실현의 객관적 원리를 마련하기 위한 것이기 때문이다.

이제마의 성명론은 근원적으로는 앞에서 살펴본 유학적 성명 사상을 근거로 전개한다. 『동의수세보원』권1의 구성을 보면 1장과 2장에 「성명론」과 「사단론」을 배치한 다음 3장과 4장에 「확충론」과 「장부론」을 차례로 배치하고 있다. 이러한 구성은 사상의학의 이론적 근거를 유학에 두고 있다는 것을 말해 준다. 다시 말하면 사상의학은 유학사상의 핵심 주제인 성명과 사단의 문제를 이론의 기초로 하고, 이를 확충시켜 장부 이론을 마련한 것이다. 그리고 성명과 사단으로 한정시켜 장부론 형성의 기초로 삼은 것은 유학 이외의 사상은 일체 수용하지 않았다는 것을 밝힌 것이다. 『동의수세보원』을 포함한 그의 저술에는 유학 이외의 사상을 발견할 수 없다는 사실에서 이를 확인할 수 있다.

그런데 이제마는 성명에 의학 이론의 기초를 두면서도 이를 과거의 유학사상과는 다른 새로운 관점에서 해석한다. 새로운 관점은 한 마디로 '경험'이다. 이제마 역시 성명은 천으로부터 인간에게 주어지며, 그것이 도덕의 원천이라고 이해한다. 그러나 그는 도덕의 원천을 과거의 유학처럼 하늘이 내리는 도덕 명령 내지 원리로 해석하지 않는다. 유학에서는 천은 인간에게 성[인간성]을 부여하고, 이 성을 통해 계속해서 도덕 명령을 내린다고 이해하였다. 이 때문에 인간은 계속되는 천명[천리]을 자각하고 따를 때 도덕 행위가 이루어진다고 믿는다. 따라서 이 경우 인간의 의지나 욕구는 자연히 배제된다. 주희가 도덕 실현의 방법으로 제시한 "천리를 보존하고 인욕을 막는다(存天理遏人欲)"는 명제는 이러한 관점을 가장 잘 드러낸 것이다.

　이제마 역시 성명은 천으로부터 주어진다는 유학적 관점에 동의한다. 그러나 천이 성명을 통해 인간에게 계속해서 도덕 명령을 내린다는 관점에는 동의하지 않는다. 그는 성명을 혜각과 자업 능력이라는 지행(知行) 능력으로 해석하고, 혜각과 자업의 능력이 발휘될 때 비로소 도덕이 이루어진다고 주장하기 때문이다. 혜각과 자업은 일상의 삶 속에서 발휘되는 인간의 지행 능력일 뿐이기 때문에 도덕은 천의 명령을 따르는 방식이 아니라 이 능력을 발휘함으로써 이루어진다는 것이다. 따라서 그는 인·의·예·지 등의 선행(善行)이나 사·농·공·상 등의 생업(生業)은 모두 일상의 삶이라는 경험적 과정을 통해 이루어진다고 한다. 따라서 이제마의 해석은 도덕을 경험의 관점에서 해명하려는 것임을 알 수 있다. 「성명론」에 이어 전개되는 「사단론」, 「확충론」, 「장부론」은 모두 경험에 근거하고 있기 때문에 사상의학은 경험에 근거한 의학 이론이라는 관점에서 해석되어야 할 것이다.

　필자가 성명을 경험적 관점에서 해석하려는 논거는 크게 세 가지이다. 이 세 가지는 경험적 관점의 근거이면서 동시에 사상의학을 이해하는 핵심 주제가 될 것이다.

　첫째, 인간은 천기와 인사의 사상구조 안에 존재한다. 이 사상구조는 인간이 존재하는 외적/내적 구조로서 구체적 인식이 가능한 경험적인 것이다.

둘째, 성명은 생명의 탄생과 동시에 부여된 것이지만 그것은 혜각과 자업 능력으로서 더 이상 초월적인 것이 아니다. 이러한 사실은 이제마가 성명을 모두 경험적 관점에서 해명한다는 사실에서 확인할 수 있다.

셋째, 성명을 인식하고 실현하는 것은 마음이 아닌 몸 기능이다. 지금까지 유학에서는 성명을 인식하고 도덕을 행하는 것은 모두 마음의 기능이라고 이해하였다. 그러나 이제마는 마음이 아닌 몸이 기능하는 것으로 설명한다.

이러한 설명은 과거의 유학이나 한의학과 정면으로 배치되는 새로운 방식이다. 유학에서는 인간의 도덕 행위는 당연히 마음의 기능이며 몸 기능과는 무관할 것이라고 믿어왔다. 그러나 이제마는 이러한 믿음을 깨고 사물을 인식하고 도덕을 행하는 것은 몸 기능이라는 시각에서 성명과 도덕을 새롭게 해석한다. 이러한 해석은 임상 결과를 토대로 한다는 점에서 경험적이라 할 수 있다. 그리고 『동의수세보원』에서 몸 기능의 일관된 설명 방식이 이어진다는 것은 이제마가 인간 해명을 사변적 논의 방식을 벗어나 경험적 방식을 선택한 결과로 해석된다.

필자가 제시한 이들 논거는 특히 「성명론」의 내용 구성을 분석함으로써 확인할 수 있다. 「성명론」은 37절로 구성되어 있는데, 먼저 1~2절에서는 인간이 존재하는 구조를 천기와 인사의 사상으로 구조화하여 설명한다. 천기와 인사의 사상구조란 인간이 존재하는 외적 내적 환경을 의미한다. 3~29절까지는 인간의 존재 구조를 인식하고 행하는 것을 몸의 기능으로 설명한다. 이 설명은 사유를 마음의 기능으로 설명하는 과거의 주장과 정면으로 배치된다.[1] 그러나 이제마의 주장은 그의 임상경

---

1) 맹자는 "몸(소체)은 생각하는 기능이 없기 때문에 외물에 끌려가지만, 마음(대체)에는 생각하는 기능이 있기 때문에 도리를 얻을 수 있으므로 마음(대체)을

험을 통해 얻은 결론이라는 점에 주목할 필요가 있다. 30~34절에서는 성명은 하늘로부터 생명 탄생과 함께 주어지지만 그것은 "혜각과 자업"이라는 지각과 행위 능력일 뿐이라는 관점에서 설명한다. 이것은 성명을 초월적 보편 원리로 해석하는 과거의 방식을 탈피한 것이다. 35~36절은 성명과 몸 기능에 대한 보충설명이고, 마지막 37절은 심(心體)의 청탁과 기우(氣宇)의 강약은 후천적 노력을 통해 이루어지므로 인간의 심기(心氣)가 맑고 강한 것은 선천적인 차이가 아니라 후천적인 자율적 노력의 결과라는 것을 설명한 것이다.

1

천기에 네 가지가 있는데, 첫째는 지방, 둘째는 인륜, 셋째는 세회, 넷째는 천시라 한다.

天機有四 一曰地方 二曰人倫 三曰世會 四曰天時

○ 천기(天機): 인간이 존재하는 외적구조를 가리키는 이제마의 독창적 개념. 지방, 인륜, 세회, 천시는 인간이 존재하는 구조를 네 영역으로 구분한 것이다.

○ 지방(地方): 인간이 생명을 부여받아 존재하는 곳. 지방을 4절에서

따르면 대인이 된다"고 하여 몸과 마음의 기능을 사유 능력을 기준으로 구분하였다(『맹자』, 「告子」 상 15). 마음은 몸[耳目]처럼 외물에 이끌리지 않는다는 것이 '사유의 기능은 마음'이라는 주장의 근거이다. 그러나 이 주장은 마음과 몸 기능에 대한 철저한 검증보다는 "하늘은 외물에 이끌리는 몸보다는 마음에 사유의 기능을 부여했을 것이라"는 '믿음'에 근거한 것으로 판단된다.

는 극막(極邈)으로 설명하였고, 『격치고』에서는 광막(曠邈)이라고
설명하였다.[2] 막이나 광막은 인간이 살아가는 생활공간이 한없이
멀고 텅 비어 있는 모습을 형용한 것이다(4절 참조).

○ 인륜(人倫): 인간의 윤리적 관계를 가리키는 개념. 인륜은 4절에서
극광(極廣)으로 설명하고 있는데, 무리지어 사는 범위가 매우 넓다
는 것을 의미한다(4절 참조).

○ 세회(世會): 인간이 복수 관계로 얽혀 살아가는 사회를 가리키는
개념. 세회는 4절에서 극대(極大)로 설명하고 있는데, 모여 사는 범
위가 지극히 크다는 것을 의미한다(4절 참조).

○ 천시(天時): 인간의 활동과 사건이 있는 역사현상으로서의 시간을
가리키는 개념. 『격치고』에서는 천시가 천세(天勢)로 되어 있고 호
한(浩瀚)하다고 설명하고 있는데, 4절에서는 천시를 흩어지는 범위
가 지극이 넓다는 의미의 극탕(極湯)으로 설명하였다. 이를 참고하
면 천시는 인간을 포함한 만물의 유전(流轉)내지는 변화와 같은 시
간적인 큰 흐름을 가리키는 개념이다(4절 참조).

　천기는 2절의 인사(人事)와 대구(對句) 관계에 있는 개념이다. 대구는
『동의수세보원』 전반에 걸쳐 있는 기본적인 글쓰기 형식이다. '기(機)'는
구조, 뼈대, 틀, 테 등을 의미하는 개념이므로 천기는 인간이 존재하는
곳을 둘러싸고 있는 구조 다시 말하면 외적 구조라고 풀이할 수 있다.
이 때문에 천기는 유학의 천 개념과 유사하지만 가리키는 내용이 다르
다는 점에 유의해야 한다. 유학에서 천은 '상제'나 '대자연의 이법(理法)'

---

2) 「유략」, 天勢 편 1. 天勢는 浩瀚하고 세회는 紛競하며, 인륜은 蕃殖하고 지방은
曠邈하다.

등을 가리키는 초월적 개념이지만, 천기는 단지 인간이 존재하는 외적 구조를 가리키는 개념으로서 초월적 의미가 없기 때문이다.

사상의학은 유학과 마찬가지로 인간은 천과 유기체적 관계에 있다는 유기체적 인간관을 기초로 전개한다. 그러나 천이 아닌 천기 개념을 사용한 것은 인간을 초월적 방식으로 해명하지 않겠다는 것을 의미한다. 따라서 천기에 네 가지가 있다고 제시한 지방, 인륜, 세회, 천시는 형이상학적 개념이 아니다. 그것은 단지 인간이 존재하는 외적 구조를 가리키는 개념으로서 우리가 인식할 수 있는 대상을 가리키는 경험적 개념이기 때문이다. 2절의 인사와 대대3) 개념으로 사용된다는 점에서도 천기는 초월적 개념이 아니라 경험적 개념이라는 것을 확인할 수 있다.

사(四)는 사상(四象)으로서 사상의학의 기본 숫자이다. 사상의학의 사상은 주역에서 취한 개념이지만 주역의 '사상' 개념과는 다르게 사용된다. 주역의 사상은 음양에서 팔괘로 넘어가는 중간 개념이기 때문에 주역의 사상 개념에는 만물의 생성 변화 원리가 내재되어 있다. 그러나 여기서 사상은 넷으로 구성된 천기의 모습을 네 가지 형상으로 표현한 것일 뿐 변화 원리는 없다. 따라서 천기는 인간이 존재하는 외적 구조를 사상 개념을 차용하여 상징적으로 형상화한 것이라고 해석할 수 있다. 지방은 인간이 살고 있는 곳을 가리키는 구체적 개념이며, 막연하게 가리키는 공간 개념이 아니다. 인륜은 1대 1의 단수로 맺어진 인간관계를 의미한다. 인륜은 부자, 형제와 같은 혈연관계는 물론 군신, 부부, 붕우, 사제와 같은 비혈연 관계에까지 무한하다. 여기서 인륜은 윤리 도덕이 존재해야 하는 세계를 의미한다. 세회는 복수로 얽혀 있는 집단 사회를 가리킨다. 여기에는 정치·경제[禮樂刑政] 등의 문화현상이 제도적으로

---

3) 대대(對待)는 양방이 서로 마주서는 대립 개념으로서 음양 같은 것이 그것이다.

존재하는 세계이다. 천시는 인간의 활동과 사건이 있는 역사현상으로서의 시간을 가리킨다. 때문에 밤낮이나 여름, 겨울 등 때를 따라 돌아가는 자연의 현상 즉 막연한 시간을 가리키는 개념과는 다르다.[4] 사상을 지방, 인륜, 세회, 천시의 순서로 전개한 것은 인간이 존재하는 영역이 확장되는 것을 구분하기 위한 것이다. 12절에서 천시, 세회, 인륜, 지방은 대동(大同)한 것, 그리고 2절의 인사 즉 거처, 당여, 교우, 사무는 각립(各立)하는 것이라 하여 대동과 각립을 서로 대를 이루는 개념으로 설명한다.

종합하면 이 절은 유학사상과 한의학을 기초로 하되 독자적인 철학 체계 위에서 이론을 전개하겠다는 것을 선언한 것이다. 이제마는 사상의학 이론의 근거를 성명에 두면서도 서두에서 천이 아닌 천기를 말한다. 이것은 인간을 과거와 같이 초월적 사변적 방식이 아니라 우리의 인식이 가능한 경험적 관점에서 이해해야 한다는 강력한 주장이다. 우리가 인간에 대해 알 수 있는 것은 인간이란 천기 즉 지방, 인륜, 세회, 천시의 구조 속에서 인륜 내지는 사회적 관계를 맺으면서 살아가는 존재라는 사실뿐이다. 이제마가 유학사상을 근거로 하면서도 천 대신 천기를 말한 이유가 여기에 있다. 다시 말하면 이제마는 천기를 제시하여 상제의 명령이나 천리 또는 음양오행으로 해명하는 과거의 형이상학적 방식과 결별을 선언한 것이다.

2

인사에 네 가지가 있는데, 첫째는 거처, 둘째는 당여, 셋째는 교우,

---

4) 『중용』의 "上律天時"(30장), 『맹자』의 "天時不如地利"(공손추 하) 참조.

넷째는 사무라 한다.

人事有四 一曰居處 二曰黨與 三曰交遇 四曰事務

○ 인사(人事): 인사는 천기와 대를 이루는 개념으로 인간이 일생 해 야 할 일을 가리킨다. 거처, 당여, 교우, 사무는 일생 동안 해야 할 일의 영역을 넷으로 나눈 것이다.

○ 거처(居處): 지방과 대를 이루는 개념이지만 지방이 인간이 존재하 는 곳을 가리킨다면 거처는 그 안에서 생활하는 거점을 가리킨다.

○ 당여(黨與): 인륜과 대를 이루는 개념으로 가까운 인간관계의 무리 를 가리킨다.

○ 교우(交遇): 세회와 대를 이루는 개념으로 친족이나 교우관계를 벗 어난 사회적 집단에서 이루어지는 인간관계를 가리킨다.

○ 사무(事務): 천시와 대를 이루는 개념으로 일생을 살아가면서 해야 할 일을 가리킨다.

인사는 인간이 일생동안 관계 맺으면서 해야 할 일을 가리키는 개념 이다. 인사에 네 가지가 있다는 것은 인간이 해야 할 일의 영역을 크게 넷으로 나누어 말한 것이다. 거처는 지방과 대대개념이다. 지방은 인간 이 존재하는 곳을 가리키는 보편적 개념이지만 거처는 그 안에 존재하 는 구체적인 생활의 거점을 가리킨다는 점에서 다르다. 따라서 거처는 '한 인간이 현재 살고 있는 곳'을 가리키는 개념이기 때문에 인간이 거 처하는 모든 곳은 이에 해당된다고 할 수 있다. 당여는 인륜과 대대개념 이다. 당여는 가장 친밀한 인간관계의 무리를 의미하므로 혈연관계에 있는 친족이 이에 속할 것이다. 교우는 세회와 대대개념이다. 혈연이나 친족관계를 벗어나 맺어지는 모든 관계를 가리킨다. 학교나 직장 등 사회에서 맺어진 인간관계가 이에 해당할 것이다. 사무는 천시와 대대개념이다. 사무는 한 인간이 일상생활에서 해야 할 일, 더 나아가 역사적 소명의식과 같은 개인적인 사명[天時]을 깨달아 실천하는 일 등을 가리킨다.

거처, 당여, 교우, 사무를 차례로 열거한 것은 인간이 성장함에 따라 점차 생활 영역이 확장된다는 것을 나타내기 위해서다. 인간은 한 곳(거처)에서 태어나지만 성장하면서 씨족사회(당여)와 더불어 살아가게 되고 나아가 문화공동체(교우), 그리고 국가와 사회의 일원으로서 생활(사무)하게 된다. 이렇게 보면 인사에 거처, 당여, 교우, 사무가 있다는 것은 인간이 성장하면서 해야 할 일이 확장되어 가는 것을 가리킨다고 풀이할 수 있다.

천기와 인사를 첫 장 1~2절에 배치한 것은 이들 개념이 성명론은 물론 사상의학 이론을 가로지르는 핵심 주제이기 때문이다. 천기와 인사를 네 영역으로 나눈 것은 인간을 이 구조 안의 존재로 규정하고 이러한 시각에서 인간을 해명하겠다는 것을 말한 것이다. 또한 천기와 인사를 각기 대대관계로 배치한 것은 인간이 존재하는 양상을 외적 내적 구조로 구조화하기 위한 것이다. 따라서 천기의 네 영역은 인간이 존재하는 외적 구조를, 인사의 네 영역은 그 구조 안에서 일어나는 일들의 영역 곧 내적 구조를 가리킨다. 이러한 구조적 설명은 인간을 과거의 유학과 다른 방식으로 해명하겠다는 것을 천명한 것이다.

유학에서는 인간을 자연과의 유기체적 관계에서 존재하는 것으로 보고 '천인합일'의 관점에서 해명하였다. 천인합일의 방식은 천 개념의 이해에 따라 달라지는데, 첫째는 천을 상제(上帝) 즉 인격신으로 이해하는 경우이다. 여기서 천은 인간 세상을 주재(主宰)하는 자[君師]를 의미한다. 그러므로 이때의 인간은 천명을 따라야만 하는 주종(主從) 관계로 설명된다. 둘째는 천을 천리(天理) 즉 이법천(理法)으로 이해하는 경우이다. 여기의 천은 음양설적 역도(易道)로서의 천을 의미한다. 그러므로 이 경우 인간은 술수학적(術數學的) 천인관계로 설명된다. 셋째는 천을 성자(誠者)의 도(道) 즉 실천윤리 규범으로 이해하는 경우이다.5) 여기서 천은 성현 군자의 도를 의미하므로 이때의 인간은 인간학적 천인관계로 설명된다.

그러나 이제마는 인간을 천과의 합일을 지향하는 존재로 해명하지 않는다. 물론 그 역시 '인성은 천명으로 부여받는다'는 유가적 정신을 계승하여 인간을 천으로부터 성명을 부여받는 존재로 설명한다.6) 그러나 그는 인간을 천명[天理]에 따라 합일을 추구하는 존재로 해명하는 과거의 방식을 따르지 않는다. 이것은 인간을 초월적인 논의 대신 검증 가능한 경험의 관점에서 해명하겠다는 것을 명시한 것이다. 즉 그는 인간에 대해 확실하게 말할 수 있는 것은 인간이란 천기와 인사가 대를 이루는 구조 안에 존재한다는 사실 뿐이라고 판단하기 때문이다. 그의 주저인 『동의수세보원』은 물론 『격치고』에서도 천명과 천리 대신 천기와 인사의 사상구조 안에서 일어나는 인간의 문제를 다룬 것은 이러한 그의 관점을 드러낸 것이다. 이제마가 유학정신을 계승하면서도 과거의 관점과 다르게 천기와 인사의 네 구조로 설명하는 이유가 여기에 있다. 이러한 의미에서 이제마의 천인관계는 합일이 아니라 '구조적 천인관

---

5) 『중용』, 20장: 誠者 天之道也 誠之者 人之道也.
6) 「성명론」, 30-31절.

계'라고 할 수 있을 것이다.[7]

3

귀는 천시를 듣고, 눈은 세회를 보며, 코는 인륜을 냄새 맡고, 입은 지방을 맛본다.

耳聽天時 目視世會 鼻嗅人倫 口味地方

○ 이목비구(耳目鼻口): 사물을 인식하는 감각기관.
○ 청시후미(聽視嗅味): 이목비구의 기능을 가리키는 개념.

천기를 인식하는 것은 이목비구의 몸 기능이라는 설명이다. 이 설명은 몸을 이해하는 중대한 인식의 전환이 요구된다. 유학에서는 일반적으로 몸에는 사유 기능이 없으며, 사고하는 것은 마음, 즉 정신의 기능이라고 이해한다(『맹자』, 「告子」상). 그 결과 마음은 도덕을 지향하지만, 몸은 상대적으로 욕구 지향적이어서 악행의 원천이 된다고 생각하였다. 3절은 이제마가 이러한 인식의 틀을 근본적으로 바꾸었다는 것을 드러낸 것이다. 이목비구가 듣고, 보고, 맡고, 맛본다는 것은 몸의 생리적 기능이다. 그러나 그는 몸에는 생리적 기능과 함께 사물을 인식하는 기능이 있음을 은유적으로 표현한 것이다. 따라서 이 설명은 천기와 같은 사물을 인식하는 것은 마음이 아닌 몸 기능이라는 주장으로 해석할 수 있다. 이런 측면에서 보면 이목비구는 인식의 주체이고, 천기는

---

7) 이을호 교수는 천기와 인사의 관계를 강목(綱目)의 관계로 해석한다.

그 대상이다.

이목비구가 천기를 인식하는 주체가 된다는 설명은 이제마의 선행 연구서 『격치고(格致藁)』에서 다루어진 '사심신물 사단론(事心身物 四端論)'에 근거한 것이다. 이제마는 사심신물에 각기 사단이 있다는 새로운 사단론을 전개한다. 사물은 『대학(大學)』의 '물유본말 사유종시(物有本末 事有終始)' 절에서 취한 것이고, 심신은 인간의 인식 기능을 심과 신으로 나눈 것이다. 이제마의 사단론은 인간을 사물과의 관계 속에서 존재하는 것으로 파악하고, 심신을 사물과 대응하는 주체로 설명한다. 이 설명에는 맹자의 사단설과 구별되는 두 가지 변화된 관점이 발견된다.

하나는 인간이 사물을 인식하는 과정에 몸이 일정 부문의 기능을 담당한다는 것이다. 이는 사고의 기능은 마음 즉 정신이며 몸에는 사고의 기능이 없다는 유학의 전통적인 인식과 정면으로 배치된다. 이 주장은 몸이 마음의 사고 기능을 대신한다는 의미가 아니라 몸에도 사물을 인식하는 지각 기능이 있다는 것을 말한다. 지금까지 몸 기능을 부정적 시각에서 인식했던 유학적 관점을 고려하면 이러한 이제마의 관점은 몸을 기능적 측면에서 탐색하여 형성된 것으로 해석된다.

다른 하나는 "인간(심신)은 사물과의 관계 속에서 존재한다"는 주장이다. 이 주장은 인간을 유기체적 존재로 이해하면서도 천인합일 지향의 유학적 전통을 수용하지 않은 것이다. 유학에서는 하늘을 인간을 포함한 만물에게 생명을 부여함과 동시에 주재한다는 인격신으로 이해하였다. 이 때문에 그들은 인간 생명의 근원자인 하늘(상제/천리)의 의지를 파악하고 따른다는 이른바 천인합일 지향의 관점에서 인간을 해명하였다. 이제마는 물론 하늘이 인간에게 성명을 부여한다는 유학 정신을 수용한다. 그러나 2절에서 이미 설명했듯이 그는 사물과의 관계 속에 존재하는 인간을 설명할 뿐 천이 인간을 주재한다거나 인간이 천명을 따른다는 추상적 논의를 일체 언급하지 않는다. 천기와 인사는 사심신물에서 물과 사에 해당된다. 따라서 이 절은 몸을 사물을 인식하는 주체로 보아야 한다는 주장과 인식의 대상은 사물에 한정시켜야 한다는 주장을 동시에 함축하고 있다.

코와 입의 지각 기능은 「성명론」 36절에서 보충 설명하고 있지만, 눈과 귀의 지각기능에 대해서는 설명이 없다. 이것은 보충 설명이 없어도 이해 가능하기 때문에 생략한 것이다. 『논어』「爲政」 편의 '이순'(耳順)과 「里仁」 편의 '조문도석사가의'(朝聞道夕死可矣)는 귀의 지각 기능을 설명하기 좋은 예이다. 공자가 귀로 듣는 것이 순조롭다거나 아침에 도를 듣는다는 것은 깨달음의 경지를 말한 것이다. 이 경지에서 보면 귀로 도를 듣는다는 것은 '도를 깨닫는 지각 능력'의 의미로 사용되고 있음을 알 수 있다. 이런 시각에서 보면 귀로 천시를 듣는다는 것 또한 같은 맥락에서 설명할 수 있다. 그리고 우리가 '세상을 보는 눈[眼目]'이라 할 때의 눈 역시 시각 기능을 넘어 '세태를 지각하는 능력'의 개념으로 사용된 것이다. 따라서 눈으로 세회를 본다는 것 역시 같은 맥락에서 설명할 수 있을 것이다.[8]

4

천시는 지극히 크고 아득하며, 세회는 지극히 크며, 인륜은 지극히 넓고, 지방은 지극히 멀다.

---

8) 이제마, 『사상의학원론』, 홍순용·이을호 역술 (서울: 수문사, 1973), 9쪽 참조.

天時極蕩也 世會極大也 人倫極廣也 地方極邈也

○ 극(極): 끝이 없는 무한성.

○ 탕(蕩): 탕은 천시의 무한함을 형용한 개념.

○ 대(大): 대는 세회의 큼을 가리키는 개념.

○ 광(廣): 광은 인륜의 넓음을 가리키는 개념.

○ 막(邈): 막은 지방[사는 곳]의 범위가 멀다는 것을 가리키는 개념.

이 절은 3절의 보충 설명으로서 인간이 존재하는 시·공간적 배경을 설명한 것이다. 극(極)은 끝이 없는 무한을 의미하고, 탕대광막은 인간이 존재하는 배경 즉 천시, 세회, 인륜, 지방을 형용한 것이다. 이제마는 「격치고」(「儒略」, 天下 장)에서 인간이 존재하는 모습을 거군합산(居群合散)으로 설명하기도 한다.9) 이 설명에 따르면 막(邈)은 사는 곳(居)의 범위가 지극히 멀다는 의미이고, 광(廣)은 무리(群)지어 사는 범위가 지극히 넓다는 의미이다. 그리고 대(大)는 모여(合) 있는 범위가 지극히 크다는 의미이고, 탕(蕩)은 흩어지는 범위가 지극히 광대하다는 의미이다.10)

5

폐는 사무에 통달하고, 비는 교우를 취합하며, 절은 당여를 정립하고, 신은 거처를 안정케 한다.

---

9) 「儒略」, 事物 장에서는 居群聚散으로 설명하고 있는데, 聚는 天下장의 合과 같은 의미이다.

10) 같은 곳, 天下 장: 天下極邈 爲居者極邈也 天下極廣 爲群者極廣也 天下極大 爲合者極大也 天下極蕩 爲散者極蕩也.

肺達事務 脾合交遇 肝立黨與 腎定居處

○ 달(達): 사무가 잘 가다듬어진 것을 말한다.
○ 합(合): 교우관계가 잘 이루어진 것을 말한다.
○ 입(立): 당여의 인간관계가 잘 정돈된 것을 말한다.
○ 정(定): 거처의 인간관계가 잘 다스려져 안정된 것을 말한다.

한의학에서는 오장가운데 폐와 간은 기액(氣液)의 호흡(呼吸) 기능을 담당하고, 비와 신은 수곡(水穀)의 출납(出納) 기능을 담당하는 것으로 설명한다. 그러나 이제마는 이와 같이 폐비간신에는 생리적 기능 외에 다른 기능이 있는 것으로 설명한다. 이 절은 이목비구가 천기를 지각한다는 3절과 같은 맥락에서 해석해야 한다. 이목비구와 폐비간신은 천기와 인사에 응하는 표리 관계에 있기 때문이다. 따라서 폐비간신이 사무, 교우, 당여, 거처를 달·합·입·정한다는 것은 몸에 인사를 행하는 기능이 있다는 것을 의미한다.

이목비구와 폐비간신의 몸기능이 천기와 인사를 인식하고 행한다는 것은 몸에 대한 전통적인 이해 방식으로는 해석이 불가능하다고 할 수 있다. 이미 설명했듯이 맹자 이후 유학에서는 지각과 행위 능력을 마음의 기능으로 구분하여 설명하기 때문이다. 따라서 이제마의 설명은 마음과 몸을 이해하는 데 있어서 과거의 방식을 탈피하겠다는 주장으로 해석된다. 이어지는 함억제복과 두견요둔에 대한 설명도 같은 맥락에서 해석된다.

6

사무는 잘 가다듬어져야 하고, 교우는 잘 이루어져야 하며, 당여는 잘 정돈되어야 하고, 거처는 잘 다스려져야 한다.

事務克修也 交遇克成也 黨與克整也 居處克治也

○ 극(克): 극기(克己)의 절제를 의미한다.
○ 수(修): 수신(修身), 수양(修養), 수도(修道).
○ 성(成): 성립, 완성.
○ 정(整): 정돈, 정리.
○ 치(治): 치안, 치산(治産).

극은 극기(克己) 또는 극욕(克欲)의 극을 의미하므로 사무, 교우, 당여, 거처는 극기의 대상이다. 공자가 '극기복례위인'(克己復禮爲仁)(『논어』, 「顔淵」)이라고 한 것은 인(仁)의 덕은 극기의 과정을 거쳐서 이루어진다는 것을 말한다. 이 절 역시 인사의 사상은 극기를 통해 이루어짐을 말한 것이다. 사무, 교우, 당여, 거처는 극기의 영역을 넷으로 나눈 것이다. 따라서 수성정치(修成整治)는 대상에 따른 극기의 차이를 표현한 것이지만 모두 극기의 내용이다. 이들은 다시 수성과 정치의 극기로 나누어볼 수 있는데, 치는 거처가 대상이므로 가정에서의 극기를 의미하고, 정은 당여가 대상이므로 혈족 관계에서의 극기를 의미한다. 그리고 성과 수는 교우와 사무가 대상이므로 직장이나 국가 사회와의 관계에서 요구되는 극기를 의미한다. 그러므로 치정과 성수는 혈연관계와 사회관계에서 요구되는 극기로 나누어 해석할 수 있다.

인간관계는 혈연에서 사회로 확장되어 간다. 이 때문에 거처에서는 치안(治安), 치산(治産)과 같은 가장 기초적인 극기가 요구되고, 당여에서는 제가(齊家)와 같은 정[整齊]의 극기가 요구될 것이다. 그러나 인간관계가 확장되면 교우에서는 성기성물(「중용」의 成己成物)의 극기가 요구되고, 사무에서는 수도(「중용」의 修道之謂教)의 극기가 요구될 것이다.

7

턱에는 주책이 있고, 가슴에는 경륜이 있으며, 배꼽에는 행검이 있고, 배에는 도량이 있다.

頷有籌策 臆有經綸 臍有行檢 腹有度量

○ 함억제복(頷臆臍腹): 인체의 전면 부위를 가리키지만 생리적 기능 보다는 몸에 도덕 능력이 있음을 말하기 위한 것이다.
○ 주책(籌策): 이해득실 등을 가려내고 헤아리는 판단력.
○ 경륜(經綸): 일을 조직적으로 잘 짜내는 기획 능력.
○ 행검(行檢): 품행이 바르고 절도가 있는 행동.
○ 도량(度量): 너그러운 마음과 깊은 생각.

함억제복은 두견요둔(9절)과 대응하는 몸의 전면 부위이다. 주책은 이해득실을 잘 가려내고 헤아리는 판단력을 의미하고, 경륜은 일을 조직적으로 잘 짜내는 기획 능력을 의미한다. 그리고 행검은 방정하면서도 절도 있는 행동을 의미하고, 도량은 너그러운 포용력을 의미한다. 이 절은 11절에서도 설명하듯이 함억제복에 지혜를 실천하는 능력이 갖추어져 있다는 설명이다. 이것은 물론 인간의 지혜가 신체적 기능으로 갖추어져 있다는 것을 은유적으로 설명한 것이다. 주책과 경륜은 대외적인 일에 응하는 기능이고, 행검과 도량은 대내적인 일에 응하는 기능이다. 물론 이 기능은 사무, 교우, 당여, 거처의 인간관계에서 발휘되는 기능이며, 그것은 보편적 능력이다(13절: 博通).11)

　그런데 19절에서는 다시 함억제복에 교심(驕心), 긍심(矜心), 벌심(伐心), 과심(夸心)이 있다고 설명한다. 교긍벌과는 주책, 경륜, 행검, 도량의 지혜가 지나치게 발휘될 때에 생겨나므로 이들 마음은 함억제복에 갖추어진 지혜의 이중성을 말한 것이다. 지혜(주책, 경륜, 행검, 도량)의 발휘 과정에는 항상 교긍벌과의 마음이 뒤따르기 때문에 다음 절에서 이를 경계한다.

8

주책은 교만하지 말아야 하고, 경륜은 잘난 체하지 말아야 하며, 행검은 뽐내지 말아야 하고, 도량은 과장하지 말아야 한다.

籌策不可驕也 經綸不可矜也 行檢不可伐也 度量不可夸也

○ 교(驕): 교만.

○ 긍(矜): 뽐내는 것.

○ 벌(伐): 공치사.

---

11) 주책, 경륜, 행검, 도량은 천성(14절: 天性)으로서 대동 박통한 보편적 능력이다.

○ 과(夸): 과시, 자랑.

　앞 절에서 설명했듯이 주책, 경륜, 행검, 도량은 사무, 교우, 당여, 거처에서 다른 사람에게 발휘하는 지혜이다. 그러나 이러한 지혜를 발휘할 때에는 다른 사람에게 교긍벌과의 마음이 생길 수 있기 때문에 이를 경계한 것이다.

　교는 교의(驕意)를 의미하는데, 사무를 행할 때 주책의 능력을 지나치게 내보이고 싶은 교만하기 쉬운 마음을 가리킨다.[12] 긍은 긍려(矜慮)를 의미하는데, 교우에서 경륜의 능력을 은근히 뽐내고 싶은 마음이다. 벌은 벌조(伐操)[13]를 의미하는데, 당여에서 생기는 행검의 능력을 공치사하고 싶은 마음이다. 과는 과지(夸志)를 의미하는데, 거처에서 생기는 도량의 능력을 과시하고 싶은 마음이다. 교긍벌과는 모두 비슷한 개념으로 구별이 쉽지 않지만 교과와 긍벌의 마음으로 나누어 볼 수 있다. 교과는 타인에게 자신의 지혜를 능력 이상으로 과시하려는 것이고, 긍벌은 자신의 타고난 지혜를 타인에게 뽐내고 싶은 마음이다.

9

머리에는 식견이 있고, 어깨에는 위의가 있으며, 허리에는 재간이 있고, 볼기에는 방략이 있다.

頭有識見　肩有威儀　腰有材幹　臀有方略

---

12) 교만의 반대말은 겸손.
13) 「유략」, 事物 장에서는 操가 아닌 膽으로 표기되어 있다. 物 四端: 志膽慮意.

○ 식견(識見): 사물을 분별할 수 있는 능력.[14)

○ 위의(威儀): 예법에 맞는 몸가짐.

○ 재간(材幹): 재주와 간능(幹能).[15) 재간(才幹).

○ 방략(方略): 어떤 일을 꾀하고 행하기 위해 세운 방법과 계략.

두견요둔은 함억제복과 대립되는 인체의 후면 부위이다. 식견은 사무를 분별하여 처리하는 능력을 의미하고, 위의는 교우와의 관계에서 갖는 위엄 있는 태도나 예법에 맞는 몸가짐을 의미한다. 재간은 당여에서 발휘하는 재능을 의미하고, 방략은 거처에서 일을 꾀하고 행하기 위해 세운 방법과 계략을 의미한다. 이 절은 11절에서 설명했듯이 두견요둔에는 행업(行業)을 행할 수 있는 능력이 갖추어져 있다는 것을 설명한 것인데, 인간의 행위 능력이 신체적 기능으로 갖추어져 있다는 것을 은유적으로 표현한 것이다. 행업 역시 사무, 교우, 당여, 거처[人事]에서 발휘되는 행위 능력이다. 그러나 그것은 독자적 능력[獨行: 13절]이다.[16)

그런데 21절에서는 다시 두견요둔에 천심(擅心), 치심(侈心), 나심(懶心), 욕심(慾心)이 있다고 설명한다. 천치나욕의 마음은 식견, 위의, 재간, 방략의 행위 능력이 지나치게 발휘될 때에 생겨난다. 따라서 이들 마음은 두견요둔의 이중성을 말한 것이다. 행업의 발휘 과정에는 천치나욕의 마음이 항상 뒤따르기 때문에 다음 절에서 이를 경계한다.

---

14) 「유략」, 土㟃장에서는 학식으로 되어 있다.(2-1.)

15) 같은 곳, 「유략」에서는 廉節(청렴과 절제)로 되어 있다.

16) 식견, 위의, 재간, 방략은 인명(14절: 人命)으로서 각립 독행의 독자적 능력이다.

10

식견은 절대로 빼앗으려는 것이 없어야 하고, 위의는 절대로 사치스러운 것이 없어야 하며, 재간은 절대로 게으름이 없어야 하고, 방략은 절대로 도둑질이 없어야 한다.

識見必無奪也 威儀必無侈也 材幹必無懶也 方略必無竊也

○ 탈(奪): 빼앗아 가짐.
○ 치(侈): 분수없이 호사함.
○ 나(懶): 게으름.
○ 절(竊): 남의 재물을 훔침.

앞 절(9절)에서 설명했듯이 두견요둔에는 식견, 위의, 재간, 방략의 능력이 있는데, 이것은 사무, 교우, 당여, 거처에서 다른 사람에게 행하는 행업(11절)의 능력을 가리키는 개념이다. 그런데 21절에서는 다시 두견요둔에 천심(擅心), 치심(侈心), 나심(懶心), 욕심(慾心)이 있다고 하고, 이 천치나욕의 마음을 탈리(奪利), 자존(自尊), 자비(自卑), 절물(竊物)로 설명한다(22절). 이들 설명을 종합하면 머리[頭]에는 사무를 행할 때 식견도 있지만 동시에 멋대로 하는 마음[擅心]이 있어서 남의 몫을 빼앗으려는 마음이 생긴다는 것이다. 마찬가지로 어깨[肩]에는 교우관계를 맺을 때 위의도 있지만 동시에 자신을 치켜세우려는 마음[自尊]이 있어서 호사스런 마음이 생기고, 허리[腰]에는 당여에서 행할 때 재간도 있지만 동시에 스스로를 낮추려는 마음[自卑]이 있어서 게으른 마음이 생기며, 볼기[臀]에는 거처에서 행할 때 방략도 있지만 동시에 남의 재물을 탐하는 마음[竊物]이 있어서 훔치려는 마음이 생긴다는 것이다. 이처럼 두견요둔의 행업에는 탈치나절의 마음이 뒤따르기 때문에 이를 경계한 것이다.

『격치고』에는 치(侈)와 나(懶)가 기(欺)와 투(妬)자로 쓰여 있다.[17] 이로 미루어보면 치는 남을 속이기 위해 자신을 치켜세우는 것으로 풀이되고, 나는 질투심 때문에 피우는 게으름으로 풀이할 수 있다. 탈과 절은 남의 것을 빼앗고 탐하는 마음이고, 치와 나는 자신의 행위를 치켜세우거나 질투심을 감추기 위해 낮추는 마음을 가리키는 차이가 있다.

이상 1절에서 10절까지는 이제마가 새롭게 구상한 성명론의 기본 구도를 설명한 것이다. 그는 성명을 모두 사상구조(四象構造)로 설명하고 있는데, 그것을 표로 정리하면 다음과 같다.

천기(天機)	천시(天時)	세회(世會)	인륜(人倫)	지방(地方)
	이(耳)	목(目)	비(鼻)	구(口)
인사(人事)	사무(事務)	교우(交遇)	당여(黨與)	거처(居處)
	폐(肺)	비(脾)	간(肝)	신(腎)
지知(性)	주책(籌策)	경륜(經綸)	행검(行檢)	도량(度量)
	함(頷)	억(臆)	제(臍)	복(腹)
행行(命)	식견(識見)	위의(威儀)	재간(材幹)	방략(方略)
	두(頭)	견(肩)	요(腰)	둔(臀)

위 표는[18] 이제마가 오행이 아니라 사상구조로 인간을 해명하고 있다는 것을 분명하게 보여 준다. 아울러 이 표는 사상의학의 이론적 근거

---

17) 「유략」, 志貌 장(2-2)에서는 탈치나절이 奪欺妬竊로 쓰여 있다.
18) 이 책의 표는 대부분 홍순용·이을호 교수가 역술한 『사상의학원론』(서울: 수문사, 1973)을 참조하여 그린 것이다.

가 어디에 있는지를 매우 선명하게 드러내 준다. 이제 위의 표와 앞의 설명을 통해 사상의학의 이론적 근거를 다음과 같이 몇 가지로 정리할 수 있다.

첫째, 천인관계의 재정립

유학에서는 전통적으로 인간을 유기체적 존재로 이해하고, 천이 인간과 만물[人物]을 낳고 주재한다는 관점에서 해명하였다. 따라서 그들은 '천인합일'의 관점에서 인간을 해명하되 천명 또는 천리에 따라야 하는 존재로 해명하고 있다.

앞서 지적했던 것처럼 천기와 인사는 유학사상에 근거를 두었지만 전통적인 천인관계를 드러낸 개념이 아니다. 천기와 인사는 새로운 천인관계를 정립하여 '천인합일'의 구도를 벗어나기 위한 개념이기 때문이다. 이제마가 이해한 천인관계 역시 인간의 생명은 천으로부터 주어진다는 유기체적 관점에서 출발한다. 그러나 그는 인간을 천기와 인사의 사상구조 안에 있는 존재라는 관점에서 설명할 뿐 천과의 합일을 언급하지 않는다. 이목비구와 폐비간신이 천기와 인사를 인식하고 행하며, 함억제복과 두견요둔에 지각과 행위 능력이 갖추어져 있다는 설명은 이러한 관점을 드러낸 것이다.

이 설명의 핵심은 인간을 천명이나 천리에 따르는 존재가 아니라 인간이 존재하는 구조를 스스로 지각하고 실천하는 능동적 주체로 인식한다는 데에 있다. 이제마는 『동의수세보원』에 앞서 저술한 『격치고』에서 인간이 존재하는 양상을 심신사물(心身事物)의 사상으로 설명한 바 있다. 여기에서도 그는 천의 명령이나 천리에 대한 일체의 언급이 없이 인간을 심·신이 사·물에 대응하는 구조로 해명한다. 여기서 사물은 『대학』 '물유본말 사유종시(物有本末 事有終始)' 절의 사와 물을 차용한 것이다. 따라서 심신사물의 사상 역시 인간을 물의 근본과 말단 그리고 사의 끝과 시작을 헤아려 먼저 할 것과 나중에 할 것을 아는 존재로 파악하였음을 알 수 있다. 이로써 보면 천기와 인사는 심신사물의 물과 사의 다른 표현임을 알 수 있다.

이처럼 이제마는 유기체적 인간관에 기초를 두면서도 새로운 천인관계의 정립을 시도한다. 이미 지적했던 것처럼 『동의수세보원』 권1에서 「성명론」과 「사단론」을 먼저 배치한 주된 이유는 「장부론」의 이론적 근거를 마련하기 위한 것이다. 이에 근거하면 이제마가 「성명론」 첫 장에서 천인관계의 새로운 정립을 모색한 이유가 새로운 장부론 정립에 있다는 것은 어렵지 않게 추론할 수 있다. 즉 이제마는 새로운 천인관계의 정립을 모색함으로써 확인할 수 없는 추상적 사변적 논의보다는 인식 가능한 경험적 관점에서 「장부론」의 철학적 근거를 마련하려고 한 것이다.

둘째, 사상구조와 대대관계

이제마의 저술에는 천기와 인사 이외에도 많은 개념을 대대관계로 배치하여 설명한다. 음양 개념이 보여 주듯이 대대 개념은 두 개념이 어느 한쪽에 포섭되는 관계가 아니라 서로 모순 대립하면서 존재하는 관계에 있다. 『동의수세보원』에 등장하는 대대 개념은 물론 주역의 음양 대대 개념을 차용한 것이다. 그러나 대대 개념의 사용이 곧 주역의 변화 원리 수용을 의미하지는 않는다. 이제마는 인간을 사물과의 관계 속에서 존재하는 것으로 파악하고, 이를 사상으로 구조화한 다음 이들의 관계를 대대 개념을 사용하여 설명할 뿐이다. 사상의 구조와 대대관계에서 변화의 원리나 천리와 같은 추상적 개념이나 원리를 찾을 수 없는 것은 이 때문이다.

「성명론」 1절부터 천기와 인사를 사상으로 구조화하고, 천기와 인사를 대대관계로 배치한 것은 궁극적으로 사물에 대응하는 심신의 작용을 설명하기 위한 것이다. 심신의 작용은 사물과 접촉하는 과정에서 드러나는데, 이제마는 이 과정에서 생기는 애노희락의 감정이 장부(臟腑) 형성의 요인이라고 주장한다. 그는 애노희락의 감정은 사람마다 각기 다르게 반응한다는 것을 발견하고, 다르게 반응하는 장부 기능의 대소를 기준으로 인간을 태양, 태음, 소양, 소음의 사상인(四象人)으로 유형화한다. 이제마의 발견에서 중요한 것은 사물에 반응하는 장부의 기능은 모두 대대관계로 작용한다는 점이다. 대대관계로 이루어지는 장부의 작용을 상생상극하는 오행의 원리로 설명할 수 없기 때문에 그는 오장이 아닌 사장(四臟)의 「장부론」을 전개한다. 따라서 대대관계는 특히 사장을 중심으로 전개되는 장부론 이해의 핵심 요소 중의 하나로 받아들여야 할 것이다.

셋째, 사물의 인식과 몸의 기능

유학에서 인간의 사고 기능에 대해 명시적으로 언급한 것은 맹자가 처음이다. 맹자는 "몸에는 사고의 기능이 없어서 외물[物]에 가려지기 때문에 외물과 접하면 이끌려갈 뿐이다"고 하여 몸에는 단지 외물에 이끌리는 욕구만 있는 것으로 설명한다. 즉 사고의 기능은 마음[心]이 담당하며 몸[耳目]과는 무관하다는 것이다.[19] 이후 몸에 대한 유가의 해명은 대체로 부정적 시각에서 해명하는 것이 보통이었다. 물론 욕구의 긍정적 측면에 대한 논의도 있었지만, 몸 기능은 대체로 사고와 무관하거나 마음의 사고 기능을 방해한다는 부정적 시각에서 설명되었다. 이러한 시각은 모두 사고 능력의 유무(有無)를 기준으로 몸과 마음의 기능을 구분한 맹자의 영향이라고 할 수 있다.

　이러한 유가의 전통에서 보면 이제마의 신체적 기능에 대한 설명은 유학적 인간 이해의 근간을 흔드는 사건이라고 할 수 있다. 이제마는 사물의 인식만이 아니라 행위 능력까지 신체적 기능으로 설명한다. 이 설명은 사변적 논의를 통해 얻은 결론이 아니라 자신의 의료 경험을 통해 검증된 결론이라는 사실에 주목해야 한다. 물론 그의 주장은 오직 몸이 사고의 모든 기능을 담당한다는 것을 의미하지 않는다. '심신사물 사단론'의 설명에서 보여 주듯이 이제마는 사물에 대응하는 능력이 마음과 대등하게 내재해 있다고 설명한다. 물론 마음과 몸의 관계에 대해 이제마는 마음이 몸을 주재한다는 전통적인 유가 해석을 따른다.[20] 그러나 그가 말하는 주재는 몸[一身]이 제 기능을 하도록 이끌어간다는 의미에 지나지 않는다는 점에 유의해야 한다. 즉 신체적 기능을 인정하지 않는 주재가 아니라 사물에 대응하는 몸 기능을 인정하면서도 욕구에 이끌려 비도덕적 행위로 이어지지 않도록 주재한다는 의미이기 때문이다.

　이러한 몸 이해는 한의학적 몸 이해와도 다르다는 점에서 유의할 필요가 있다. 한의학의 장부론이 상생상극의 오행설을 근간으로 전개되지만, 이제마는 이러한 장부론을 일체 언급하지 않는다. 오행설에 대해 언급이 없는 것은 상생상극이라는 추상적 해명에 근거한 장부론을 수용하

───────────────

19) 『맹자』, 「고자」 상 15.
20) 「장부론」, 17절.

지 않겠다는 우회적인 언급으로 해석할 수 있기 때문이다. 따라서 몸 기능에 대한 이해는 사상의학의 이론적 근거를 이해하는 선결 요건이라고 할 수 있다. 몸 기능은 사상의학 이론을 가로지르는 핵심 주제이기 때문이다.

넷째, 사상설의 경험적 구조

앞서 언급했던 것처럼 이제마는 이 책의 첫 장에 「성명론」을 배치하고, 1~2절에서 천기와 인사를 사상으로 구조화하여 설명한다. 성명은 우주의 생성과 인간의 도덕성을 해명하는 유학사상의 핵심 주제이다. 따라서 성명을 첫 장에 배치한 것은 사상의학의 철학적 근거를 유학사상에 두고 전개하겠다는 의지를 드러낸 것이라고 할 수 있다. 이러한 입장은 한의학이 유가와 도가 사상은 물론이요 음양오행설이나 참위설까지 수용하여 이론화한 것과 대비된다. 또한 그는 성명을 사상의학의 철학적 근거로 삼되 성리학적 해석은 수용하지 않는다. 이것은 사상의학의 철학적 근거는 유학에 두지만 성명은 독자적 관점에서 해석하겠다는 것을 선언한 것으로 해석된다.

성명을 천리로 해명하는 성리학적 관점과 대비하면 이제마의 성명해석은 경험적이라고 할 수 있다. 경험적이라는 주장은 이제마의 두 가지 관점에 근거한 것이다.

첫째, 성명을 설명하기에 앞서 천기와 인사를 사상으로 구조화하되 이를 대대관계로 배치하고 있다. 이제마가 성명 해석에 앞서[21] 천기와

---

21) 이제마는 성명을 혜각과 자업으로 해석(31-32절)한다. 이러한 성명 해석은 천명 또는 천리로 해석하는 과거의 관점을 벗어난 것이다.

인사를 제시한 것은 인간이 존재하는 양상을 먼저 객관적 방법으로 설명하겠다는 의도를 드러낸 것이다.

둘째, 이목비구 등 몸이 천기를 관찰하고 인사를 바로 세우는 것으로 설명한다는 점이다.[22] 유학에서는 인간을 천과 합일을 지향하는 존재로 해명하지만 이제마는 천기와 인사의 사상구조를 먼저 제시하고 이것을 이목비구 등 몸이 지각하고 행하는 것으로 설명한다. 천과의 합일을 위해 천명[천리]에 따른다는 유학의 논리가 지극히 초월적이라는 점을 고려하면 이제마의 설명은 경험적 관점의 해석이라고 할 수 있다. 인간이 생존하는 외적 환경을 천기와 인사의 사상으로 구조화하여 제시한 점, 그리고 이목비구 등 몸이 이를 인식한다는 논리는 인간의 경험에 의존하는 해명이기 때문이다. 따라서 성명을 이해하는 과거의 유학적 관점이 초월적이라면 이제마의 관점은 경험적이라고 대비시킬 수 있다.

이상에서 논의한 이론적 근거는 1~10절까지의 서술 목적이 어디에 있는지를 알 수 있게 할 것이다. 이제마는 의학 이론의 근거를 성명에 둔다. 그러나 그는 성명을 천[天理] 중심의 초월적 사변적 해석에서 벗어나 경험의 관점에서 새롭게 해석한다. 이는 그의 의학 이론이 오행이나 리기(理氣)와 같은 초월적 논의에서 검증 가능한 논의 방식으로 선회하였음을 드러낸 것이다. 따라서 이제마의 경험적 관점의 성명 해석은 천[천리]이 아닌 인간 중심의 해명을 통해 새로운 장부 이론의 정립을 모색하기 위한 것임을 알 수 있다.

---

22) 「성명론」, 11절 참조.

11

이목비구는 하늘을 살피고, 폐비간신은 사람을 바로 세우며, 함억제복은 그 지혜를 행하고, 두견요둔은 그 행업을 행한다.

耳目鼻口觀於天也　肺脾肝腎立於人也　頷臆臍腹行其知也　頭肩腰臀行其行也.

○ 관(觀): 관찰하다. 살피다.
○ 입(立): 세움.

이 절은 3, 5, 7, 9절을 종합하여 몸의 기능을 다시 설명한 것이다. 설명에 따르면 이목비구에는 천[天氣]을 살피는 기능이 갖추어져 있고, 폐비간신에는 인[人事]을 바로 세우는 기능이 갖추어져 있다. 그리고 함억제복에는 지혜를 실천에 옮기는 기능이 있고, 두견요둔에는 마땅히 해야 할 일[行業]을 실천하는 기능이 있다. 다시 말하면 몸에는 생리적 기능 외에 천기를 관찰하는 능력과 인사를 바로 세우는 기능, 그리고 지혜와 행업을 실천하는 기능이 있다는 것이다.

이제마 이전까지 이러한 기능은 마음이 담당하며 몸의 기능은 이와 무관한 것으로 이해하였다. 맹자 이후 인간의 정신적 사유 활동은 마음의 기능이라는 강한 믿음이 있었기 때문이다. 이에 반해 몸[耳目之官]은 외물에 이끌릴 뿐 사유 기능이 없는 것으로 인식하였다. 그 결과 몸 기능은 곧 욕구라는 부정적 시각으로 각인되고 나아가 악의 원천으로 이해되었다. 물론 몸의 욕구가 반드시 악이 아니라는 탐색도 있었지만 아직까지 정신활동은 마음의 기능이라는 시각은 바뀌지 않았다고 할 수 있다.

이제마는 왜 천기를 살피고 인사를 바로 세우는 것, 그리고 지혜와 행업을 몸의 기능이라고 설명하는가? 몸 기능에 대한 이러한 시각의 변화는 몸과 마음에 대한 과거의 추상적인 이해를 벗어났기 때문이다. 이제마에 앞서 정약용(丁若鏞)은 인간을 심신묘합체(心身妙合體)로 해명한 바 있다. 그는 『대학』 '신유소분치(身有所忿懥)' 절의 신을 심(心)으로 고쳐야 한다는 정자(程子)와 주자(朱子)의 주장을 심신묘합의 관점에서 반박한다.23) 정자는 화를 내는 것은[忿懥] 마음의 기능이기 때문에 마땅히 '身'을 '心'으로 고쳐야 한다고 주장한다. 그러나 정약용은 '身'으로 바꾸지 않는 것이 옳다고 주장한다. 심신은 묘합되어 있다고 보기 때문이다. 그는 "마음이 넓으면 몸에 여유가 있지만 욕심이 성하면 눈동자가 흐리며, 아름다움이 마음 가운데에 있으면 얼굴에 부드럽게 드러나고 등에 가득하다. 그러나 부끄러움이 마음 가운데에 있으면 식은땀이 흐르며 얼굴이 붉어지게 되는데, 이것은 모두 신형(神形=심신)이 묘합된 증거"24)라고 주장한다. 심신은 개념상 구분해 말할 수 있지만 그 기능은 분리되어 있지 않다는 것이다.

물론 이제마는 정약용처럼 심신의 기능이 묘합되어 있다고 말하지는 않는다. 그러나 앞서 살펴보았던 것처럼 이제마는 "일신의 주재자인 심이 바르면 몸이 제 기능을 다 한다"25)고 하여 마음은 몸 기능과 별개로 작용하는 관계가 아니라고 말한다. 이러한 주장은 물론 감정의 편착이 발병의 요인이라는 사실을 발견한 자신의 의료 경험에 근거한 것이다. 그는 감정[性情]이 한쪽으로 치우쳐 폭(暴/怒哀)·랑(浪/樂喜)하면 장부의

---

23) 정약용, 『여유당전서』, 2집, 15쪽./『大學公議』(서울: 경인문화사), 1969), 권1, 29쪽.
24) 같은 책, 104쪽. (『孟子要義』, 권1, 19쪽.)
25) 「장부론」, 17절.

기능에 큰 손상을 준다는 사실과[26] 장부의 손상은 체질에 따라 정도가 다르다는 사실을 발견한다.[27] 그는 이러한 자신의 의료 경험에 근거하여 "옛날 의사들은 마음에서 생기는 애(愛), 오(惡), 소욕(所辱), 희(喜), 노(怒), 애(哀), 락(樂)과 같은 것이 편착(偏着)되어 병이 되는 줄을 모르고, 단지 음식물로 인하여 비위(脾胃)가 상하거나 또는 풍(風), 한(寒), 서(暑), 습(濕)의 촉상으로 병이 되는 줄로만 알았다"[28]고 비판한다.

물론 그는 '심신사물'에 대한 논의에서 심신을 사물에 응하는 주체로 해명하면서 심과 신을 구분하여 설명하기도 한다.[29] 그러나 이것은 심신이 사물에 응할 때 서로 다른 작용의 측면을 구분해 말하기 위한 것이며 각자 다르게 기능한다는 것을 말한 것이 아니다. 이상의 언급들에 근거하면 『동의수세보원』은 심신 불가분의 관계를 전제로 이해되어야 할 것이다. 마음과 몸 기능의 불가분의 관계는 사상의학 이론을 가로지르는 핵심 논거이기 때문이다.

12

천시는 대동한 것이고 사무는 각립하는 것이며, 세회는 대동한 것이고 교우는 각립하는 것이며, 인륜은 대동한 것이고 당여는 각립하는 것이며, 지방은 대동한 것이고 거처는 각립하는 것이다.

天時大同也 事務各立也 世會大同也 交遇各立也 人倫大同也 黨與各立也 地

---

26) 「사단론」, 17-18절.
27) 같은 곳.
28) 「의원론」, 5절.
29) 「유략」 1, 사물장 9-10절.

方大同也 居處各立也

○ 대동(大同): 공통성. 보편성.
○ 각립(各立): 개별성. 독자성.

앞 절에서 설명했듯이 이목비구에는 천기를 살피는 기능이 갖추어져 있고, 폐비간신에는 인사를 바로 세우는 기능이 갖추어져 있다. 그런데 천기는 인간이 존재하는 외적 구조이고, 이목비구에는 이 외적 구조[天氣]를 살피는 기능이 갖추어져 있으므로 천시, 세회, 인륜, 지방이 대동하다는 것은 천기의 사상을 살피는 몸[耳目鼻口] 기능은 인간 모두가 다르지 않다는 것을 의미한다. 이러한 의미에서 대동은 신체적 기능의 공통성 내지는 보편성을 가리키는 개념이다. 그리고 인사는 인간이 해야 할 일인데, 폐비간신에는 이를 바로 세우는 기능이 갖추어져 있으므로 사무, 교우, 당여, 거처가 각립한다는 것은 인사의 사상을 바로 세우는 몸(폐비간신) 기능은 사람마다 각기 다르다는 것을 의미한다. 이러한 의미에서 각립은 몸 기능의 개별성 내지는 독자성을 가리키는 개념이다. 따라서 보편성과 독자성으로서의 대동과 각립은 몸 기능의 양면성을 가리키는 개념이다.

13

주책은 박통한 것이고 식견은 독행하는 것이며, 경륜은 박통한 것이고 위의는 독행하는 것이며, 행검은 박통한 것이고 재간은 독행하는 것이며, 도량은 박통한 것이고 방략은 독행하는 것이다.

壽策博通也 識見獨行也 經綸博通也 威儀獨行也 行檢博通也 材幹獨行也 度
量博通也 方略獨行也

○ 박통(博通): 보편성.
○ 독행(獨行): 독자성.

앞 절에서 함억제복에는 주책, 경륜, 행검, 도량의 능력이 갖추어져
있다고 하였다. 이 절에서 이들 능력을 박통하다고 한 것은 곧 함억제복
의 몸 기능이 박통하다는 것을 의미한다. 그런데 앞서 보았듯이 주책,
경륜, 행검, 도량은 함억제복에 갖추어진 지혜의 능력을 가리키므로 박
통은 지혜를 발휘하는 인간의 몸 기능이 모두 같다는 것을 말한다. 따라
서 박통은 몸(함억제복) 기능의 보편성을 가리키는 개념이라는 것을 알
수 있다.

그리고 두견요둔에는 식견, 위의, 재간, 방략의 능력이 갖추어져 있는
데, 이들 능력이 독행한다는 것은 두견요둔의 신체적 기능이 독행한다
는 것을 말한다. 그런데 식견, 위의, 재간, 방략은 두견요둔에 갖추어진
행위 능력을 가리키므로 독행은 곧 이 행위 능력을 발휘하는 인간의 신
체적 기능이 각자 다르다는 것을 말한다. 따라서 독행은 몸(두견요둔)
기능의 독자성을 가리키는 개념이라는 것을 알 수 있다.

12절의 대동과 각립, 13절의 박통과 독행은 다음 절에서 천인성명으
로 재구성된다. 여기에서 박통은 성이고, 독행은 명이다. 물론 이 때의
성은 리(天理)가 아닌 혜각(慧覺)으로서의 성(性)이고,[30] 명은 천명이 아
닌 자업(資業)으로서의 명(命)이다.[31]

---

30) 「성명론」, 30절.

14

대동한 것은 천[하늘]이고 각립하는 것은 인[사람]이며, 박통한 것은 성[혜각]이고 독행하는 것은 명[자업]이다.

大同者天也　各立者人也　博通者性也　獨行者命也

○ 천(天): 천기(天機)의 천.
○ 인(人): 인사(人事)의 인.
○ 성(性): 하늘이 인간에게 준 혜각(慧覺)으로서의 성(「성명론」, 30절).
○ 명(命): 하늘이 인간에게 준 자업(資業)으로서의 명(「성명론」, 31절).

천인성명은 사상의학의 새로운 철학 체계를 형성하는 주요 개념이다. 성명은 본래 『중용』 1장 첫 절 "하늘이 명령(天命)하신 것을 일러 성(性)이라 이르고, 이 성을 따르는 것이 도(道)이다"에서 유래한 개념이다. 이것은 물론 '인성은 명으로 부여된 것'이라는 유가의 정신을 계승한 것이다. 이러한 유가 정신은 두 가지 의미를 담고 있다. 하나는 하늘이 인간에게 생명을 부여할 때[32] 동시에 도덕성을 부여한다는 것이고, 다른 하나는 인간은 이 도덕성을 따름으로써 도덕적 존재가 될 수 있다는 것이다.

이러한 도덕성의 자각과 실현의 문제에 대해 본격적인 탐색이 이루어진 것은 송대 이후의 일이다. 북송(北宋)의 유학자 정이천(程伊川, 1033~1107)은 성(性)을 리[天理]로 해석했는데, 이를 수용한 남송(南宋)의

---

31) 같은 곳, 31절.
32) 유학에서는 하늘이 인간에게 생명을 부여하는 것으로 설명한다. 『詩經』, 「大雅」 蒸民: 天生蒸民.

주희는 인성은 천명으로 부여된다는 유학 정신을 리(理)의 원천으로 삼아 성명 개념을 추상적으로 구조화하고 실체화하여 도덕 이론의 핵심 개념으로 삼았다. 추상화는 성을 근거로 최고 도덕 가치의 정당화는 물론 인간의 동등한 도덕적 지위를 정당화하기 위한 것이다. 기질성, 인심, 욕구 등 인간의 본질적 욕망에 대한 그의 수많은 논의가 경험적 사실이 아닌 추상적 담론에 머무는 것은 이 때문이다.

　이제마 역시 하늘이 인간에게 도덕성을 부여한다는 유학적 관점을 수용하여 의학 이론의 기초로 삼는다. 그러나 그는 성·명을 혜각과 자업의 능력으로 해석하고, 혜각과 자업의 실현 결과를 도덕적 행위로 간주한다.[33] 이러한 성명 해석은 전통적인 관점과 근본적으로 다른 성격의 해명이라는 점에 주목해야 한다. 성명을 천[天理]을 중심으로 해석하는 것은 초월적 사변적 논의 방식이지만 지행 능력의 발휘를 도덕 행위로 간주하는 것은 경험에 근거한 논의 방식이기 때문이다. 이제마가 도덕성을 부여한 천, 즉 도덕성의 근원에 대해서 언급하지 않거나 도덕의 실현에 있어서도 천리를 보존하거나 천명을 따르는 방식을 취하지 않는 것은 이 때문이다. 이 절의 천인성명을 천 중심의 관점에서 해석할 수 없는 이유가 여기에 있다.

　앞 절에서 살펴보았듯이 천과 인은 천기와 인사를 가리키고, 성과 명은 혜각으로서의 성과 자업으로서의 명을 가리킨다. 그런데 대동은 천이고 박통은 성이므로 대동·박통은 천성으로서 보편성을 말한다. 그러나 대동은 천기를 관찰하는 몸 기능을 그리고 박통은 지혜를 발휘하는 몸 기능의 보편성을 가리킨다는 점이 서로 다르다. 즉 대동은 몸[이목비구]이 외적 대상[천기]을 살피는 기능의 보편성을, 그리고 박통은 몸[함

---

33) 「성명론」, 30-31절.

억제복)이 지혜를 발휘하는 내적 기능의 보편성을 의미하기 때문이다.

그리고 각립은 인이고 독행은 명이므로 각립·독행은 인명으로서 독자성을 말한다. 그러나 각립은 몸이 외적 대상[인사]을 바로 세우는, 그리고 독행은 행위를 발휘하는 내적 기능의 독자성을 가리킨다는 점이 서로 다르다. 각립은 몸[폐비간신]이 외적 대상인 사물[인사]을 향하는 기능의 독자성을, 그리고 독행은 몸이 행위를 발휘하는 내적 기능의 독자성을 의미하기 때문이다.

종합하면 이제마가 말하는 성(性)은 하늘로부터 부여받은 '도덕 판단 능력'이고, 명(命) 역시 하늘로부터 부여받은 '도덕적 행위 능력'이다. 다시 말하면 성명은 천명 인성[理]과 같은 추상적 개념이 아니라 몸에 주어진 혜각과 자업의 기능을 가리키는 구체적 개념이다. 따라서 이제마의 성명 개념을 전통적인 천명과 인성의 추상적 개념과 구분해야만 한다. 혜각과 자업은 천명으로 주어지지만 그것은 도덕 판단과 행위 능력 즉 지행 능력을 가리키는 경험적 개념이기 때문이다. 따라서 이제마의 성명은 '천명(天命)·인성(人性)'이 아니라 '천성(天性)·인명(人命)'이라고 해야 할 것이다.

15

귀는 아름다운 소리를 좋아하고, 눈은 아름다운 색을 좋아하며, 코는 좋은 냄새를 좋아하고, 입은 맛있는 것(좋은 맛)을 좋아한다.

耳好善聲 目好善色 鼻好善臭 口好善味

○ 선성(善聲): 아름다운 말이나 음율.

○ 선색(善色): 아름다운 색이나 온화하고 부드러운 얼굴빛.

○ 선취(善臭): 맛있는 냄새나 인간의 태도에서 풍기는 냄새.

○ 선미(善味): 달콤한 맛이나 인간미.

이 절은 이목비구의 생리적 기능을 설명한 것이다. 눈과 귀가 아름다운 소리와 색을 좋아하고, 코와 입이 좋은 냄새와 맛있는 것을 좋아하는 것은 자연스러운 생리적 기능이다. 그런데 이제마는 생리적 기능 외에 천기의 천시, 세회, 인륜, 지방을 듣고, 보고, 냄새 맡고, 맛보는 것을 역시 이목비구의 기능으로 설명한다(2절). 여기에서 이목비구의 기능은 사람들이 서로 속이거나 업신여기는 것 또는 서로 돕거나 보호해 주는 것을 살피는 것을 가리킨다.[34] 그러므로 이목비구가 천기를 살핀다는 것은[35] 사람들이 서로 속이고 업신여기며 돕거나 보호해 주는 것을 살피는 것이므로 이것은 곧 인간의 도덕 행위를 살피는 것이다. 따라서 인간의 몸에는 생리적 기능 이외에 인간의 아름다운 행동(소리, 색, 냄새, 맛)을 좋아하는 도덕적 기능까지 갖추어져 있다고 한 것이다.

이와 같이 이제마는 도덕 행위를 이목비구의 호선(好善)에 근거를 두고 해명한다. 이목비구의 생리적 호선이 성선(性善)의 근거가 된다고 보기 때문이다. 그러므로 여기서 호선은 호선의 근거를 천명 또는 천리에 두는 전통적인 해석과는 구별해야 한다.

---

34) 「확충론」, 1절.
35) 「성명론」, 11절.

16

좋은 소리는 귀에 순응하고, 아름다운 색은 눈에 순응하며, 좋은 냄새는 코에 순응하고, 좋은 맛은 입에 순응한다.

善聲順耳也 善色順目也 善臭順鼻也 善味順口也

○ 순(順): 순응, 순화, 순조롭고 자연스러운 것. 역(逆)의 반대 개념.

몸이 아름다운 소리와 색, 그리고 좋은 냄새와 맛에 순응하는 것은 자연스러운 생리적 현상이다. 그러나 앞 절에서 보았듯이 이목비구에는 생리적 기능 외에 천기를 살피는 기능이 있다. 따라서 여기에서 순(順)은 사람들이 서로 속이거나 업신여기는 것 또는 서로 돕거나 보호해 주는 것을 살필 때 이목(耳目)에 거슬리지 않고 순조롭게 반응하는 것을 가리킨다. 순(順)은 물론 사람들의 행위에 대한 역(逆) 반응을 전제로 한 설명이기 때문에 이목비구의 순·역은 도덕 또는 비도덕적 행위 결과에 따른 반응이다. 다만 역기능을 말하지 않는 것은 순응하는 것이 이목비구의 본래적 기능임을 말하기 위한 것이다.

여기에서 주목할 것은 도덕 행위를 순·역의 생리적 현상으로 설명하고 있다는 점이다. 과거 유학에서는 도덕 행위를 선천적으로 부여받은 도덕성[天理]의 작용으로 설명한다. 인간은 짐승과 달리 순선(純善)한 도덕성을 부여받기 때문에 도덕 행위가 가능하다는 논리다. 그런데 일상생활에서 도덕 행위가 잘 행해지지 않는 것에 대해 그들은 욕심이 도덕성을 가리기 때문이라고 주장한다. 따라서 그들은 도덕 실현을 위해 도덕성[천리]을 보존하고 욕심을 버리는 방법[存天理 去人欲]을 선택한다.

그러나 이러한 도덕 실현의 방법은 천리에 근거하는 초월적 방식을 택함으로써 사변적 논리에 의존하는 한계를 지닌다는 평가를 받기도 한다.

사상의학은 유학사상에 이론의 근거를 두지만 초월이 아닌 경험에 근거를 두기 때문에 전통적인 유학이론과는 본질적으로 다른 시각에서 이해되어야 한다. 이제마가 유학의 도덕성 해명 방법을 언급하지 않는 것은 이러한 사변적 논의 방식에 동의하지 않기 때문이다. 그는 의료 경험을 통해 도덕 행위는 생리적 현상으로 곧장 반응한다는 사실을 발견한다. 여기서 말하는 이목비구의 순·역은 단순히 생리적 반응이 아니라 도덕 행위에 대한 반응을 설명한 것이다. 요컨대 그는 성선(性善)이라는 도덕적 행위의 근거를 생리적 현상에서 찾은 것이다. 이것이 이제마의 도덕성[性善說]에 대한 해석을 유학과 본질적으로 다른 관점에서 해석해야 할 핵심적 이유이다.

17

폐는 악성을 싫어하고, 비는 악색을 싫어하며, 간은 악취를 싫어하고, 신은 맛이 없는 것(惡味)을 싫어한다.

肺惡惡聲 脾惡惡色 肝惡惡臭 腎惡惡味

○ 악성(惡聲): 소음이나 남을 헐뜯는 말.

○ 악색(惡色): 아첨하는 교언영색(巧言令色).

○ 악취(惡臭): 썩은 냄새나 탐관오리가 풍기는 냄새 같은 것.

○ 악미(惡味): 역겨워 먹기 어려울 정도의 맛이나 인간미가 없는 사

람(입맛 없는 사람).

이 절은 폐비간신의 생리적 기능을 설명한 것이지만 악성, 악색, 악취, 악미를 싫어한다는 것 역시 비도덕적 행위를 싫어하는 몸 기능을 말한 것이다. 그런데 앞 절에서 이목비구가 도덕을 좋아하고 이 절에서 폐비간신이 비도덕적 행위를 싫어한다고 한 것은 이들 기관이 표리(表裏) 관계에 있다는 것을 설명한 것이다. 본래 호선 오악은 성선(性善)의 표리이기 때문이다.

표리 관계는 장부론 형성의 이론적 근거가 된다는 점에서 매우 중요하다. 다음 장에서 설명하겠지만 이제마는 인간의 체질을 호선 오악의 기능이 사람마다 각기 다른 차이가 있음을 발견하고 이를 넷으로 유형화(사상인) 한다. 이 차이를 폐비간신의 대소로 구분했는데, 대소는 크기가 아니라 기능의 대소를 의미한다. 폐비간신의 대소 기능은 신기(神氣)와 혈정(血精)의 상승 하강 운동의 차이에 의해 결정되며,[36] 폐와 비의 기는 상승하고, 간과 신의 기는 하강한다.[37] 이제마는 이러한 장부의 상하 운동이 발병의 주요 원인이라는 사실을 발견하고, 대소 개념으로 체질에 따른 장부 기능의 차이를 표현한다. 이러한 구체적인 장부 기능의 분석을 토대로 한 체질 분류는 오행의 상생상극 이론에 기초한 추상적 분류와 구별해야만 한다. 이제마의 장부 이론이 근원적으로는 한의학에 기초하고 있다는 점을 부인할 수 없지만 한의학과 동일한 시각에서 해석할 수 없기 때문이다. 다시 말하면 이제마의 장부론은 구체적인 경험에 기초하여 세운 이론이기 때문이다.

---

36) 「확충론」, 4절.
37) 「사단론」, 11절.

18

악성은 폐를 거슬리고, 악색은 비를 거슬리며, 악취는 간을 거슬리고, 맛이 없는 것은(惡味) 신을 거슬린다.

惡聲逆肺也 惡色逆脾也 惡臭逆肝也 惡味逆腎也

○ 역(逆): 순(順)의 반대 개념.

역(逆)은 순의 반대 개념으로 거슬린다는 의미이다. 앞 절에서 폐비간신이 악성, 악색, 악취, 악미를 싫어한다고 한 이유는 폐비간신을 거슬리기 때문이다. 악성, 악색, 악취, 악미는 폐비간신과 이목비구가 모두 싫어하는 것이다. 그런데 이목비구가 아닌 폐비간신을 거슬린다고 하는 이유는 무엇인가? 11절에서 보았듯이 이목비구와 폐비간신은 각기 천기를 관찰하고 인사를 바로 세우는 기능을 담당하고, 함억제복과 두견요둔은 지각[性:박통]과 행위[命:독행]의 능력을 담당한다.[38] 따라서 천기와 인사는 인간이 관찰하고 바르게 세워야 하는 (외적) 대상이고, 지각과 행위는 인간의 내면에 주어진 지각[性:박통]과 행위[命:독행]의 능력이다. 외적 대상을 대하는 기능과 내면에 주어진 기능을 기준으로 구분하면 이목비구와 폐비간신 그리고 함억제복과 두견요둔은 서로 표리 관계에 있다.

그런데 앞 절에서도 언급했듯이 이제마는 이목비구와 폐비간신 등의 기능을 신기(神氣)와 혈정(血精)의 기가 상승 하강하는 운동으로 설명한다. 이목비구와 폐비간신은 천기를 살피고 인사를 바로 세우는 과정에

---

38) 「성명론」, 14절.

서 좋은 소리와 색, 그리고 냄새와 맛에는 순응하지만 나쁜 소리와 색 등에는 역반응을 나타낸다. 이때 순응하면 신기혈정의 기(氣)가 상승하여 폐비로 주입되고, 역반응하면 하강하여 간신으로 주입되어 폐비간신의 기능은 더욱 왕성해지거나 반대로 상하게[盛削] 된다.[39] 장부론에서 다시 설명하겠지만 이목비구의 순역 반응에 따라 폐비간신에 성삭(盛削)이 생기는 것은 신기의 기가 상승하고 혈정의 기가 하강하기 때문이다. 즉 이목비구가 순응하면 신기의 기는 상승하여 폐비로 주입되고 혈정의 기는 하강하여 간신에 주입된다. 그러나 역반응하면 신기혈정의 기는 순조롭게 상승/하강하지 못하게 된다. 이것이 이목비구의 역 반응에 폐비간신이 거슬리는 이유이다.

19

턱에는 교만한 마음(驕心)이 있고, 가슴에는 뽐내는 마음(矜心)이 있으며, 배꼽에는 공치사하는 마음(伐心)이 있고, 배에는 과시하는 마음(夸心)이 있다.

頷有驕心 臆有矜心 臍有伐心 腹有夸心

○ 교(驕): 교만.

○ 긍(矜): 뽐내는 것.

○ 벌(伐): 공치사.

○ 과(夸): 과시, 자랑.

---

39) 「사단론」, 10절.

7절에서 턱, 가슴, 배꼽, 배에는 주책, 경륜, 행검, 도량이 있고, 8절에서 주책, 경륜, 행검, 도량은 교만, 뽐냄, 공치사, 과시하지 말아야 한다(8절)고 하였다. 이것은 함억제복이 지혜를 실천에 옮기는[40] 과정에서 교만, 뽐냄, 공치사, 과시하는 마음이 생길 수 있음을 말한 것이다. 7절에서 이미 설명했듯이 주책과 교만, 경륜과 뽐냄, 행검과 공치사, 도량과 과시하는 마음은 지혜의 이중성이다. 지혜는 동물과 구별되는 인간의 특성이지만 지혜를 행할 때 신중을 요하는 것은 이러한 이중성 때문이다.

유학에서는 일찍이 지혜를 심의 작용으로 보고 인심도심설(人心道心說), 본연기질양성론(本然氣質兩性論), 도의성과 금수성(道義禽獸兩性) 등의 논의를 토하여 심의 이중성을 경계하였다. 그러나 이제마가 경계한 지혜의 이중성은 이들의 논의와 구별해야 한다. 인심도심설 등의 논의는 관념에 근거한 것이지만, 이제마가 논의한 교긍벌과((驕矜伐夸)의 사심(邪心)과 함억제복의 지혜는 임상적 경험에 근거한 것이기 때문이다. 좀 더 말하면 이제마가 경계한 이중성은 교긍벌과의 사심이 폐비간신 등의 장부에 손상을 주는 구체적인 사례를 토대로 한 것이기 때문이다. 다음 절의 설명은 이제마가 경계한 이중성이 임상적 경험에 근거한 것임을 잘 드러내 준다.

20

교심이란 교만한 생각(驕意)이며, 긍심이란 뽐내려는 생각(矜慮)이며, 벌심이란 공치사하려는 생각(伐操)이며, 과심이란 과시하려는 생각이다.

---

40) 「성명론」, 11절.

驕心驕意也 矜心矜慮也 伐心伐操也 夸心夸志也

　의려조지(意慮操志)는 자의(字意)로만 보면 모두 '뜻' 또는 '생각'으로 풀이할 수밖에 없다.[41] 그러나 교심, 긍심, 벌심, 과심이 곧 교의, 긍려, 벌조, 과지라고 설명한 것은 사무, 교우, 당여, 거처에서 생기는 각기 다른 교만한 마음(생각)들을 구분하기 위한 것이다. 7절에서 설명했듯이 함억제복에는 주책, 경륜, 행검, 도량의 능력이 갖추어져 있는데, 이들 능력은 사무, 교우, 당여, 거처에서 발휘되는 지혜이다. 그런데 이 지혜에는 교긍벌과의 마음이 항상 뒤 따르기 때문에 8절에서 이를 경계한 것이다.

　그런데 이제마는 의려조지가 진해(津海), 고해(膏海), 유해(油海), 액해(液海)에 감추어져 있다고 한다.[42] 이것은 인간의 사고가 몸 기능을 기초로 이루어진다는 것을 주장하려는 것이다. 그의 설명에 따르면 장부는 상승 정축(停畜) 소도(消導) 하강의 운동을 하는데, 진해, 고해, 유해, 액해가 이러한 장부 기능을 가능하게 하는 원천이다.[43] 따라서 교의, 긍려, 벌조, 과지라는 인간의 교만한 사고 역시 장부의 상승 하강 운동을 통해 생겨난다는 관점에서 이해되어야 한다.

21

머리에는 멋대로 하려는 마음(擅心)이 있으며, 어깨에는 오만한 마음

---

41) 『격치고』에서는 意·慮·操·志가 意·慮·膽·志로 쓰여 있다는 점을 감안할 때 操와 膽은 같은 의미로 해석할 수 있을 것이다.
42) 「장부론」, 14절.
43) 같은 곳, 10절.

(侈心)이 있으며, 허리에는 게으른 마음(懶心)이 있으며, 볼기에는 속이
는 마음(慾心)이 있다.

頭有擅心 肩有侈心 腰有懶心 臀有慾心

○ 천심(擅心): 한 편으로 치우치고 멋대로 생각하는 마음(偏心).[44]

○ 치심(侈心): 오만한 마음(過心).

○ 나심(懶心): 게으른 마음(不及).

○ 욕심(慾心): 거짓으로 속이는 마음(詐心).

9절에서 머리, 어깨, 허리, 볼기에는 식견, 위의, 재간, 방략이 있고, 10
절에서 식견, 위의, 재간, 방략은 탈치나절이 없어야 한다고 하였다. 이
것은 두견요둔이 행업을 실천에 옮기는[45] 과정에서 빼앗고 사치하며
게으르고 도둑질 할 수 있음을 말한 것이다. 9절에서 이미 설명했듯이
식견과 빼앗음, 위의와 사치, 재간과 게으름, 방략과 도둑질은 행업의
이중성이다. 행업 역시 동물과 구별되는 인간의 특성이지만 이러한 이
중성 때문에 행업을 행할 때 신중한 행위가 요청되는 것이다.

유학에서는 일찍부터 이러한 이중성에 대한 논의가 있어 왔다. 이미
설명했듯이 중국 송대의 성리학에서는 심(마음)을 인심/도심으로, 인간
성을 본연/기질 양성으로 구분하여 이중성을 경계하였고, 조선조에도
사단(四端)과 칠정(七情), 인물성동이(人性物性同異) 논쟁 등을 통해 이중

---

44) 『격치고』에서는 천심, 치심, 라심, 욕심이 색심, 치심, 라심, 사심으로 쓰여 있어
    천심과 색심, 욕심과 사심은 같은 의미로 해석된다.
45) 「성명론」, 11절.

성에 대한 논의를 심화시키기도 하였다. 그러나 이제마의 이중성은 이들과 구분해야 한다. 그가 경계하는 것은 천리로 주어진 성이나 심이 아니라 단지 행업의 이중성을 경계한 것이기 때문이다.

22

천심은 남의 이익을 빼앗는 것(奪利)이며, 치심은 스스로를 치켜세우는 것(自尊)이며, 나심은 못난 체 뒤로 빠지는 것(自卑)이요, 욕심은 몰래 좀도둑질하는 것(竊物)이다.

擅心奪利也 侈心自尊也 懶心自卑也 慾心竊物也.

탈리는 남의 몫을 빼앗아 내 것으로 삼는 것을 말하고 자존은 스스로 자신을 치켜세우는 것을 말하며, 자비는 못난 체 뒤로 빠지는 것을 말하고 절물은 남의 것을 몰래 좀도둑질 하는 것을 말한다. 행업의 이중성이 사물을 접하는 마음에서 생겨난다는 것을 설명한 것이다. 다만 천심과 욕심은 남의 몫을 빼앗거나 남의 물건을 탐내는 것이므로 사물에 대한 욕구가 지나쳐 실중하는 마음이라면, 치심과 나심은 남에게 자신을 치켜세우거나 뒤로 빼는 것이므로 타인을 향해 드러낸 마음이 과불급하여 실중하는 마음이라는 점이 다르다. 그리고 교긍벌과의 마음은 지혜의 실중(失中)이고, 탈치나절의 마음은 행업(行)의 실중이다.

23

**사람들의 이목비구는 선을 좋아함이 견줄 데가 없고, 사람들의 폐비
간신은 악을 싫어함이 견줄 데가 없으며, 사람들의 함억제복은 사심이
견줄 데가 없고, 사람들의 두견요둔은 태행이 견줄 데가 없다.**

人之耳目鼻口好善無雙也 人之肺脾肝腎惡惡無雙也 人之頷臆臍腹邪心無雙也
人之頭肩腰臀怠行無雙也

○ 사심(邪心): 정심(正心)의 반대 개념. 정도(正道)에 어그러진 간사한
　마음.
○ 태행(怠行): 정행(正行)의 반대 개념. 올바르지 못한 행동.

견줄 데가 없다는 무쌍(無雙)은 인간의 호선 오악이나 사심 태행은 사
람마다 다르지 않다는 것으로서 인간의 보편 능력을 의미한다. 다만 여
기서 주목할 것은 호선 오악이나 사심 태행을 모두 몸 기능으로 설명한
다는 점이다. 이미 설명했듯이 이제마는 도덕성의 원천을 하늘에 두는
유가적 관점을 따르지만 도덕성을 천명 또는 천리로 해석하는 관점은
수용하지 않는다. 이유는 인간의 도덕 행위를 인간에게 주어진 천리[초
월적 원리]가 작용한 결과로 이해하지 않기 때문이다. 이제마는 인간에
게 주어지는 것은 몸에 주어진 혜각과 자업의 능력일 뿐이며, 이러한 능
력이 인간의 노력을 통해 발휘된 결과로서 도덕 행위가 이루어진다고
생각한다. 호선/오악과 사심/태행을 모두 보편능력으로 말하고 이를 몸
기능으로 설명한 까닭이 여기에 있다.

24

요·순이 인정을 펴신 것은 5천 년 전의 일이지만 지금에 이르기까지 천하의 선을 말하는 자가 모두 요·순이라 하는 것을 보면 사람들의 선을 좋아함(好善)은 과연 견줄 데가 없다. 걸·주가 폭정을 편 것은 4천년이나 되었건만 천하의 악을 말하는 자가 모두 걸·주라 하는 것을 보면 사람들의 악을 싫어함(惡惡)이 과연 견줄 데가 없다. 공자 같은 성인에게 3천의 제자가 가르침을 받았지만 오직 안자만이 석 달 동안 인을 어기지 않았고, 다른 제자들은 하루나 한 달을 넘지 못했으며, 기쁜 마음으로 정성껏 선생을 따르던 자 겨우 72인 것을 보면 사람들의 사심은 과연 견줄 데가 없다. 문왕은 덕망으로 백년을 사신 이후 돌아가셨지만 천하에 흡족하지 못하였고, 무왕과 주공이 그를 계승한 연후에야 비로소 크게 행해졌으나, 관숙·채숙은 오히려 지친의 몸으로써 반란을 일으킨 것을 보면 사람들의 태행은 과연 더할 나위 없다.

堯舜之行仁 在於五千年前 而至于今天下之稱善者 皆曰堯舜 則人之好善 果無雙也 桀紂之行暴 在於四千年前 而至于今天下之稱惡者 皆曰桀紂 則人之惡惡果無雙也 以孔子之聖 三千之徒受教 而惟顏子三月不違仁 其餘日月至焉 而心悅誠服者 與有七十二人 則人之邪心果無雙也 以文王之德 百年而後崩 未洽於天下 武王周公繼之然後大行 而管叔蔡叔猶以至親作亂 則人之怠行果無雙也

○ 요·순(堯舜): 중국 고대 전설상의 성제(聖帝).
○ 걸·주(桀紂): 걸은 하(夏)나라 말기, 주는 은(殷)나라 말기의 폭군.
○ 안자(顏子): 공자의 제자 안회(顏回).
○ 문왕(文王): 중국 고대 주(周)왕조의 1대 임금.

○ 무왕(武王): 주왕조의 2대 임금. 은(殷)나라를 정벌하여 주왕조를 세움.

○ 주공(周公): 무왕의 동생. 주례(周禮)를 제작하여 주문화(周文化)의 기초를 닦음.

○ 관숙(管叔)·채숙(蔡叔): 무왕의 동생. 관숙은 주공의 형이고 채숙은 아우.

호선 오악과 사심 태행을 중국의 대표적인 성군(聖君)과 폭군(暴君) 그리고 공자 안연 등을 예로 들어 설명한 것은 인간의 도덕 행위가 보편성에 의해 이루어지는지의 여부를 해명하기 위한 것이다. 앞서 보았듯이 송대의 주희는 보편성의 문제를 본연성과 기질성으로 해명한 바 있다. 그는 도덕 행위가 가능한 것은 인간이 순선(純善)한 본연성[仁義禮智]을 보편성으로 부여받았기 때문이며, 성인과 범인의 차이가 생기는 것은 타고난 기질성의 차이(청탁)때문이라고 한다. 따라서 그는 본연성[天理]을 자각하고 이를 따를 때 도덕 행위가 가능하다고 하여 본연성을 도덕의 원천으로 간주한다.

그러나 이제마는 본연성을 도덕의 원천이라고 생각하지 않는다. 도덕성이 우리에게 본연성으로 주어진다는 것은 사변적 논의는 가능할지 모르지만 그것은 우리의 인식 능력을 넘어선 초월적 개념일 뿐이다. 우리가 알 수 있는 것은 단지 인간에게 도덕적 삶을 추구할 수 있는 판단 능력과 행위 능력이 있다는 사실뿐이다. 따라서 지행 능력이 발휘되기 이전에 도덕 행위 여부를 판단할 수는 없다. 이 때문에 이제마는 도덕의 원천은 도덕성이 아니라 도덕 행위를 판단하고 실현하는 과정에 있다고 생각한다. 다시 말하면 도덕은 지행 능력의 발휘에서 생겨나며, 선천적으로 결정된 도덕성은 말할 수 없다는 입장이다. 그러므로 이제마가 말하는 도덕은 초월적 관점에 근거한 주희의 해명과 구별되어야 한다.

호선/오악과 사심/태행은 도덕과 비도덕적 행위를 구분한 것이다. 사람들이 지금도 선행과 악행의 예로 요·순과 걸·주를 말하는 것은 그들의 타고난 성품이 아니라 그들이 행한 도덕 행위[仁政]와 비도덕적 행위[暴政]를 평가한 결과이다. 요임금은 아들이 있었지만 세습(世襲)이 아닌 선양(禪讓)의 방법으로 순임금을 후계자로 선택하였고, 순임금 역시 같은 방법으로 우(禹)임금을 선택하였다. 그리고 그들이 정치적 결정을 내릴 때에는 항상 자신의 욕구나 생각이 아니라 백성들의 요구를 절충하는[중용] 방법을 선택하였다.46) 물론 요·순에게도 사심과 태행이 있지만 그들은 천하가 다스려지지 않음을 걱정하여 자신의 욕심을 돌아볼 겨를이 없었기 때문이다.

그러나 걸·주는 그렇지 못하였다. 이제마는 그 원인을 사심과 태행에서 찾는다. 공자의 가르침을 받고도 대다수의 제자들이 인(仁)을 행하지 못한 것은 사심(邪心)이 원인이고, 관숙·채숙이 지친의 몸으로 반란까지 꾀한 것은47) 태행(怠行)이 원인이다. 호선/오악의 능력이 없어서가 아니라 사심과 태행이 이들의 호선/오악 능력을 가로막은 결과다. 호선/오악은 보편 능력이지만 이 능력의 발휘 여부가 도덕 행위를 결정한다는 것이다. 요컨대 요순이나 공맹의 도덕행위는 인간의 보편적 지행 능력을 발휘한 것이며, 선천적으로 주어진 보편성[도덕성]이 발휘된 것이 아니라는 주장이다.

---

46) 『중용』, 6장.
47) 『맹자』, 「공손추」하. 周公使管叔監殷管叔以殷畔.

25

이목비구는 사람마다 다 요·순이 될 수 있고, 함억제복은 사람마다 다 자기 스스로 요·순이 되지 못한다. 폐비간신은 사람마다 다 요·순이 될 수 있고, 두견요둔은 사람마다 다 자기 스스로 요·순이 되지 못한다.

耳目鼻口人皆可以爲堯舜　頷臆臍腹人皆自不爲堯桀　肺脾肝腎人皆可以爲堯舜 頭肩腰臀人皆自不爲堯舜

○ 가이위(可以爲): 가능성.
○ 자불위(自不爲): 선택의 자율성.

앞 절에서 설명했듯이 이제마는 호선/오악과 사심/태행을 인간의 보편 능력으로 이해하였다. 사심과 태행까지 보편 능력의 범주에 넣은 것은 심신을 분리시켜 이해하지 않기 위한 것이다. 이 절은 이러한 관점을 토대로 도덕을 실현하는 능력에는 성인과 범인의 차이가 없음을 말한 것이다.

이러한 이제마의 관점은 물론 실천을 중시하는 공·맹의 정신을 계승한 것이다. 공자가 제시한 도덕의 실천은 아래로부터 배워 위(성인의 경지)에 도달하는 방법이었고,[48] 맹자 역시 모든 인간은 성인이 될 수 있다는 가능성을 열어 놓았다.[49] 이제마 역시 이목비구와 폐비간신의 호선/오악을 제시하여 모든 인간이 성인이 될 수 있는 가능성을 열어 놓는다. 그러나 이 가능성은 사심과 태행을 극복하는 과정을 거쳐야만 실현

---

48) 『논어』, 「憲問」, 37.
49) 『맹자』, 「고자」 하.

될 수 있다. 따라서 이제마가 파악한 인간은 가능적 존재이며, 동시에 자율적 존재라고 할 수 있다. 성인에 도달할 수 있는 가능성은 사심과 태행을 극복하는 자율적 과정을 거쳐야만 확보되기 때문이다. 따라서 이제마의 경우 호선 오악은 가능성의 근거요, 사심 태행은 자율적인 극복의 대상인 것이다.

이제마가 특히 호선/오악을 이목비구 등 몸의 기능으로 설명한 것은 과거에는 찾아볼 수 없는 독창적인 방식이다. 이것은 도덕을 관념이 아닌 몸이 경험하는 구체적인 삶 속에서 해명해야 한다는 주장이다. 따라서 이제마의 해석은 공·맹의 실천 정신을 계승한 것이지만 몸의 생리적 기능에 근거한다는 점에서 이들과 구분된다.

26

사람들의 이목비구가 선을 좋아하는 마음은 모든 사람의 이목비구로써 논하더라도 요·순에게 채찍 한 개보다도 더 나은 데가 없다. 사람들의 폐비간신이 악을 싫어하는 마음은 요·순의 폐비간신으로써 논하더라도 뭇사람들에게 채찍 한 개만큼도 덜한 데가 없다. 사람마다 다 요·순이 될 수 있다는 것은 이 때문이다. 사람들의 함억제복 중에는 세상 사람을 업신여기는 마음이 늘 숨겨져 있으니 제 본심을 간직하고 제 본성을 기른 연후에야 요·순 같이 지혜롭게 될 수 있을 것이다. 사람들의 두견요둔 밑에는 남을 속이려는 마음이 가끔 감추어져 있으니 자신을 가다듬고 정명(正命)을 바로 세운 연후에라야 사람마다 다 요·순의 행실처럼 행할 수 있을 것이다. 사람마다 다 자기 스스로 요·순이 되지 못한다는 것은 이 때문이다.

人之耳目鼻口好善之心 以衆人耳目鼻口論之 而堯舜未爲加一鞭也 人之肺脾肝
腎惡惡之心 以堯舜肺脾肝腎論之 而衆人未爲少一鞭也 人皆可以爲堯舜者以此
人之領臆臍腹之中 誣世之心每每隱伏也 存其心養其性然後 人皆可以爲堯舜之知
也 人之頭肩腰臀之下 罔民之心種種暗藏也 修其身立其命然後 人皆可以爲堯舜
之行也 人皆自不爲堯舜者以此

○ 존기심(存其心) 양기성(養其性): 존심양성은 본래 맹자에서 유래한
  것으로서 호선/오악의 마음을 보존하여 도덕 지향적 성품(감정)[50]
  을 기르는 것을 의미한다.
○ 수기신(修其身) 입기명(立其命): 수신입명 역시 맹자에서 유래한 것
  으로서 몸의 욕구를 절제하여 자신이 마땅히 행해야 할 도덕적 길
  이 무엇인지를 세우는 것을 의미한다.

이 절은 앞 절에 이어 인간의 도덕적 능력에는 차이가 없다는 것을
거듭 설명한 것이다. 이제마는 인간의 호선 오악의 마음만이 아니라 세
상 사람을 업신여기고 남을 속이는 마음에 대해서도 선천적인 차이를
인정하지 않는다. 이것은 성선설에 입각하여 호선/오악만을 인간의 보
편성으로 생각하는 전통적인 유학과 다른 관점이다. 이미 설명했듯이
주희는 비도덕적 행위는 타고난 기질의 차이가 그 원인이라고 해명하였
다. 성인과 범인은 타고난 기질(氣質)에 청·탁(淸濁)의 차이가 존재한다
는 것이다.

그러나 이제마는 성인과 범인의 차이를 타고난 기질의 청·탁이 아니
라 후천적 노력의 결과로 해명한다. 인간은 호선/오악의 도덕 능력이

---

50) 후술하겠지만 이제마의 성은 도덕 지향적 감정을 의미한다.

나51) 사심/태행에 차이가 없다. 그가 존심양성(存心養性)과 수신입명(修身立命)을 성인이 될 수 있는 조건으로 제시한 것은 이러한 이유 때문이다.52) 성인의 지혜와 행동이 범인과 다른 것은 선천적 기질이 아니라 교긍벌과(驕矜伐夸)의 사심(邪心)과 탈치나절(奪侈懶竊)의 태행(怠行)을 극복하는 존심과 수신의 노력이 다르기 때문이다. 이제마가 선천적인 도덕능력의 차이를 인정하지 않는 이유가 여기에 있다.

27

　　이목비구의 정(情)은 길가는 사람들도 의로움을 합하는 데 있어서는 대동한 까닭에 선을 좋아하는 것(好善)이다. 호선의 실상은 지극히 공평[公]하다. 지극히 공평하면 또한 지극히 사사로움(私)이 없을 것이다. 폐비간신의 정(情)은 같은 방안에 있는 사람끼리도 이익을 따지는 데에는 각기 다른 입장에 서게 되는 까닭에 악을 싫어하는 것(惡惡)이다. 오악의 실상은 지극히 사사로움(私)이 없는 것이다. 지극히 사사로움이 없다면 또한 지극히 공평할 것이다. 함억제복 중에는 스스로 쉼이 없는 지혜가 들어 있어서 (학문을) 갈고 닦지만 교긍벌과하는 사심이 갑자기 무너뜨리면 스스로 그 지혜[知]를 버리고 박통(博通)할 수 없게 된다. 두견요둔 밑에는 스스로 쉼이 없는 행실이 들어 있어서 의젓하게[威儀] 행하지만 탈치나절하는 욕심이 갑자기 함정에 빠뜨리면 스스로 그 행실[行]을 버리고 바른 행동을 할 수 없게 된다.

---

51) 『성명론』, 34절.
52) 『맹자』, 「진심」 상.

耳目鼻口之情 行路之人大同於協義 故好善也 好善之實極公也 極公則亦極無私也 肺脾肝腎之情 同室之人各立於擅利 故惡惡也 惡惡之實極無私也 極無私則亦極公也 領臆臍腹之中 自有不息之知 如切如磋 而驕矜伐夸之私心 卒然敗之 則自棄其知而不能博通也 頭肩腰臀之下 自有不息之行 赫兮喧兮 而奪侈懶竊之慾心 卒然陷之 則自棄其行而不能正行也

○ 정(情): 이목비구를 통해 인간이 느끼는 감정.
○ 협의(協義): 의로움에 합함.
○ 실(實): 실제의 사정(實情).
○ 천리(擅利): 멋대로 이익을 빼앗는 것.
○ 불식(不息): 스스로 힘써 쉬지 않음(自强不息).

이 절은 호선/오악과 지/행이 인간의 보편적 능력이라는 점을 거듭 보완 설명한 것이다. 이제마는 호선/오악이 보편적 능력이라는 근거를 옳은 일에[義] 대해 느끼는 인간의 감정[이목비구의 情]이 모두 같고[大同], 이익(利)을 따지는 감정[폐비간신의 情]이 각자 다르다는[各立] 데에서 찾는다. 의(義)를 따지고 이(利)를 추구하는 데 모든 인간이 다르지 않다는 것은 인간에게 공평무사(極公無私)의 능력이 있다는 것을 의미한다. 따라서 호선/오악은 인간의 보편적 능력이 발휘된 것이다. 지/행도 같은 맥락에서 이해할 수 있다. 인간에게는 지/행 능력이 있지만 사심과 욕심이 지혜의 박통(博通)과 바른 행위(正行) 능력을 방해한다. 이 때문에 지/행도 사심과 욕심을 절제할 수 있는 극공무사의 보편적 능력이 발휘됨으로써 박통하고 바르게 행동할 수 있다. 따라서 호선/오악과 마찬가지로 지/행도 극공무사의 보편 능력이 작용함으로써 이루어진다는 주장이다.

여기서 보편적 능력은 보편성과 유사한 개념이지만 본질적으로 다른 개념이라는 점에 유의해야 한다. 유학에서도 호선/오악을 보편성의 근거로 제시한다. 그러나 그들이 말한 호선/오악은 선천적인 보편성의 발현을 의미한다는 점에서 다르다. 유학에서는 인간이 호선/오악하는 것을 순선(純善)하여 악이 없는[無惡] 도덕성을 선천적으로 부여받기 때문이라고 해명한다. 따라서 이들이 도덕 실현을 위해 제시한 덕성의 보존과 욕구 절제는 인간의 도덕 판단이나 의지보다는 보편성으로 주어진 도덕성에 의존한다는 점에서 초월적 방식이다. 그러나 이제마가 말하는 호선 오악은 일상적 삶에서 경험할 수 있는 보편 능력이다. 이제마의 호선 오악을 보편성이 아닌 보편적 능력으로 이해해야 하는 이유가 여기에 있다.

28

이목비구는 사람마다 다 지혜롭고 함억제복은 사람마다 다 어리석다.
폐비간신은 사람마다 다 어질고 두견요둔은 사람마다 다 못났다.

耳目鼻口人皆知也 頷臆臍腹人皆愚也 肺脾肝腎人皆賢也 頭肩腰臀皆不肖也

이 절 역시 앞 절에서 말한 인간의 보편적 능력을 보충 설명한 것이다. 지/우(知愚) 현/불초(賢不肖)는 인간의 신체적 기능으로 주어진 보편적 능력이다. 그러나 여기서 말하는 신체적 기능의 보편적 능력은 일반적 기능을 말하는 것이며, 정도의 차이까지 부정하는 것은 아니다. 지와 우, 현과 불초는 지와 행의 대립 개념으로 쓰이고 있다. 그러나 지와 현, 우와 불초는 과/불급(過不及)의 의미도 담고 있다. 따라서 지/행에는 언제나 과/불급[失中]의 가능성이 내포되어 있다고 할 수 있다.

29

사람들의 이목비구는 천(天)이니 천은 지혜롭고, 사람들의 폐비간신은 인(人)이니 인(人)은 어질다. 나의 함억제복은 저절로 내 마음이 되어 있지만 어리석음을 면하지 못하고 있으니 내 어리석음을 면하는 것은 나에게 달려 있는 것이다. 나의 두견요둔은 저절로 내 몸이 되어 있지만 못남을 면하지 못하고 있으니 내 못남을 면하는 것은 나에게 달려 있는 것이다.

人之耳目鼻口天也 天知也 人之肺脾肝腎人也 人賢也 我之頷臆臍腹我自爲心 而未免愚也 我之免愚在我也 我之頭肩腰臀我自爲身 而未免不肖也 我之免不肖 在我也

○ 지(知): 지혜.

○ 아자위심(我自爲心): 함억제복의 지혜 즉 주책, 경륜, 행검, 도량.

○ 미면우(未免愚): 함억제복의 사심(邪心) 즉 교긍벌과를 면하지 못함.

○ 아자위신(我自爲身): 두견요둔의 행업 즉 식견, 위의, 재간, 방략.

○ 미면불초(未免不肖): 두견요둔의 태행(怠行), 즉 탈치나절.

이목비구가 천인데 그 천이 지혜롭다는 것은[天知] 호선의 지혜가 천부적이지만 그것은 몸(이목비구) 기능으로 실현된다는 의미이다. 그리고 폐비간신이 인인데 그 인이 어질다는 것은[人賢] 오악하는 덕행이 천부적이지만 그 역시 몸(폐비간신) 기능으로 실현된다는 의미이다. 함억제복이 저절로 내 마음이 되어 있다는 것은 함억제복의 지혜(주책, 경륜, 행검, 도량)가 심의 기능으로 주어진다는 의미이다. 그리고 두견요둔이 저절로 내 몸이 되어 있다는 것은 두견요둔의 행업(식견, 위의, 재간, 방략)이 신체적 기능으로 주어진다는 의미이다. 따라서 우매하고 못난 행동은 인간의 책임이며, 선천적 능력과는 무관하다는 주장이다.

　인간의 지/행 능력을 선천적인 것으로 파악한 것은 유가적 관점을 따른 것이다. 그러나 27절에서 설명했듯이 이제마는 지행 능력을 단지 인간의 몸에 주어진 지혜와 행업의 능력으로 설명한다. 특히 그는 지행의 실현이 자신에게 달려 있다고 강조하여 인간이 윤리적으로 '자율적 존재'임을 천명한다. 이것은 지행의 문제를 천명(천리)을 따르는 유학의 방식과 다르게 해명하겠다는 것을 선언한 것이다. 이러한 이제마의 입장은 다음 절에서 더욱 구체화된다.

30

하늘은 만민을 낳으실 때 성(性)을 혜각(慧覺)으로서 주었으니 만민의 삶에 있어서 혜각이 있으면 살고 혜각이 없으면 죽는다. 혜각은 덕이 생겨나게 하는 곳이다.

天生萬民性以慧覺 萬民之生也 有慧覺則生 無慧覺則死 慧覺者德之所由生也

○ 혜각(慧覺): 주책, 경륜, 행검, 도량의 능력으로서 지혜(知慧). 『동의

수세보원초본권』에는 혜각이 지행(知行)으로 되어 있다.

하늘이 생명을 부여함과 동시에 성(性)을 혜각으로 주었다는 것은 도덕의 원천을 이해하는 이제마의 독창적 관점을 드러낸 것이다. 인간이 생명과 함께 성을 하늘로부터 부여받는다는 것은 유가적 관점을 따른 것이다.[53] 그러나 이제마는 부여받은 성을 천명(천리)이 아닌 혜각으로 설명한다. 이것은 성(性)을 하늘이 부여한다는 전통적인 유가적 관점을 따르면서도 이를 곧장 도덕성으로 해명하는 관점은 수용하지 않은 것이다. 그의 설명에 따르면 혜각은 인의예지의 도덕성이 아니라 지혜를 실천하는[行其知][54] 주책, 경륜, 행검, 도량의 지행 능력을 의미하기 때문이다.

여러 차례 설명했듯이 성리학에서는 인간을 포함한 우주 삼라만상을 천리라는 보편 원리로 해명한다. 성을 곧 '천리[性卽理]'로 해석하여 성을 도덕의 원천으로 이해한다. 따라서 도덕은 인간의 구체적인 행위를 통해 드러나지만 그것은 근원적으로 도덕성[천리]의 발현을 의미한다. 따라서 이들은 인간의 자율적 판단에 따른 행위보다는 천명[천리]을 따르는 것이 도덕을 실현하는 방법이라고 생각한다[天人合一]. 도덕을 실현하는 방법으로 천리를 보존하고 인간의 욕구 억제[存天理 遏人欲]를 요구하는 것은 이 때문이다.

이제마가 성을 혜각으로 해명한 것은 자신의 독창적 발상에 근거한 것이다. 이제마는 『동의수세보원초본권』에서 성을 '지행'으로 설명하였고, 「성명론」(34절)에서는 '성명이 다름 아닌 지행'이라고 설명한다.

---

53) 『시경』, 「大雅·蕩·蒸民」편: 天生蒸民 有物有則 民之秉彝 好是懿德.
54) 「성명론」, 11절.

이러한 이제마의 설명을 이해하기 위해서는 코페르니쿠스적 전회와 같은 사고의 전환이 요청된다. 성명이 곧 지행이라는 해석은 성을 천리로 인식한 성리학적 시각에서 보면 성리학의 근간을 뒤흔드는 매우 도발적인 주장이기 때문이다. 그의 설명에 따르면 성은 보편 원리가 아니라 타고난 지행 능력에 지나지 않는다. 그가 성을 '혜각'이라는 새로운 용어를 사용하여 설명한 것은 이 때문이라고 할 수 있다. 인간이 부여받은 것은 천리와 같은 보편 원리가 아니라 인간의 "보편적 지행 능력"이라는 것을 주장하기 위해서는 새로운 용어가 필요했기 때문이다.[55] 덕은 구체적인 삶 속에서 무엇이 도덕적 행위인지를 판단하는 박통한 보편적 능력[혜각]이 발휘됨으로써만 구현된다. 따라서 이제마가 혜각을 덕의 원천으로 해명하거나 도덕 실현의 책임을 혜각의 자각 여부에 달려 있다고 한 것도 이러한 맥락에서 해석해야 한다.

31

하늘은 만민을 낳으실 때 명(命)을 자업(資業)으로서 주었으니 만민의 삶에 있어서 자업이 있으면 살고 자업이 없으면 죽는다. 자업은 도(道)가 생겨나게 하는 곳이다.

天生萬民命以資業 萬民之生也 有資業則生 無資業則死 資業者道之所由生也

---

55) 혜는 지혜, 자는 취하다(取也)의 의미이므로 혜각은 '지혜로운 깨달음', 자업은 '해야 할 일을 취함'의 의미로 해석할 수 있다. '知行'과 '衣食'(『초본권』)을 혜각과 자업으로 바꾼 것은 이들 개념으로는 인간에게 주어진 도덕 판단 능력과 행위 능력의 의미를 전달하기 어려워 수정한 것으로 추정된다.

○ 자업(資業): 식견 위의 재간 방략의 능력으로서 행업(行業). 『동의수
  세보원초본권』에는 자업이 의식(衣食)으로 되어 있다.

이 절은 앞 절과 같은 맥락에서 이해되어야 한다. 하늘이 명(命)을 자
업(資業)으로 부여해 주었다는 것 역시 도덕을 이해하는 이제마의 독창
적 관점이다. 성리학에서는 명을 천의 명령으로 해석하지만 이제마는
인간에게 부여된 행위 능력(자업)으로 이해한다. 자업은 행업을 실행한
다(行其行)[56]는 행(行)으로서 식견 위의 재간 방략의 능력을 가리킨다. 따
라서 자업 역시 선천적으로 주어진 능력을 의미하지만 보편적 원리와
같은 초월적 개념과는 거리가 멀다. 자업은 혜각과 같이 단지 몸에 부여
된 행위 능력을 가리키는 개념일 뿐이기 때문이다.
  자업은 박통하는 성과는 달리 독행하는 독자적인 능력이다. 독자적
능력이기 때문에 자업에는 개인차가 존재한다. 그러나 자업 능력의 개
인차는 행업을 실현하는 데 장애가 되지 않는다. 명의 실현은 자업의 능
력차이가 아니라 자업의 자각과 실현 여부에 달려 있기 때문이다. 자업
이 도(道)가 생겨나게 하는 곳이라는 것 역시 도는 구체적인 삶 속에서
자업이 발휘됨으로써만 생겨난다는 의미이다. 자업을 도의 원천으로 해
명하거나 도덕 실현의 책임을 자업의 자각 여부에 둔 것 역시 원리가
아닌 행위 중심의 설명이다.

32
인, 의, 예, 지, 충, 효, 우, 제 등 모든 선행은 다 혜각에서 나오고,

---

56) 「성명론」, 11절.

사, 농, 공, 상, 전, 택, 방, 국 등 모든 쓰임은 다 자업에서 나온다.

仁義禮智忠孝友悌 諸般百善 皆出於慧覺 士農工商田宅邦國 諸般百用 皆出於資業

○ 인의예지(仁義禮智): 공자와 맹자가 강조한 인간의 기본 덕목.

○ 충효우제(忠孝友悌): 이 역시 유학의 실천 덕목.

○ 사농공상(士農工商): 봉건 군주국가 시대의 계급. 여기에서는 의식(衣食)을 해결할 수 있는 생업 수단.

○ 전택방국(田宅邦國): 생업 또는 생존 수단으로서의 기본 터전.

인, 의, 예, 지, 충, 효, 우, 제는 유교의 윤리적 덕목이고 사, 농, 공, 상, 전, 택, 방, 국은 봉건시대 신분과 생존에 필요한 요소 및 다수가 거주하는 공동체를 가리키는 개념이다. 따라서 모든 선행[百善]과 모든 쓰임[百用]은 혜각을 통해 실현해야 할 덕목과 자업 능력으로 이루어야 할 일상에서의 쓰임을 총칭한 개념이다. 여기에서 주목할 것은 인의예지 등 유교의 덕목을 혜각을 통해 이루어지는 경험적인 것으로 해석하고 있다는 점이다. 이러한 해석은 물론 초월적인 성리설적 해석과 대비되기 때문이다.

공자는 하늘이 인간에게 덕을 부여한다는 것을 의심하지 않았고,[57] 공자를 계승한 맹자는 여러 가지 불선(不善)한 측면이 있음에도 불구하고 인간의 타고난 성품이 선하다는(性善) 것을 인의예지(仁義禮智)의 사단심[四端心: 惻隱 羞惡 辭讓 是非의 마음]을 근거로 해명하였다. 그런데

---

57) 『논어』, 「술이」.

공자와 맹자를 새롭게 해석한 주희는 인간의 성품[性]을 인간과 우주를 일관하는 초월적 원리로[理氣論] 해명하였다. 그는 인간은 태어남과 동시에 천리를[理] 부여받게 되는데, 이것이 곧 인간의 순선(純善)한 본연의 성(性)이라고 하여 형기(形氣)의 사사로움에서 나오는 기질(氣)의 성과 구분한다. 따라서 그는 인의예지의 사덕을 순선(純善)한 본연의 성이라고 하고, 순선한 성을 따르는(率性) 데에서 도덕 행위의 당위성을 확보한다. 이러한 주자의 형이상학적 해석은 인간의 자율적 판단과 의지보다는 인간과 우주를 일관하는 초월적 원리를 따르는 데에서 도덕의 당위성을 확보하려는 것이다.

그러나 이제마는 이러한 덕목을 혜각 능력이 발휘된 결과로 해석한다. 앞서 이미 설명한 것처럼 혜각과 자업은 선천적으로 주어지지만 그것은 단지 지각과 행위 능력일 뿐이다. 따라서 그는 인의예지 역시 혜각의 능력을 발휘함으로써 생기는 덕으로 해석한다. 이처럼 이제마가 성선설의 근거로 제시된 덕목까지 혜각 능력의 발휘 결과로 해석한 것은 도덕을 초월이 아닌 경험적 관점에서 해석해야 한다는 관점을 드러낸 것이다.

33

혜각은 남까지 겸하고자 해야만 사람을 가르칠 수 있고, 자업은 자신이 청렴해야만 공(功)을 세울 수 있다. 혜각이 사소(私小)한 자는 비록 뛰어난 데가 있더라도 교활함이 조조(曹操)와 같아서 남을 가르칠 수 없을 것이다. 자업을 마음대로 휘두른 자는 비록 웅대(雄大)한 데가 있더라도 사나움이 진나라 왕(秦始皇帝)과 같아서 공을 세울 수 없을 것이다.

慧覺欲其兼人而有教也 資業欲其廉己而有功也 慧覺私小者雖有其傑 巧如曹操
而不可爲教也 資業橫濫者雖有其雄 猛如秦王而不可爲功也

○ 겸인(兼人): 다른 사람의 몫까지 겸하여 할 수 있는 능력.

○ 염기(廉己): 자신을 청렴하게 하는 것.

○ 조조(曹操): 위(魏)나라 무제(武帝). 교활한 지혜로 권모술수에 능하
   면서 사납고 방탕하여 후세 사람들의 지탄을 받음.

○ 진왕(秦王): 진시황제. 육국(六國)을 통일하여 스스로 시황제라 칭
   함. 법을 중히 여기고 형벌을 엄하게 하였으며 서적을 불사르고
   유생을 생매장하여[焚書坑儒] 유학을 탄압함.

이 절은 역사적 사실을 예로 들어 도덕적 행위는 혜각과 자업 능력을
통해 이루어진다는 것을 설명한 것이다. 유학에서는 하늘이 부여한 성
품[性]을 도덕의 원천으로 생각하였고,[58] 맹자는 부여받은 성품이 선하
다는(性善) 것을 인의예지의 사단 심을 근거로 검증하였다. 이후 유학에
서는 사단을 도덕 행위의 객관적 근거로 간주하였다. 다시 말하면 사단
을 인간이 도덕적 존재일 수 있는 근간으로 이해한 것이다. 그런데 주희
는 인의예지의 사단을 성(性)으로 해석하여[59] 실현해야 할 덕목보다는
도덕원리로 받아들인다. 그리하여 도덕적 행위는 마치 어떤 원리에 의
해 이루어지는 것처럼 인식되고, 그 원리는 초월적 힘에 의해 작용한다
는 강한 믿음을 갖게 되었다.

그러나 이제마는 인의예지의 사단심을 이처럼 객관적 보편 원리로

---

58) 『중용』, 1장
59) 주희, 『맹자집주』, 「공손추」 상.

해명하려는 유학적 관점을 수용하지 않는다. 도덕은 인간의 혜각과 자업 능력의 발휘를 통해 이루어지며 행위의 객관성도 인간의 자율적 능력에 의해 마련될 수 있다고 생각하기 때문이다. 그는 도덕 행위의 객관성을 도덕 교육[敎]과 만민에 대한 공헌[功]에서 찾는다. 이것은 공공의 가치를 우위에 두는 공공성(公共性)에서 객관성을 확보하려는 것이다. 물론 그가 제시한 공공성은 천리처럼 보편적 원리가 아니다. 그것은 단지 겸인(兼人)과 염기(廉己)에 의해 공공성을 담보하는 방식이기 때문에 도덕 행위가 이루어질 수 있는 최소한의 장치이다. 따라서 공공성은 도덕 행위의 객관성을 담보하는 하나의 가치 기준일 뿐이다. 이 때문에 공공성은 시대와 문화 등 시대적 상황에 따라 달라질 수 있다. 이것이 이제마가 성명을 천리가 아닌 혜각과 자업 능력으로 해명한 근본 이유이다.

34

남의 선행을 좋아하면서 나도 선행할 줄 아는 것은 지성(至性)의 덕(德)이요, 남의 악행을 미워하면서 나도 결코 악행을 하지 않는 것은 정명(正命)의 도(道)이다. 지행(知行)이 쌓이면 그것이 곧 도덕(道德)이요 도·덕이 이루어지면 그것이 곧 인성(仁聖)이니, 도덕은 다름 아닌 지행이요 성명(性命)은 다름 아닌 지행이다.

好人之善　而我亦知善者　至性之德也　惡人之惡　而我必不行惡者　正命之道也　知行積則道德也　道德成則仁聖也　道德非他知行也　性命非他知行也

이 절은 「성명론」의 결론으로서 성명은 보편 원리가 아니라 도덕을 판단하고 실행하는 지행 능력으로 이해해야 한다는 것을 설명한 것이다. 지극한 덕[至性之德]은 남의 선행을 좋아하는 데 그치지 않고 자신 역시 선행할 줄 아는 혜각 능력이 발휘되어야 이루어진다. 또한 정명(正命)의 도도 남의 악행을 미워하는 데 그치지 않고 자신도 악행을 하지 않는 자업 능력이 발휘되어야 이루어진다.[60] 따라서 도덕은 자율적인 지행의 실천이 축적되어 이루어지는 것을 가리키는 개념이다. 성명론의 근거를 유학에 두면서도 천리라는 보편 원리를 찾고 이를 따라 행하는 성리학적 방식을 일체 언급하지 않은 것은 이처럼 도덕 개념을 그들과 다르게 지행의 실천으로 이해하기 때문이다. 인자(仁者)는 물론이요 성인의 개념까지 도덕을 실천한 사람으로 해명한 것도 같은 맥락에서 해석해야 한다. 특히 '성명은 도덕이나 지행의 다른 이름'이라고 단정한 것은 성명은 인간과 만물을 일관하는 보편적 원리가 아니라는 것을 강조하기 위한 것이다.

이상과 같이 이제마의 성명론은 유학에 기초하지만 성명을 과거와는 다르게 혜각과 자업의 지행 능력으로 이해한다. 이것은 물론 도덕의 원천은 보편 원리로 주어진 성명이 아니라 자율적 판단과 실천에 있다는 주장이다. 이러한 측면에서 보면 1장 「성명론」은 성명을 사상의학 이론의 철학적 근거로 하되 유학과는 다르게 "지행(혜각/자업)의 보편 능력"으로 해석해야 한다는 것을 선언한 것이라고 해석해야 한다.

35

어떤 사람이 묻기를 "지(知)를 가지고 성(性)을 논하는 것은 옳지만

---

60) 여기에서 지·행은 물론 혜각의 지와 자업의 행을 의미한다.

행(行)을 가지고 명(命)을 논하는 것은 무슨 뜻입니까?" "명이란 명수(命數)이니 선행을 하면 명수는 저절로 길어지고(美) 악행을 하면 명수는 저절로 짧아질 것이니(惡) 점을 치지 않더라도 알 수 있는 일이다. 『시경』에서 '길이(오래도록) 천명에 짝함이 스스로 많은 복을 구하는 것이다'고 한 것은 곧 이 뜻이다."

或曰擧知而論性可也　而擧行而論命何義耶　曰命者命數也　善行則命數自美也 惡行則命數自惡也　不待卜筮而可知也　詩云永言配命自求多福　卽此義也

○ 명수(命數): 운명, 숙명. 여기서는 수명.
○ 복서(卜筮): 길흉을 점침.
○ 자미(自美): 수명이 길어짐.
○ 자악(自惡): 수명이 짧아짐.

이 절부터 마지막 절까지는 성명론에 대한 보충설명이다. 명수(命數)는 사전적 의미로는 운명과 재수이지만 여기에서는 수명(壽命)의 의미에 가깝다. 명수가 단순히 주어진 수명을 의미한다면 운명적 수명으로 해석해야 한다. 그러나 선행과 악행에 따라 명수가 결정된다면 이것은 '도덕적 수명'을 의미한다. 이제마는 수명의 길고 짧음[美惡]은 도덕적 행위가 결정한다고 보기 때문이다. 이것은 물론 앞 절에서 살펴보았던 것처럼 도덕적 실천을 중시한 유가적 관점을 수용한 것이다. 여기에 인용한 『시경』의 내용은 이제마가 명수를 도덕적 수명으로 해석한 근거인데, 맹자도 "화복은 자신으로부터 구하지 않은 것이 없다"는 자신의 주장을 뒷받침하는 근거로 이 『시경』 구절을 인용하고 있다.

이에 근거하면 지행으로 성명을 논하는 이제마의 주요 주장은 두 가지이다. 하나는 지금까지 천리라는 보편 원리를 도덕적 행위의 객관적 근거로 삼은 유가적 관점을 벗어나야 한다는 것이다. 선악 행위에 따라 수명이 결정된다는 논리는 인간의 자율적인 도덕 행위가 수명을 결정한다는 주장이기 때문이다. 다시 말하면 도덕 행위가 천부적으로 주어진 능력에 의해 이루어지지만 그것은 인간의 자율적인 도덕적 판단과 지행 능력을 통해 이루어진다는 것이다. 따라서 성명을 지행으로 해명한 것은 사상의학의 철학적 근거를 유학에 두고 있지만 전통적인 관점에서 벗어나 새롭게 정립되어야 한다는 주장이다.

다른 하나는 장부론의 철학적 근거를 성명에서 찾는다는 점이다. 한의학의 장부 이론은 오행에 그 근거를 둔다. 물론 한의학의 장부 이론은 한대(漢代)의 추상적인 오행의 논리를 그대로 적용한 것은 아니다. 그러나 오장을 상생상극으로 설명하는 방식을 포기하지 않는다는 점에서 보면 한의학의 장부 이론은 여전히 사변적 방식에 의존한다고 할 수 있다. 그러나 이제마의 장부 이론은 이러한 사변적 방식을 거부한다. 인간의 수명은 수/불수에 따라 결정된다는 논리는 장부론의 근거를 상생상극의 사변적 논리가 아니라 삶의 과정에서 지속되는 구체적인 행위에서 찾겠다는 것을 의미한다. 따라서 성명을 지행으로 설명하여 장부 이론의 근거로 삼은 것은 장부 이론 역시 새로운 시각에서 정립되어야 한다는 주장이다.

36

어떤 사람이 이렇게 물었다. "그대는 말하기를 귀는 천시(天時)를 듣

고, 눈은 세회(世會)를 보고, 코는 인륜(人倫)을 냄새 맡고, 입은 지방(地方)을 맛본다고 하였는데 귀로 천시를 듣고, 눈으로 세회를 본다는 것은 가능하지만 어떻게 인륜을 냄새 맡고 어떻게 지방을 맛본다는 것인가?”“인륜관계가 이루어질 때 사람들의 겉모습을 살피거나 각 개인들의 재주와 행실이 어진가 아니면 못났는가를 조용히 염탐하는 것이 곧 냄새를 맡는 것이 아니겠는가? 어느 지방에 살고 있으면서 각 처의 사람들 생활에 끼치는 이해관계를 골고루 입맛 다시듯 하는 것이 곧 맛보는 것이 아니겠는가?”

或曰吾子之言 曰耳聽天時 目視世會 鼻嗅人倫 口味地方 耳之聽天時 目之視世會則可也 而鼻何以嗅人倫 口何以味地方乎 曰處於人倫察人外表 默探各人才行之賢不肖者 此非嗅耶 處於地方均嘗各處人民生活之地利者 此非味耶

이 절은 3절의 보충설명이다. 탐[默探]은 냄새 맡는 것(嗅)과 같고 균상(均嘗)은 맛보는 것(味)과 같다. 냄새 맡고 맛본다는 것은 인륜과 지방의 상황을 살펴 알아낸다는 것을 은유적으로 표현한 것이다. 이목비구가 듣고 보고 냄새 맡고 맛본다는 것은 몸에 갖추어진 지각 능력이 인간이 존재하는 외적 구조[천시 세회 인륜 지방]을 인식한다는 것을 의미한다. 이것은 곧 인간의 삶은 몸의 지각 능력이 경험을 통해 이루어진다는 간접적인 주장이다.

37

마음을 보존한다는 것은 그의 마음을 책망하는 것이다. 심체(心體)의 명암이 비록 저절로 그렇게 되는 것 같지만 이를 책망하는 자는 맑고 책망하지 않는 자는 탁한 것이다. 말의 깨우친 마음이 소보다 영리한 것은 말의 책망하는 마음이 소보다 영리하기 때문이다. 매의 기세가 솔개보다 사나운 것은 매의 책망하는 마음이 솔개보다 사납기 때문이다. 심체(心體)의 맑고 탁함(淸濁)이나 기개와 도량(氣宇)의 강약(强弱)이 소, 말, 솔개, 매에 있어서도 이치로 미루어보면 이와 같거늘 하물며 사람에게 있어서랴. 혹 서로 곱절이나 다섯 곱절이 되기도 하고, 혹 서로 천만 곱절이 되기도 하지만 어찌 나면서부터 문득 얻어지거나 흐리멍덩하여 생각하지도 않고, 움직이지 않는데도 저절로 그렇게 될 것인가?

存其心者責其心也 心體之明暗 雖若自然而責之者淸 不責者濁 馬之心覺黠於牛者 馬之責心黠於牛也 鷹之氣勢猛於鴟者 鷹之責氣猛於鴟者 心體之淸濁 氣宇之强弱 在於牛馬鴟鷹者 以理推之而猶然 況於人乎 或相倍蓰 或相千萬者 豈其生而輒得 茫然不思 居然自至而然哉

○ 심체(心體): 심성(心性)의 본체[體]. 심성은 무형무질(無形無質)하지만 형상으로 표현하여 체라 함.
○ 기우(氣宇): 기개와 도량.

심체(心體)는 심성(心性)을 체용(體用)의 체 개념으로 설명한 것인데, 마음을 본체와 드러나는(작용) 마음으로 구분해 설명하기 위한 것이다. 드러나는 마음은 그것이 어떤 형태로 드러나든 설명이 가능하지만 마음의 본체(體)는 형질이 없기[無形無質] 때문에 형상화(形象化)가 불가능하다. 따라서 이제마는 체용 개념을 차용하여 마음의 본체를 설명한 것이다.

그런데 이제마는 존심(存心)의 방법을 본심을 책망하는 것[責其心]으로 설명한다. 마음의 본체[心體]에 맑고 탁한[淸濁] 차이가 있는 것은 선천적인 차이가 아니라 책망하는 후천적 노력에 따른 결과로 보기 때문이다. 송대의 정호(程顥)와 주희(朱熹) 이후 유학에서는 인간성을 본연의 성과 기질의 성으로 구분하고, 다시 기질성의 청탁(淸濁)으로 지혜의 차이[賢人과 愚人]를 해명하였다.[61] 이들 해명의 핵심은 인간의 본연성은 보편성으로서 차이가 없지만 기질성은 선천적인 차이가 있는데, 이 선천적인 기질의 청탁이 지혜의 차이(성인과 범인)를 결정한다는 것이다. 그러나 이제마는 지혜의 차이를 선천적인 기질의 청탁으로 이해하지 않는다. 인간의 지혜는 선천적으로 주어진 것이 아니라 심성을 보존하고 기르는 노력의 결과로 생긴다고 보기 때문이다. 따라서 그는 요·순 같은 성인이 존심(存心) 양성(養性)하는 이유는 함억제복에 세상을 속이려는 마음이 숨겨져 있기 때문이라고 주장한다.[62] 누구에게나 세상을 속이려는 마음이 있지만 성인이 지혜로운 것은 세상을 속이려는 마음을 범인보다 잘 극복해 낼 수 있기 때문이라는 설명이다.

이와 같이 이제마는 앞 절의 몸에 이어 마음에 대해서도 실천적 관점에서 해명한다. 그는 특히 심기(心氣)를 함께 말함으로써 마음에 대한 초월적 해명을 경계한다. 심체의 청탁과 기우(氣宇)의 강약이 저절로 얻어지는 것이 아니라는 것은 심기를 생동적인 관점에서 해석한 것이기 때문이다. 즉 책심책기(責心責氣)의 생동적 심기 해석을 통해 자아 의식을 강조한 것은 유학의 사변적인 심성 해석과 구별하기 위한 것이다.

---

61) 주희,『맹자집주』,「고자」상.
62)「성명론」, 26절.

　이상과 같이 성명론은 인간의 존재 근거인 천기와 인사로부터 시작
하여 책심책기(責心責氣)의 윤리론으로 끝을 맺는다. 이러한 독특한 논의
구조는 물론 사상의학 이론의 철학적 근거를 마련하기 위한 것이다. 이
미 밝혔듯이 이제마가 의학 이론의 철학적 근거를 과거의 유학과는 다
른 새로운 관점에 둔 것은 한의학 이론과는 다른 새로운 이론의 필요성
에 따른 것이다. 따라서 성명론에서 주목해야 할 것은 성명을 몸 중심의
실천적 관점에서 해석한 다음 윤리론으로 끝을 맺는다는 점이다. 이것
은 사변적 방법이 아니라 검증 가능한 경험적 방법으로 인간을 이해하
고 이를 근거로 의학 이론의 토대를 구축하기 위한 것이다. 이어지는
「사단론」, 「확충론」, 「장부론」은 이러한 경험적 시각을 더 구체적으로 드
러낼 것이다.

제 2 장
사단론(四端論)

이제마의 사단론은 맹자의 사단론에서 이론적 계기를 마련하고 있다는 것은 사실이다. 그러나 우리는 그 구체적 내용이 서로 다르다는 데 주목해야 할 필요가 있다. 이제마는 사단을 이른바 사심신물 사단으로 재구성함으로써 맹자와는 선명하게 구별되는 새로운 시각을 전개해 가고 있기 때문이다. 사단을 새롭게 이해한 이제마의 관점은『격치고(格致藁)』「유략(儒略)」1 사물(事物) 장과 「反誠箴)」9 손잠(巽箴) 장에 잘 드러나 있다.

옮긴이의 말에서 언급했듯이 이제마는 유학에 사상의학의 이론적 근거를 두고 있지만 인간을 전통적인 유가와는 전혀 다른 시각에서 해명한다. 사단론 역시 이러한 맥락에서 전개된 것이다. 앞서 말했듯이 사단은 본시 맹자가 인간의 타고난 본성은 선하다는 것을[性善說] 정당화하기 위해 제시한 것이다. 맹자는 인간이 인의(仁義)와 같은 덕을 행할 수 있는 것은 우리에게 측은, 수오, 사양, 시비의 마음이 있기 때문에 가능하다고 말한다(「公孫丑」상). 따라서 인간의 도덕 행위는 이 네 가지의 마음 즉 사단심이 선천적으로 주어져 있기 때문에 善한 존재요 도덕적 존재라는 주장이다.

그런데 맹자의 이러한 사단론은 주희가 이기이원론(理氣二元論)으로 해명함으로써 이후 사단 해석은 커다란 변화를 맞게 된다. 주희는『맹자집주』에서 '인의예지(仁義禮智)를 성(性)'이라고 해석했는데, 그는 또『중용장구』에서 "성(性)은 곧 리(天理)인데, 하늘이 음양오행으로 만물을 생겨나게[化生]할 때에 기(氣)로써 형체를 이루고 리 또한 부여하였다"고 해석하였다. 인간은 인의예지의 덕을 성으로 부여받기 때문에 도덕적 행위를 할 수 있다는 논리다. 그가 단(端)을 서(緖) 즉 실마리로 해석한 것은 이러한 해석을 뒷받침한다. 인간은 인의예지의 덕을 선천적으로 갖고 태어났기 때문에, 마치 물건이 가운데 있으면 실마리가 밖으로 나오는 것처럼, 타고난 덕성을 드러냄으로써 선할 수 있다는 것이다.

따라서 주희의 해석을 따를 경우 도덕 행위를 위해서 우리가 해야 할 일은 타고난 인의예지의 순선한 덕성을 보존하고 드러내야 하며, 또 이를 방해하는 욕구는 없애거나 아예 욕심이 싹트지 않도록 해야만 한다. 그러나 이러한 도덕 실현의 방식은 인간 스스로 도덕적 선악을 판단하고 행하는 자율적 노력보다는 주어진 덕성[天理]에 의존한다는 점에서 초월적 방식이다. 그러나 인의예지의 덕이 천리로 주어진다는 논리는 설명은 가능하지만 검증 불가능한 사변적 논의일 뿐이다. 그리고 주희 이후 사단에 대한 다양한 해석이 존재하지만 그들 역시 대체로 초월적 관점을 벗어나지 않는다.

그러나 이제마는 이러한 전통적인 해석 대신 이른바 사심신물 사단론을 전개한다. 그의 사단 해석에는 두 가지 선행적 이해가 필요하다. 하나는 인간의 존재 구조에 대한 이제마의 새로운 이해이다. 유가적 전통에서는 인간을 자연과의 유기체적 관점에서 해석함에 따라 인간을 자연의 변화 원리 내지 법칙에 순응해야 하는 구조 속에서 해명하였다. 그러나 앞서 성명론에서 보았듯이 이제마는 유기체적 천인관계는 수용하지만 이러한 변화 원리에 순응해야 한다는 논리를 수용하지는 않는다. 『격치고』「손잠」의 구조도에서 이제마는 인간을 상하의 천지 사이에 그리고 지행과 재록(祿財)을 좌우에 배치하였다. 여기에서 주목할 것은 지행과 재록을 좌우에 배치한 점이다. 이것은 인간이 성을 천명(천리)으로 부여받는다는 사변적 초월적 해명이 아니라 지행과 재록, 즉 경험할 수 있는 방식으로 해명하겠다는 주장이기 때문이다. 우리가 알 수 있는 것은 오직 지행 능력을 갖고 있고 재록이 없을 수 없다는 사실뿐이다.

다른 하나는 사단은 선천적 지행 능력을 가리키는 개념이라는 점이다. 주희 이후 맹자의 사단은 일반적으로 완성된 인의예지의 도덕성으로 이해되었다. 그러나 이제마는 맹자의 사단을 사심신물 사단으로 재구성하였는데, 모언시청(貌言視聽) 사사단(事四端), 학문사변(學問思辨) 심사단(心四端), 굴방수신(屈放收伸) 신사단(身四端), 지담려의(志膽慮意) 물사단(物四端)이 그것이다. 이들 사심신물 사단은 『서경』 『대학』 『중용』 등 유학의 경전과 『내경』 『영추』 등 의학서를 참조하여 재구성한 것으로서 심신에 갖추어진 지행 능력을 가리키는 개념이다. 따라서 이제마의 사단에는 아직 인의예지의 덕이 없다. 도덕은 지행 능력이 발휘된 이후에 붙여질 수 있는 이름이기 때문이다. 따라서 이제마가 말하는 인의예지는 도덕의 원천으로서의 도덕성과 구별되어야 한다.

사단론은 이러한 두 가지 변화된 관점에서 전개한 것이다. 1절과 2절은 신체와 마음을 네 가지 유형으로 구분하여 설명한 것이고, 3절에서 7절까지는 성인과 범인의 차이가 어디에 있는지를 설명한 것이다. 8절과 9절은 도덕은 심신에 갖추어진 지행 능력이 그 원천이라는 것을 그리고 10절은 사상인의 감정이 체질적으로 어떻게 다른가를 설명한 것이다. 11절에서 16절까지는 폐비간신의 기[애노희락]가 어떻게 작용하는가를 설명한 것이고, 17절에서 18절까지는 희노애락의 감정이 폐비간신의 장기에 손상을 주는 원인과 체질에 따라 경계해야 할 감정을 설명한 것이다. 그리고 19절과 20절에서는 고요(皐陶)와 우임금의 말씀을 인용하여 사람을 아는 일과(知人) 명석한 행동의 어려움을 설명한 것이다. 21절은 편급(偏急)하게 호선오악하면 호선 오악도 제대로 할 수 없다는 것을 설명한 것이다. 22절은 애노와 희락의 감정이 상호1간에 어떻게 작용하는지에 대한 설명이다. 23절은 사상인의 장부는 천부적인 것이어서 바뀌지 않지만 인사(人事)의 수/불수(修/不修)에 따라 수명은 달라질 수 있다는 것을 설명하고 있다. 24절은 한 사람의 희노애락의 감정이 수많은 사람의 감정을 상하게 할 수 있다는 것을 설명한 것이고, 25절은 애노희락의 감정을 억지로 꾸미면 편벽될 수 있음을 설명한 것이다. 마지막 26절은 애노희락의 감정은 항상 경계하고 반성해야만 절도에 맞아 중화(中和)를 이룰 수 있다는 것을 설명한 것이다.

　이상과 같이 「사단론」에서는 사상인의 체질 분류와 이에 따른 감정의 차이를 설명한다. 사상인의 체질 분류는 지행 능력의 차이, 그리고 그에 따른 감정의 차이를 근거로 유형화한 것이다. 이 때문에 이제마의 장부 이론은 전통적인 장부 이론과는 구분해야 한다. 그가 말한 병리(病理)와 약리(藥理)는 오행의 변형된 이론이 아니라 이러한 사단론에 근거한 것이기 때문이다.

　1

　사람의 타고난 장부의 이치에 같지 않은 것이 네 가지가 있으니, 폐(肺)가 크고 간(肝)이 작은 사람을 태양인이라 하고, 간(肝)이 크고 폐(肺)가 작은 사람을 태음인이라 하며, 비(脾)가 크고 신(腎)이 작은 사람을 소양인이라 하고, 신(腎)이 크고 비(脾)가 작은 사람을 소음인이라

한다.

人稟臟理有四不同 肺大而肝小者 名曰太陽人 肝大而肺小者 名曰太陰人 脾大而腎小者 名曰少陽人 腎大而脾小者 名曰少陰人

○ 태양 태음 소양 소음(太陽 太陰 少陽 少陰): 사상(四象)의 명칭.
○ 인품장리(人稟臟理): 장부(臟腑)의 유형.
○ 폐(肺): 위완, 혀, 귀, 두뇌, 피부, 털[胃脘, 舌, 耳, 皮, 毛]은 모두 폐의 무리[肺之黨].
○ 간(肝): 소장, 배꼽, 코, 허리, 살[小腸, 臍, 鼻, 腰脊, 肉]은 모두 간의 무리[肝之黨].
○ 비(脾): 위, 두 젖, 눈, 등뼈, 근육[胃, 兩乳, 目, 背膂, 筋]은 모두 비의 무리[脾之黨].
○ 신(腎): 대장, 전음, 입, 방광, 뼈[大腸, 前陰, 口, 膀胱, 骨]는 모두 신의 무리[腎之黨].
○ 대소(大小): 형태가 아닌 기능의 크고 작음을 가리킨다.

이 절은 인간의 체질을 네 가지 유형으로 구분한 근거가 장부(폐비간신)의 대소에 있다는 것을 설명한 것이다. 이제마의 체질 분류(태소음양인)는 전통적인 방식과 본질적으로 다르다. 이를 변별하기 위해서는 두 가지 점이 고려되어야 한다. 첫째, 사상(四象)은 주역의 '사상' 개념을 차용하고 있다. 주역의 사상은 태극(太極) 음양(兩儀)에서 팔괘(八卦)로 넘어가는 중간 개념이다(『주역』, 「繫辭」 上 11장). 그런데 이제마는 태극-음양-사상만을 논하고 있을 뿐 팔괘 이하는 언급하지 않는다(『격치고』,

『손잠』 9-37). 이것은 이제마가 사상 개념을 사용하고 있지만 주역의 변화 원리는 수용하지 않는다는 것을 의미한다. 다시 말하면 이제마는 사상의학의 이론적 전개를 위해 사상 개념을 차용한 것일 뿐이다.

둘째, 사상인 체질은 검증 가능한 경험을 기준으로 분류하였다는 점이다. 『영추(靈樞)』, 「통천(通天)」 편과 「음양이십오인(陰陽二十五人)」 편에서는 각기 5유형과 25유형으로 체질을 구분하고 사람의 형태, 체질, 성격, 그리고 걸리기 쉬운 질병 등을 제시한다. 이들 유형은 사람은 천지오행(天地五行)의 기(氣)를 받고 태어나는데, 이 타고난 기에는 선천적 차이가 있다는 데에 근거한 것이다.[1] 그러나 사상인의 유형은 타고난 선천적 기의 차이가 아니라 천기와 인사를 살피는 과정에서 생기는 감정[性情] 발현의 차이[大小], 즉 후천적 경험에 근거한 것이다. 1만 명을 대상으로 조사한 사상인의 분포는 그의 체질 분류가 검증 가능한 경험적 방식에 근거한다는 것을 입증한다.[2] 이상 두 가지 점이 과거의 체질 분류와 변별해야 하는 주된 이유이다.

그러나 사상인은 경험에 근거한 체질 분류이지만 더 이상의 분류는 없다는 점에 유의해야 한다. 체질은 선천적으로 주어진 불변의 것이기 때문이다. 이제마가 사상인 이 외의 유형은 말하지 않는 것은 이러한 이유이다. 따라서 8상 또는 16상과 같은 체질 분류는 이제마의 체질 분류와 무관한 것이다.

---

1) 蕭吉, 『五行大義』, 권5, 제23 論諸人 1.
2) 「사상인변증론」, 1절.

2

사람의 달리듯 쫓아가는 심욕(心慾)에 네 가지 같지 않은 것이 있으니, 예(禮)를 버리고 방종하게 구는 사람을 비인(鄙人)이라 하고, 의(義)를 버리고 안일을 꾀하는 사람을 나인(懦人)이라 하며, 지(智)를 버리고 사욕을 꾸미는 사람을 박인(薄人)이라 하고, 인(仁)을 버리고 지극한 욕심을 부리는 사람을 탐인(貪人)이라 한다.

人趨心慾有四不同 棄禮而放縱者名曰鄙人 棄義而偸逸者名曰懦人 棄智而飾私者名曰薄人 棄仁而極慾者名曰貪人

○ 추(趨): 도덕을 외면하고 달리듯이 욕심을 쫓아가는 것.

○ 심욕(心慾): 간사한 마음[邪心].

○ 방종(放縱): 거리낌 없이 마음대로 행동함.

○ 비인(鄙人): 어리석은 사람.

○ 투일(偸逸): 안일한 것만을 구하는 것.

○ 나인(懦人): 나(懦)는 겁나(怯懦)의 나로서 겁쟁이. 나약한 사람. 용기가 없는 사람 ["의를 보고도 실천하지 않는 것은 용기가 없는 것이다"(見義不爲無勇也.『論語』,「爲政」)].

○ 식사(飾私): 사욕을 위해 꾸며 속이는 것(巧言令色.『論語』,「學而」).

○ 박인(薄人): 경박(輕薄)한 사람(御人以口 給屢憎於人.『論語』,「公冶長」). 중후(厚重)하지 못한 사람(君子不重則不威學則不固.『論語』,「學而」).

○ 극욕(極慾): 절제하지 못하는 지극한 욕심.

○ 탐인(貪人): 지나치게 탐욕스런 사람.

이 절은 인간의 유형을 심욕의 차이를 기준으로 인의예지의 사단과 결부시켜 넷으로 분류한 것이다. 그러나 이 분류는 체질의 차이를 근거로 구분한 사상인과 변별해야 한다. 방종, 투일, 식사, 극욕은 지나친 욕구로 인해 인의예지의 도덕 행위를 저버린 것을 말한다. 그러므로 비박탐나인은 욕심 자체가 아니라 과욕을 기준으로 분류한 것임을 알 수 있다. 이처럼 비박탐나인은 선천적 체질이 아니라 과욕이 그 분류 기준이므로 사상인의 체질 분류와는 다른 분류이다. 이제마가 사상인과 비박탐나인의 관계에 대해 언급하지 않는 것은 이 때문이라고 보아야 한다.

3

오장의 심(心)은 중앙의 태극이요, 오장의 폐비간신은 사유(四維)의 사상이다. 중앙의 태극은 성인의 태극으로서 중인(衆人)의 태극 위에 높이 솟아 있고, 사유(四維)의 사상은 성인의 사상(四象)이 중인의 사상(四象)과 두루 통해 있다.

五臟之心中央之太極也 五臟之肺脾肝腎四維之四象也 中央之太極 聖人之太極 高出於衆人之太極也 四維之四象 聖人之四象旁通於衆人之四象

○ 오장(五臟): 폐비간신심(肺脾肝腎心)의 오장. 그러나 이제마 장부론 (臟腑論)에서의 오장은 「사단론」 1절에서 말한 바와 같이 하나의 장기만이 아니라 그 무리[臟腑論 참조]까지 가리키는 개념이다.

○ 태극(太極): 『주역』의 태극은 음양이 미분화된 태일지상(太一之象)을 가리킨다. 그러나 여기서 태극은 '사유(四維)의 중앙지태극(中央

之太極)'이므로 네 방위(四維:폐비간신)의 중앙(太一之象)에 위치하
는 심장을 가리키는 개념이다. 『격치고』에서는 심을 태극, 심신을
양의(兩儀), 사심신물(事心身物)을 사상(四象)이라함(「반성잠」, 巽箴
참조).

○ 사유(四維): 사유는 서북(乾), 서남(坤), 동북(艮), 동남(巽)의 네 방위
를 가리키는 개념. 여기서는 폐비간신을 마치 네 방위(四維)처럼,
그리고 심장(心)을 중앙의 태극(中央之太極)처럼 설명한 것이므로
특별히 폐비간신을 이들 네 방위에 맞출 필요가 없다.

심(心)은 오장의 '심장(염통)' 즉 형태심(形態心)과 '영지(靈知)'나 '욕심'
의 마음 즉 무형심(無形心)을 동시에 가리키는 개념이기 때문에 심신은
일반적으로 분리된 별개의 것처럼 설명하려는 경향이 있다. 그러나 앞
서 말한 바와 같이 이제마는 심신을 분가분의 관점에서 설명한다. 물론
그 역시 "마음이 몸을 주재한다[心爲一身之主宰]"(「장부론」)고 하여 마음
이 몸 기능을 주도한다는 전통적 관점을 견지한다. 그러나 이제마가 말
한 '주재'는 마음과 몸의 '분리'를 전제로 한 개념으로 해석할 수 없다.
이제마는 앞 장에서 본바와 같이 몸(이목비구 등)이 천기와 인사를 지각
하고 행한다(「성명론」 11절)고 설명한다. 마음과 몸은 태극과 음양의 관
계처럼 개념상으로는 분리해서 설명할 수 있지만 실제는 '불가분'의 관
계이기 때문이다(『격치고』, 「손잠」).

또 하나 주목할 것은 "중앙의 태극은 성인의 태극으로서 중인의 태극
위에 우뚝 솟아 있고", "성인의 사상(四象)은 중인의 사상(四象)과 두루
통해 있다"고 말한 점이다. 성인과 중인의 사상이 통한다는 것은 성인
과 범인은 장부 기능에 선천적인 차이가 없다는 것을 의미한다. 그리고

성인의 태극이 중인의 태극 위에 솟아 있다는 것은 마음의 몸 주재 능력이 범인보다 뛰어나다는 것을 의미한다. 이것은 선천적 능력이 아니라 마음이 몸을 주재하는 후천적 노력이 성인과 범인의 차이를 결정한다는 주장이다. 그가 "이목비구는 사람마다 다 요순(堯舜)이 될 수 있다"(「성명론」, 25절)고 한 것은 이러한 맥락에서만 해석이 가능하다.

앞서 사단론에는 어떤 내용이 다루어지고 있는지를 간략히 설명했다. 그러나 사실 다음 절부터 마지막 절까지는 성인과 범인 간에는 성정[감정]을 조절하는 마음의 몸 주재 능력, 즉 절제력의 차이가 있을 뿐이라는 주장이 전제되어 있다. 이제마가 이 책을 쓴 궁극적 이유도 여기에서 찾을 수 있다. 사상인의 타고난 체질은 어쩔 수 없지만 감정을 조절하는 중절의 노력[修身]은 수세(壽世)의 관건이라고 보기 때문이다.

4

태소음양인(太少陰陽人)의 장국단장(臟局短長)에는 네 가지 같지 않은 것 중에도 한 가지 대동(大同)한 점이 있는데, 천리(天理)의 변화[장부단장의 변화]는 성인과 중인이 모두 같다는 것이다. 비박탐나(鄙薄貪懦)의 심지청탁(心地淸濁)에 네 가지 같지 않은 중에도 각기 다른(不同) 점이 있는데, 인욕(人慾)의 넓고 좁음(闊狹)은 성인과 중인이 모두 다르다는 것이다.

太少陰陽之臟局短長　四不同中有一大同　天理之變化也　聖人與衆人一同也　鄙薄貪懦之心地淸濁四不同中有萬不同　人慾之闊狹也　聖人與衆人萬殊也

○ 장국단장(臟局短長): 사상인의 장부 유형.

○ 천리(天理): 여기서 천리는 자연의 변화를 가리키는 개념으로서 성리학의 천리와 구분됨. 성리학의 천리는 '우주를 일관하는 보편 원리'로서 기(氣)와 상대되는 개념이므로 초자연적인 '형이상적 존재'임.

○ 변화: '음양의 변화'. 사상은 음양의 사분화(四分化)이므로 인위적인 것이 아닌 '자연의 이치에 따른 음양의 변화'를 의미함.

○ 심지청탁(心地淸濁): 심지는 '심성(心性)의 바탕'. 청탁은 사심·태행(邪心·怠行)의 심지가 맑고 탁함을 가리킴.

○ 활협(闊狹): 넓은 것과 좁은 것.

앞서 말한 바와 같이 인간의 체질[사상인]은 선천적으로 주어진 것이어서 후천적으로 변하지 않는다. 따라서 사상인의 장부 기능은 서로 다르지만, 장부 기능이 자연의 변화에 의해 선천적으로 주어진다는 점은 성인이나 범인이 모두 같다.

그러나 인간 심성의 바탕(비박탐나의 청탁)은 이와 다르다. 인욕의 많고 적음은 후천적인 것이어서 매우 유동적이기 때문이다. 욕구를 추구하는 심성의 바탕이 선천적으로 같지 않기도 하지만(사상인), 또 인욕의 크고 작음은 천차만별로 다르다. 이것이 성인과 범인의 여러 가지 다른 점이다. 다시 말하면 인간의 타고난 체질은 다르지 않지만 다른 것은 인욕의 크기이므로 성인과 범인은 선천적인 체질의 차이가 아니라 인욕의 절제라는 후천적 노력의 차이라는 주장이다.

5

태소음양인(太少陰陽人)의 장단변화(短長變化)는 한 가지로 같은 데에도 네 가지 치우친 점이 있으니 이것이 성인이 하늘을 우러르는 까닭이다. 비박탐나(鄙薄貪懦)의 청탁활협(淸濁闊狹)은 만 가지로 다른 데에도 한 가지 같은 점이 있으니 이것이 중인이 성인을 우러르는 까닭이다.

太少陰陽之短長變化 一同之中有四偏 聖人所以希天也. 鄙薄貪懦之淸濁闊狹
萬殊之中有一同 衆人所以希聖也

○ 장단변화(短長變化): 사상인 장부 기능의 대소와 작용.
○ 사편(四偏): 사상의 사유(四維)는 중앙의 태극[中央之太極]에서 보면 각기 일편(一偏)이므로 사편(四偏)이라함.
○ 희천(希天): 희는 지고선[天]에 이르고자 희구하는 것[達天]. 천은 불편불의(不偏不倚)한 정중지상(正中之象)으로서의 지고선(至高善).
○ 희성(希聖): 성인의 경지에 이르고자 희구하는 것.

성인은 중인(범인)들이 희구하는 대상이지만 성인 역시 지고선[天]에 이르고자 한다. 이유는 성인도 치우친 몸(장부변화) 기능을 선천적으로 타고 났기 때문이다. 중인의 타고난 심성 역시 비박탐나의 맑고 탁하며 넓고 좁은 차이가 있다. 그러나 선(호선오악)을 좋아하는 것만은 중인도 모두 같기 때문에 성인의 경지를 희구한다는 것이다.

여기서 주목할 것은 희구하는 방식이다. 일반적으로 인간은 성인과 지고선[天]을 지향하면서도 도달하기 어려운 경지로 받아들인다. 성인이나 지고선을 초월적 관점에서 해명한 것도 그 이면에는 이러한 이유가 숨겨져 있다고 할 수 있다. 그러나 이제마는 성인과 지고선의 경지보다도 경지에 이르는 과정을 중시한다. 중인이나 성인은 모두 타고난 장부 기능의 차이를 극복해야만 성인과 지고선[天]의 경지에 도달할 수 있기 때문이다. 따라서 장부 기능의 극복은 상달(上達)에 이르는 과정 즉 공자의 하학하여 상달[下學而上達]하는 과정인 것이다. 그러므로 성인과 지고선을 희구하는 것은 상달의 도정이라고 할 수 있다.

앞의 3절에서 성인의 태극이 중인의 태극 위에 높이 솟아 있다[聖人之太極 高出於衆人之太極]고 한 것도 같은 맥락에서 해석해야 한다. 성인은 중인과 같은 장부를 타고 났지만 치우친 장부 기능을 극복하는 노력이 중인보다 앞선다는 것을 의미하기 때문이다. 이제마가 말하는 성인이나 지고선[天]을 초월적 방식으로 해명할 수 없는 이유가 여기에 있다. 요컨대 이제마는 맹자의 설을 수용하여 모든 인간이 성인이 될 수 있다는 [人皆可以爲堯舜] 즉 "인간의 지행능력은 평등하다"는 입장에서 인간을 이해한 것이다.

6

성인의 장부는 사단(四端)이고 중인의 장부 역시 사단이다. 성인 한 사람의 사단 장부로 중인 만 사람의 사단 가운데에 처하기 때문에 성인은 중인의 즐기는 것이 되는 것이다. 성인의 마음은 무욕(無慾)하지만 중인의 마음은 유욕(有慾)하다. 성인 한 사람의 무욕한 마음은 중인 만 사람의 유욕한 마음 가운데에 처하기 때문에 중인은 성인의 걱정거리가 되는 것이다.

聖人之臟四端也　衆人之臟亦四端也　以聖人一四端之臟　處於衆人萬四端之中
聖人者衆人之所樂也　聖人之心無慾也　衆人之心有慾也　以聖人一無慾之心　處於
衆人萬有慾之中　衆人者聖人之所憂也

- 일(一): 한 사람.
- 사단(四端): 사단은 이른바 사심신물(事心身物) 사단(『격치고』, 「儒略」)을 가리킴. 이제마는 맹자가 성선(性善)의 근거로 제시한 측은 수오 사양 시비의 인의예지 사단을 수용하여 사심신물 사단으로 재구성함.
- 만(萬): 모든. 무한수의 중인.

이 절은 성인과 중인의 차이가 장부(몸) 기능이 아니라 욕심의 유무에 있음을 설명한 것이다. 그리고 사단은 이제마가 새롭게 재구성한 "사심신물 사단"을 가리키는 개념이다.(『격치고』, 「유략」)[3] 사심신물 사단은 물론 맹자의 사단을 수용한 것이지만 내용은 인의예지의 사단 심과 본질적으로 다른 것이다. 사심신물 사단은 심이 아니라 심신에 갖추어진 지행 능력을 가리키는 개념이기 때문이다.

그런데 이제마는 이러한 인간의 지행 능력을 인간의 보편적 능력으로 설명한다. 그는 체질의 선천적 차이를 발견하고 인간을 네 유형으로 구분했지만 성인과 중인의 장부를 모두 사단이라고 말한다. 이것은 장

---

3) 이제마는 『격치고』(「유략」, 1 사물)에서 맹자의 사단을 사심신물 사단으로 재구성하여 설명한다. 즉 심신에는 변사문학(辨思問學)의 심사단과 굴방수신(屈放收伸)의 신사단이, 사물에는 모언시청(貌言視聽) 사사단과 지담려의(志膽慮意)의 물사단 능력이 갖추어져 있다는 것이다. 심신의 사사단은 심신 안에 갖추어진 능력을 가리키고, 사물의 사사단은 심신이 사물을 향해 기능하는 능력을 가리킨다.

부에 갖추어진 사단 즉 지행 능력은 체질과 관계가 없는 보편 능력이라는 주장이다. 이 때문에 그는 성인과 중인의 차이를 보편 능력이 아닌 욕심의 유무로 구분한다. 성인이 중인의 즐기는 바가 되고 중인이 성인의 걱정거리가 되는 것 즉 성인과 중인의 차이는 보편 능력이 아니라 욕심의 유무에 있다고 보기 때문이다.

욕심의 유무로 성인과 중인을 구분하려는 이러한 해석은 유가의 전통적 관점을 벗어난 것이라는 점에서 주목해야 한다. 중국 송대에 성리학을 집대성한 주희는 인간은 모두 본연의 성(보편성)과 기질의 성을 부여받는데, 부여받은 기질의 청탁(淸濁)에 따라 성인과 범인의 차이가 생긴다는 결정론적 관점에서 해명한다. 그러나 이제마는 주희의 이러한 결정론적 관점의 해명을 수용하지 않는다. 성인과 중인의 차이는 지행 능력을 발휘하는 후천적 노력이 결정한다고 보기 때문이다. 이러한 점에서 주희의 구분이 선천적 기질에 근거한 해명이었다면 이제마의 구분은 후천적 경험에 근거한 해명이라고 할 수 있을 것이다.

이러한 시각에서 보면 '무욕'은 "처음부터 욕심이 없다거나 욕심을 일체 없게 한다"는 의미가 아니라는 것을 알 수 있다. 성인도 인간이기 때문에 욕심[私慾]이 없을 수 없다. 그러나 성인은 사적 이익보다는 공적 이익을 우선시한다. 이 때문에 성인의 무욕은 욕심이 없는 것이 아니라 공익을 우선시한다는 의미이다. 유가에서 말한 성인의 무욕이 노자나 석가모니가 말한 성인의 무욕과 서로 다르다는 주장도 같은 맥락에서 해석해야 할 것이다(「사단론」 9절).

7

그런 즉 천하 중인들의 장리(臟理) 또한 다 성인의 장리이지만 재능(才能)도 또한 다 성인의 재능인 것이다. 폐비간신과 성인의 재능을 가지고 있으면서 스스로 말하기를 "나는 재능이 없다"고 한다면 어찌 재능의 죄일 것인가. 마음의 죄인 것이다.

然則天下衆人之臟理 亦皆聖人之臟理 而才能亦皆聖人之才能也 以肺脾肝腎聖人之才能 而自言曰我無才能云者 豈才能之罪哉 心之罪也

이 절은 성인과 중인의 선천적 지행 능력에 차이가 없다는 앞 절의 내용을 이어서 설명한 것이다. 중인도 성인과 같은 지행 능력을 갖고 있다는 것을 다시 설명한 것은 지행의 실현이 체질이 아닌 마음에 달려있다는 것을 거듭 강조하기 위한 것이다. 이러한 사실을 깨닫지 못한 것은 몸의 지행 능력이 미치지 못해서가 아니라 깨닫지 못하는 마음이 문제라는 설명이다. 즉 중인이 스스로 재능이 없다고 포기하는 것은 처음부터 자신의 지행 능력을 깨닫지 못하는 마음에 문제가 있다는 것이다.

8

호연(浩然)의 기(氣)는 폐비간신에서 나오고 호연의 리(理)는 마음에서 나오는 것이다. 인의예지(仁義禮智) 사장(四臟)의 기(氣)를 넓혀 충만하게 한다면 호연의 기는 여기에서 나올 것이요, 비박탐나(鄙薄貪懦) 등 일심(一心)의 욕(慾)을 분명하게 가려낸다면 호연의 리는 여기에서 나올 것이다.

浩然之氣出於肺脾肝腎也 浩然之理出於心也 仁義禮智四臟之氣擴而充之 則浩
然之氣出於此也 鄙薄貪懦一心之慾明而辨之 則浩然之理出於此也.

○ 호연지기(浩然之氣): 도의에 뿌리를 박고 공명정대하여 부끄러움이
  없는 도덕적 용기. 하늘과 땅 사이에 가득 차 있으며 넓고 강한 큰
  원기(元氣). 맹자의 호연지기와 같은 개념. 맹자는 "나는 나의 호연
  지기를 잘 기른다"(吾善養浩然之氣, 「公孫丑」)라고 함.
○ 호연지리(浩然之理): 맹자의 호연지기를 근거로 하여 이제마가 새
  로 만든 개념. 호연의 기를 발휘하는 이치. 이 이치는 처한 상황에
  따라 공명정대한 도덕 행위가 무엇인지를 변별하는 개인의 판단
  을 통해 얻어지므로 유동적임. 따라서 천리와 같이 영원히 불변하
  는 보편 원리를 가리키는 개념과 구별해야 함.

이 절은 인간의 지행 능력은 심신이 그 원천이라는 사실을 설명한 것
이다. 이제마는 이러한 사실을 호연의 리와 기라는 개념을 사용하여 설
명한다. 호연지기는 도의에 뿌리를 둔 떳떳한 도덕적 용기를 의미하는
맹자의 호연지기를 수용한 개념이다. 그러나 호연의 리(理)는 이제마가
창안한 새로운 개념이다. 호연의 리기는 주희의 리기 개념을 수용한 것
으로 생각하기 쉽지만 그 내용은 전혀 다르다. 주희의 리는 인간을 포함
한 우주 삼라만상의 생성 변화를 설명하는 보편 원리로서 초월적 개념
이지만 호연의 리는 도덕 판단의 원천을 가리키는 개념으로서 우리의
인식 능력을 통해 설명이 가능한 경험적 개념이기 때문이다.
  주희는 '인성은 천명으로 부여된 것'이라는 유학 정신을 계승하여 인
간의 성[人性]을 천리(天理)로 해석하고,[4] 성선의 근거로 제시한 맹자의

인의예지를 하늘이 준 도덕성으로 간주하여 하늘이 준 도덕성을 따르는 것을 당위적 도덕 행위로 간주하였다. 따라서 주희의 도덕 해명은 인간의 의지나 경험에 바탕을 둔 자율적 판단과 행위가 배제되어 있다. 인간에게 주어진 도덕성을 도덕의 원천으로 설명하지만 그것은 여전히 천리에 근거를 두기 때문이다. 그러므로 도덕에 대한 주희의 논의는 천리에 근거를 둔 초월적 사변적 논의 방식을 벗어나지 못한다.

그러나 이제마는 도덕의 원천을 주희와 전혀 다른 관점에서 설명한다. 설명에 따르면 호연의 기는 인의예지의 기를 확충하는 도덕적 용기를 가리키는 개념이고, 호연의 리는 인간이 사욕을 분별하여 어떤 것이 도덕적으로 선한 행위인지를 판단하는[明而辨之] 이치[理]를 가리키는 개념이다. 맹자나 주희의 도덕 해명과 비슷해 보이지만 이들과 다른 것은 호연의 기와 리가 장부[四臟]의 기를 확충하고 욕심[私慾]을 명변하는 데에서 비로소 생긴다는 점이다. 이것은 호연의 리기가 시간적으로 확충과 명변 이후에 생긴다는 것을 의미한다. 따라서 호연의 리기는 후천적 경험적 개념으로서 선천적인 도덕성(천리)과 구별되는 개념이라는 것을 확인할 수 있다.

이와 같이 호연의 리기는 도덕의 원천을 가리키지만 그것은 후천적 경험적 개념이다. 따라서 "호연의 기와 리가 폐비간신과 심에서 나온다"는 것은 도덕의 원천은 천리가 아닌 심신이며, 그것은 후천적인 경험의 과정에서 생겨난다는 것을 설명한 것이다. 호연의 리기를 이제마가 새롭게 창안한 개념으로 보아야 하는 이유가 여기에 있다.

---

4) 주희, 『중용장구』, 1장: 天命之謂性節. 性卽理也.

9

성인의 마음에 욕심이 없다고 하는 것은 청정(淸淨) 적멸(寂滅)하여 노자(老子)나 부처님처럼 욕심이 없다는 것이 아니다. 성인의 마음은 천하가 다스려지지 않음을 깊이 걱정하기 때문에 다만 욕심이 없는 것이 아니라 자기 자신의 욕심을 거들떠볼 겨를이 없는 것이다. 천하가 다스려지지 않음을 깊이 걱정하여 자기 자신의 욕심을 거들떠볼 겨를이 없는 자는 반드시 배우기를 싫어하지 않고 가르치기를 게을리 하지 않는다. 배우기를 싫어하지 않고 가르치기를 게을리 하지 않는 것이 곧 성인의 무욕이다. 조금이라도 자신의 욕심을 가지면 그것은 요·순의 마음이 아니요, 잠시라도 천하를 걱정하지 않는다면 그것은 공·맹의 마음이 아닌 것이다.

聖人之心無慾云者 非淸淨寂滅如老佛之無慾也 聖人之心 深憂天下之不治 故非但無慾也 亦未暇及於一己之慾也 深憂天下之不治 而未暇及於一己之慾者 必學不厭而敎不倦也 學不厭而敎不倦者 卽聖人之無慾也 毫有一己之慾 則非堯舜之心也 暫無天下之憂則非孔孟之心也

○ 청정(淸淨): 노자의 도(道)를 가리킴. 더럽거나 속되지 않음.

○ 적멸(寂滅): 불가(佛家)의 도(道)를 가리킴. 생멸이 함께 없어져 무위 적정(無爲寂靜)함. 번뇌의 경계를 떠남. 열반.

○ 노불(老佛): 노자(老子)와 석가모니(釋迦牟尼). 노자는 중국 춘추시대 의 사상가. 석가모니는 인도의 불타.

노불의 무욕(無欲)은 무(無)와 공(空) 개념에 근거한다. 그러나 이제마의 무욕은 요순공맹 사상에 근거한 유가의 무욕이다. 노불의 무욕은 마음에서 일어나는 욕구를 아예 없게 하는 것을 의미한다. 그러나 이제마는 유가의 무욕을 욕구(私慾)는 인정하되 공적 이익을 위해 사욕을 극복[克己復禮]하는 곧 지공무사(至公無私)의 경지를 가리키는 개념으로 해석한다.

무욕에 대한 이제마의 이러한 해석은 노불만이 아니라 성리학적 해석과도 차이가 있다. 이미 여러 차례 설명했듯이 이제마는 인간의 체질은 서로 다르지만(사상인) 장부의 (지행) 능력은 모두 같다고 본다. 물론 이제마도 지행 능력의 차이를 기준으로 성인과 중인을 구분한다. 그러나 그 차이는 타고난 능력이 아니라 심욕을 분별하여 사적 이익보다는 공적 가치를 우위에 두고 행하는 행위 능력의 차이이다. 이 능력은 사욕[心慾]을 추구하는 것은 모두 같지만, 성인은 더 큰 공적 가치를 지향하기 위해 자신의 욕구를 절제하는 능력이 범인보다 뛰어나다는 것을 의미한다. 이 절에서 "천하가 다스려지지 않음을 걱정하여 자신의 욕심을 거들떠볼 겨를이 없다"5)거나, "배우기를 싫어하지 않고 가르치기를 게을리 하지 않는다"6)는 것은 심욕을 극복하여 공익을 지향하는 성인의 노력을 말한 것이다. 이 때문에 이제마가 말한 성인과 범인의 차이는 부단한 노력을 통해 길러지는 후천적 능력을 가리킨다.

비박탐나의 심욕(心慾)은 누구에게나 있고, 동시에 이 심욕에 대한 절

---

5) 『맹자』, 「滕文公」 상 4: "요는 순을 얻지 못함을 자신의 근심으로 삼으셨고, 순은 우와 고요를 얻지 못함을 자신의 근심으로 삼으셨다"(堯以不得舜爲己憂 舜以不得禹皐陶爲己憂)는 맹자의 말이 이에 해당할 것이다.

6) 『맹자』, 「公孫丑」 상 2 : 맹자가 인용한 "성인은 내 능하지 못하거니와 나는 배우기를 싫어하지 않고, 가르치기를 게을리 하지 않았다"(孔子曰聖則吾不能我學不厭而敎不倦也)는 공자의 말이 이에 해당할 것이다.

제력도 누구에게나 있다. 따라서 절제의 노력을 계속하면 범인도 성인의 경지에 도달 할 수 있다. 이러한 점에서 심욕을 절제하는 인간의 능력은 후천적 가변적인 것이다. 심욕을 이해하는 이러한 시각은 욕구를 해명하는 유가 전통의 근본적인 변화가 아닐 수 없다. 성인과 범인은 선천적으로 주어지는 기질의 청·탁이 결정한다는 성리학의 결정론적 해석과 정면으로 배치되기 때문이다.

이제마가 심욕을 노불은 물론 성리학적 관점과도 다르게 해석한 것은 사상의학의 이론적 근거가 어디에 있는지를 밝힐 수 있는 중요한 단서가 된다. 한의학은 진한(秦漢) 교체기에 도가 유가 음양가는 물론이요 심지어는 참위설까지 받아들여 이론적 근거를 마련하였다.[7] 그러나 사상의학은 오직 유학을 이론적 근거로 삼을 뿐이다. 한의학이 인간의 질병을 오행의 상생상극과 같은 추상적 개념으로 이론화한 것임을 고려할 때 이것은 유학의 현실적이요 실천적인 인간 해명을 사상의학의 이론적 근거로 삼기 위한 것임을 알 수 있다. 그러나 심욕의 해석이 보여 주듯이 이제마는 유학에 이론의 근거를 두면서도 기질의 청탁으로 해명하지 않는다. 이러한 사실에 근거하면 사상의학은 독자적인 철학적 근거위에 세운 새로운 의학 이론이라는 사실을 어렵지 않게 알 수 있다. 이러한 관점의 심욕 해명이 장부론 넓게는 사상의학 이론의 근간이 되어 있음은 물론이다.

10

태양인은 애성(哀性)은 멀리 흩어지지만(遠散) 노정(怒情)은 촉박하여

---

7) 林殷, 『한의학과 유교사상의 만남』, 문재곤 역 (서울: 예문서원, 1999), 42쪽 참조.

급하다.(促急) 애성이 멀리 흩어지면 기(氣)가 폐로 들어가게 되어(注入) 폐는 더욱 왕성(盛)해지지만 노정이 촉박하여 급하면 기가 간을 격동(激動)시켜 간은 더욱 상하게(削)될 것이니 태양인의 장부(臟局)가 폐대 간소(肺大 肝小)로 형성되는 까닭이다. 소양인은 노성(怒性)은 넓게 감싸 안아주지만(宏抱) 애정(哀情)은 촉박하여 급하다. 노성이 넓게 감싸 안아주면 기(氣)가 비(脾)로 들어가게 되어 비는 더욱 왕성해지지만 애정이 촉박하여 급하면 기(氣)가 신(腎)을 격동시켜 신은 더욱 상하게 될 것이니 소양인의 장부(臟局)가 비대 신소(脾大 腎小)로 형성되는 까닭이다. 태음인은 희성(喜性)은 넓게 퍼지지만(廣張) 락정(樂情)은 촉박하여 급하다. 희성이 넓게 퍼지면 기(氣)가 간으로 들어가게 되어 간은 더욱 왕성해지지만 락정이 촉박하여 급하면 기(氣)가 폐를 격동시켜 폐는 더욱 상하게 될 것이니 태음인의 장부(臟局)가 간대 폐소(肝大 肺小)로 형성되는 까닭이다. 소음인은 락성(樂性)은 매우 강하지만(深確) 희정(喜情)은 촉박하여 급하다. 락성이 심확하면 기(氣)가 신으로 들어가게 되어 신은 더욱 왕성해지지만 희정이 촉박하여 급하면 기(氣)가 비를 격동시켜 비는 더욱 상하게 될 것이니 소음인의 장부(臟局)가 신대 비소(腎大 脾小)로 형성되는 까닭이다.

太陽人哀性遠散而怒情促急 哀性遠散則氣注肺而肺益盛 怒情促急則氣激肝而肝益削 太陽之臟局所以成形於肺大肝小也 少陽人怒性宏抱而哀情促急 怒性宏抱則氣注脾而脾益盛 哀情促急則氣激腎而腎益削 少陽之臟局所以成形於脾大腎小也 太陰人喜性廣張而樂情促急 喜性廣張則氣注肝而肝益盛 樂情促急則氣激肺而肺益削 太陰之臟局所以成形於肝大肺小也 少陰人樂性深確而喜情促急 樂性深確則氣注腎而腎益盛 喜情促急則氣激脾而脾益削 少陰之臟局所以成形於腎大脾小也

○ 원산(遠散): 멀리 흩어짐.

○ 촉급(促急): 촉박하여 급함.

○ 굉포(宏抱): 넓게 얼싸 안아줌.

○ 광장(廣張): 넓게 퍼짐.

○ 심확(深確): 매우 강함. 깊게 굳어짐.

○ 애노희락(哀怒喜樂): 감정의 총칭.

○ 성(性): 도덕 감정. 하늘이 인간에게 성을 부여한다[天賦人性]는 성에서 유래한 개념이지만 도덕 감정 이상의 의미가 없음. 따라서 '성은 곧 천리(性卽理)'라는 주희의 성과 구별해야 하는 개념이다.

○ 정(情): 애노희락의 감정을 가리키는 개념. 그러나 이 정(情)도 성(性)이 동(動)한 것이라는 주희의 해석을 수용한 것이 아니다.[8]

　성정(性情)은 본디 인간의 심성(心性)을 해명하는 성리학의 핵심 개념인데, 특히 주희의 성정 해명은 조선조 유학자들의 사단칠정(四端七情) 인심도심(人心道心)과 같은 심성 논의에 절대적 영향을 주었다. 주희는 "성(性)은 마음의 리[天理, 인의예지]이고, 정(情)은 이 리가 동(動)한 것이며, 마음은 성정을 주재한다"고 해명한다.[9] 그에 따르면 성(性)은 곧 리(天理)가 인간에게 부여된 것을, 정은 성의 발용으로 생겨난 심(心)의 현상을 가리키는 개념이다. 따라서 성정을 함께 말하고 있지만 엄밀히 말하면 성은 인간의 심에 주어진 천리이기 때문에 감정을 가리키는 개념이 아니다.

---

8) 『性理大全』, 권33: 情者性之動也.
9) 같은 곳: 仁義禮智 性也 惻隱羞惡辭讓是非 情也 …… 性者心之理也 情者性之動也 心者性情之主也.

그러나 이제마는 성과 정을 모두 인간의 감정을 가리키는 개념으로 사용한다. 여러 차례 말했듯이 이제마 역시 하늘이 인간에게 성을 부여한다는 유학의 전통을 계승하지만, 성을 천리라는 초월적 보편 원리로 설명하지 않는다. 그는 성(性)과 명(命)을 지각 능력[慧覺]과 행위 능력[資業]이며 도덕의 원천으로 설명한다.[10] 이는 지각과 행위 능력의 선천성은 받아들이면서도 성명을 초월적 보편 원리로 해명하는 성리학적 관점은 부정한 것이다. 따라서 이러한 성명 해석은 인간이 부여받은 성은 초월적 보편 원리가 아니라 도덕적 판단 능력이며, 동시에 도덕의 원천은 천리가 아닌 인간의 지행 능력[혜각 자업]이라는 것을 주장하기 위한 것이다.

이 절의 성 개념 역시 같은 맥락에서 해석해야 한다. 이제마는 성정은 천기를 살피고 인사를 행하는 과정에서 생긴다고 하여(「확충론」1절) 성리설적 해명과 차별화한다. 체질에 따라 다르지만 사람들은 서로 속이고 업신여기는 것을 보면 애노의 성(감정)이 생기고 서로 돕고 보호해 주는 것을 보면 희락의 성(감정)이 생긴다. 이에 반해 정(감정)은 남이 자신을 업신여기고 속이거나 남이 자기를 보호해 주거나 도와줄 때 생겨난다. 이것은 인간의 감정이 천기를 살피고 인사를 행하는 경험적 과정에서 생긴다는 것을 설명한 것이며, 동시에 인간관계에서 생기는 공적 감정[性]과 사적 감정[情]을 구분한 것이다. 성정은 이처럼 공적/사적 감정을 구분한 개념이므로 성정은 도덕 감정과 일반 감정으로 구분할 수 있을 것이다. 이제마의 성정 개념을 성리학의 성정 개념과 변별해야 하는 이유가 여기에 있다.

그러나 이 절의 핵심 의도는 마음의 변화[감정(性情)]가[11] 장부 기능

---

10) 「성명론」, 30-31절.

에 절대적 영향을 미쳐 발병의 주요 원인이 된다는 것을 설명하려는 데 있다. 앞서 말한 바와 같이 이제마는 "옛 의사들은 마음에서 생기는 감정이 편착(偏着)되어 병이 되는 줄 모르고, 단지 음식 때문에 비위(脾胃)가 상하거나 풍·한·서·습(風寒暑濕)의 촉상으로 병이 생기는 줄로만 알았다"(「의원론」, 5절)고 하였다. 이것은 발병의 원인은 일반적으로 삶을 지탱하는 외적 환경에 있지만 더 크고 근본적인 원인은 인간의 편착된 감정에 있다는 것을 주장한 것이다. 물론 감정의 발현이 장부 기능에 영향을 준다고 하더라도 사람마다 개인차가 있어서 그 영향을 일정하게 설명하기는 어렵다. 그렇지만 이제마는 자신의 의료 경험에서 감정이 장부에 미치는 영향을 분류하고 이를 근거로 인간의 체질을 넷[사상인]으로 유형화한다.

이제마의 설명에 따르면 감정은 순역(順逆)의 두 방향으로 발현하는데(15절, 17절), 순역에 따라 장부 기능을 돕거나 손상을 입히는 결과로 이어진다. 여기에서 주목할 것은 체질 분류의 근거를 '감정이 장부 기능에 미치는 영향'에 두었다는 점이다. 앞서 말한 바와 같이 과거 한의학에서도 인간의 체질을 유형화하였지만 그 근거는 오행이다. 그러나 이제마는 오행 대신 감정의 변화가 장부 기능에 주는 영향이라는 구체적인 자신의 의료 경험에 근거를 둔다. 이것은 인간의 체질을 오행의 추상적 방식이 아니라 검증 가능한 방식으로 설명해야 한다는 관점을 드러낸 것이다. 이러한 관점은 마음과 장부 기능의 관계를 해명하는 새로운 방식이라는 점에서 매우 중요한 의미를 지닌다. 현대인의 삶에 있어서 스트레스가 발병의 주요 원인으로 밝혀졌다는 것을 고려하면 이제마가 체질 분류의 근거로 제시한 감정과 장부 기능과의 관계는 '마음과 발병

---

11) 성정(性情)은 인간의 감정을 가리키는 개념.

의 관계'를 탐구하는 실마리를 제공한 것으로 평가할 수 있기 때문이다.

이제마는 마음과 발병의 관계를 감정이 장부[폐비간신] 기능에 미치는 영향으로 설명한다. 이제마는 다양한 인간의 감정을 애노희락으로 설명하여 감정 역시 크게 네 영역으로 나눌 수 있다고 본다. 감정이 장부 기능에 미치는 영향에 대한 해명은 사실 관계를 인정하더라도 개인이 느끼는 감정의 주관성으로 인하여 자칫 사변적인 논의에 빠질 위험이 있다. 그러나 이제마는 감정과 발병에 대한 논의를 인간의 공통된 경험에 지반을 두고 해명함으로써 이러한 위험을 벗어난다. 그것은 감정의 발현을 곧 기의 상승과 하강으로 전환하여 설명하는 방식이다. 감정은 애노희락하는 기의 상승과 하강 작용으로 인해 발현한다고 보기 때문이다. 물론 여기에서 말하는 상승 하강하는 애노희락의 기는 생기(生氣)이기 때문에 성리학에 말하는 리기(理氣) 즉 관념적인 기 개념과는 구별해야 한다.

이제마는 기[生氣]의 상승 하강 작용을 다시 직승(直升)과 횡승(橫升) 그리고 방강(放降)과 함강(陷降)으로 세분한다(13절). 기의 상승 하강 작용은 감정의 순역(順逆)에 따르는데, 애노희락의 기가 순동(順動)하면 원산·굉포·광장·심확의 형태로 상하 작용한다. 먼저 순동하는 기의 이러한 작용을 다음 11절과 합하여 표로 만들면 다음과 같다.

	태양인	소양인	태음인	소음인
	폐	비	간	신
기(氣)	직이신(直而伸)	율이포(栗而包)	관이완(寬而緩)	온이축(溫而畜)
성(氣)	원산(遠散)	굉포(宏抱)	광장(廣張)	심확(深確)
	애	노	희	락

이 표는 폐비간신의 기(氣)가 상승(직이신, 율이포)하고 하강(관이완, 온이축)하는 사상인의 생리적 작용은 애노희락의 성이 순동(원산, 굉포, 광장, 심확)함으로써 이루어진다는 것을 보여 준다. 여기에서 우리는 폐비간신의 작용[氣]은 애노희락의 감정[性]과 표리(表裏) 관계를 이루고 있다는 것을 확인할 수 있다. 애노희락의 성이 순동하면 폐비간신의 기능이 더욱 왕성(盛)해진다는 것은 이러한 표리 관계에 근거한 설명이기 때문이다.

그러나 성(性)과는 달리 애노희락의 정(情)은 폐비간신을 격동[激]시켜 상하게[削] 한다. 그런데 애성(哀性)과 달리 애정(哀情)은 폐가 아닌 신을 격동시키고(激腎), 노정(怒情)은 비가 아닌 간을 격동시킨다(激肝). 그리고 희정(喜情)은 간이 아닌 비를 격동시키고[激脾], 락정(樂情)은 신이 아닌 폐를 격동시킨다[激肺]. 이 관계를 표로 그려보면 다음과 같다.

태양	애성(哀性)	원산(遠散)	→	폐	←		태음	락정(樂情)
소양	노성(怒性)	굉포(宏抱)	→	비	←	촉급(促急)	소음	희정(喜情)
태음	희성(喜性)	광장(廣張)	→	간	←		태양	노정(怒情)
소음	락성(樂性)	심확(深確)	→	신	←		소양	애정(哀情)

이 표는 성정[감정]의 발현이 곧장 장부 기능의 순역 반응으로 이어진다는 것을 드러내 준다. 주목할 것은 기의 운동과 감정이 장부 기능에 미치는 일정한 영향이다. 먼저 폐비간신의 기는 항상 상승과 하강의 두 방향으로 운동한다. 노기(怒氣)의 완만한 상승[橫升]과 희기(喜氣)의 완만한 하강[放降]도 있지만 이것도 역시 상승과 하강 운동이다(13절). 다음 성 즉 순동의 도덕 감정은 항상 장부 기능을 원활하게 하지만 정 즉 역

동[촉급]의 사적 감정은 항상 장부 기능을 상하게 한다. 역동하는 사적 감정이 장부를 상하게 하는 원인은 기가 과다하기 때문이다(14절). 다시 말하면 지나친 욕구와 같은 사적 감정이 장부를 상하게 한다는 것이다.

감정 발현의 세세한 개인차와 이에 따른 장부 기능의 반응을 구분하여 설명하는 것은 매우 어려운 일이다. 그러나 이제마는 자신의 의료 경험을 통해 감정과 장부 기능이 항상 일정하게 반응한다는 사실을 발견하고, 이를 토대로 장부 기능의 순역 반응을 폐비간신의 대소로 설명한다. 또 그는 사람마다 다른 반응을 조사하고 통계를 내어 인간의 체질을 사상인으로 유형화한다.[12] 오늘날과 같은 통계 방식은 아니지만 만 명을 대상으로 수집한 사상인의 분포는 사상인의 체질 분류가 오행에 근거한 관념적 분류와 대조된다는 것을 알 수 있다. 이미 지적한 것처럼 이제마의 사상 체질 구분을 오행의 체질 분류는 물론 팔상 체질 분류 등과도 변별해야 하는 이유가 여기에 있다.

11
폐기(肺氣)는 곧게 펴지고, 비기(脾氣)는 두텁게 감싸고, 간기(肝氣)는 넓고 느릿하며, 신기(腎氣)는 깊게[두텁게] 쌓인다.

肺氣直而伸 脾氣栗而包 肝氣寬而緩 腎氣溫而畜

이 절은 폐비간신의 기 운동에 대한 보완 설명이다. 고요는 우(禹)임금에게 사람의 성품을 "너그러우면서도 엄격하며 …… 올곧으면서도

---
12) 「사상인 변증론」, 1절.

온화하며[寬而栗 直而溫]"(『서경』, 「고요모(皐陶謨)」) 등으로 설명하였는데, 직이신(直而伸) 율이포(栗而包) 관이완(寬而緩) 온이축(溫而畜)은 이를 원용하여 재구성한 것이다. 직신과 율포는 상승 운동을 관완과 온축은 하강 운동을 설명한 것이다.

이러한 폐비간신의 기의 상승 하강 운동은 섭취한 수곡(水穀)의 기 운동에 근거한 설명이다. 이제마는 「장부론」에서 음식물(수곡)의 섭취와 배설에 이르기까지의 과정을 수곡의 기의 상승(上升), 정축(停畜), 소도(消導), 하강(下降) 운동으로 설명한다(3절). 상승 정축은 상승 운동이고, 소도 하강은 하강 운동이다. 여기에서 우리는 폐비간신과 애노희락의 기 운동이 수곡의 기 운동과 일치하고 있음을 볼 수 있다. 달리 말하면 수곡의 기의 상하 운동이 곧 폐비간신의 기의 상하 운동이고, 동시에 애노희락의 기의 상하 운동임을 의미한다. 장부(폐비간신) 기능의 성삭(盛削)이 애노희락의 기의 운동에 달려 있고, 폐비간신의 기의 운동 역시 수곡의 섭취 배설하는 과정을 의미하기 때문이다.

삼초를 사초로 재구성한 것 역시 같은 맥락에서 설명할 수 있다(「장부론」 1절) 14절에서 이제마는 애노희락의 기의 과다한 상하 운동이 상초 하초를 상하게 한다고 말한다. 이것은 장부 기능과 감정, 그리고 음식의 섭취 소화 배설 과정이 기의 운동을 통해 이루어지며 기는 네(사초) 방향으로 운동한다는 것을 의미한다. 이와 같이 이제마의 기는 리기와 같은 관념적 기가 아니라 생기이며, 물리적 근거를 갖고 있다.

12

폐로써 내뿜고 간으로써 빨아들이니 간폐(肝肺)는 기액(氣液)을 호흡

(呼吸)하는 문[門戶]이다. 비로써 받아들이고 신으로써 내보내니 신비(腎脾)는 수곡(水穀)을 출납하는 창고(府庫)이다.

肺以呼肝以吸 肝肺者呼吸氣液之門戶也 脾以納腎以出 腎脾者出納水水穀之府庫也

○ 기액(氣液): 공기와 혈액.
○ 수곡(水穀): 입을 통해 들어온 음식물.
○ 부고(府庫): 곳집, 창고.

이 절은 폐비간신에 기액(氣液)을 호흡하고 수곡(水穀)을 출납하는 두 가지 기능이 있음을 설명한 것이다. 기액의 호흡과 수곡의 출납은 생물이 생명을 유지하는 기본 기능이다. 그런데 호흡과 출납은 폐비간신의 기의 순역을 따라서 작용한다. 그러므로 폐비간신 기의 순역은 곧 기액의 호흡과 수곡의 출납 기능의 순역으로 보아야 한다.

태양·태음인을 폐간의 대소로 설명한 것은 기액의 호흡 기능이 강하고 약한 것을 기준으로 구분한 것이고, 소양·소음인을 비신의 대소로 설명한 것은 수곡의 출납 기능이 강하고 약한 것을 기준으로 구분한 것이다. 이제마가 인간의 체질을 폐비간신의 대소로 설명한 것은 기액과 호흡과 수곡의 출납 기능이 생명 유지의 근간인데, 이러한 기능에 강약의 선천적 차이가 존재함을 발견하고, 이 차이가 곧 선천적 체질의 차이라고 보았기 때문이다.

13

애기(哀氣)는 곧게 오르고, 노기(怒氣)는 가로 오르며, 희기(喜氣)는 내치듯이 떨어지고, 락기(樂氣)는 추락하듯이 떨어진다.

哀氣直升 怒氣橫升 喜氣放降 樂氣陷降

○ 직승(直升): 곧게 오름.

○ 횡승(橫升): 가로로 오름.

○ 방강(放降): 퍼져서 내려옴.

○ 함강(陷降): 곧장 내려옴.

애기(哀氣)는 애성(哀性)인데, 순동(順動)하면 폐기가 직신[直而伸]하므로 애기(哀氣)가 곧게[直升] 오르는 것이다. 노기(怒氣)는 노성(怒性)인데, 순동하면 비기(脾氣)가 두텁게 감싸주므로[栗而包] 노기(怒氣)가 가로로[橫升] 오르는 것이다. 희기(喜氣)는 희성(喜性)인데, 순동하면 간기(肝氣)가 넓고 느릿하므로[寬而緩] 희기(喜氣)는 좌우로 퍼져서[放降] 내려오는 것이다. 악기(樂氣)는 악성(樂性)인데, 순동하면 신기(腎氣)가 두텁게 쌓이므로[溫而畜] 락기(樂氣)는 곧장[陷降] 내려오는 것이다.

애노희락의 기와 폐비간신의 이러한 생리적 기능의 관계를 표로 그리면 다음과 같다.

폐	기	직신	비	기	율포	간	기	관완	신	기	온축
애	(氣)	직승	노	(氣)	횡승	희	(氣)	방강	락	(氣)	함강

애노(哀怒)의 기는 다 같이 상승하지만 직승과 횡승의 차이가 있다. 희락(喜樂)의 기도 다 같이 하강(下降)하지만, 방강과 함강의 차이가 있다.

앞서 보았던 것처럼 이제마는 한의학의 상초, 중초, 하초의 삼초(三焦)를 상초, 중상초, 중하초, 하초의 사초(四焦)로 나누었는데(「장부론」 1절), 이 구분은 이처럼 기가 상승 하강 작용을 한다는 사실에 근거한 것이다. 이제마는 이를 토대로 다음 절에서 기의 상하작용과 사초의 관계를 설명한다.

14

애노(哀怒)의 기(氣)는 상승하고 희락(喜樂)의 기는 하강하므로 상승하는 기가 과다하면 하초(下焦)가 상(傷)하고, 하강하는 기가 과다하면 상초(上焦)가 상한다.

哀怒之氣上升 喜樂之氣下降 上升之氣過多則下焦傷 下降之氣過多則上焦傷

이 절은 애노희락의 기가 과다하게 상승 하강하면 역방향의 장부가 상한다는 사실을 설명한 것이다. 애노희락의 과다는 물론 감정[性情]의 촉급(促急) 현상을 가리킨다. 감정이 촉급하면 역방향의 장부 기능을 상하게 하는데, 이를 표로 그리면 아래와 같다.

상초	중상초	중하초	하초
폐(애)	비(노)	간(희)	신(락)

이 표는 상초(上焦)와 하초(下焦)가 대(對)가 되고, 중상초(中上焦)와 중하초(中下焦)가 대가 된다는 것을 보여 준다. 애정(哀情)이 촉급하면 중하초의 간이 아닌 하초의 신(腎)이 상하고, 반대로 락정(樂情)이 촉급하면 중상초의 비가 아닌 상초의 폐(肺)가 상한다. 마찬가지로 노정(怒情)이 촉급하면 중하초의 간이 상하고 희정(喜情)이 촉급하면 중상초의 비가 상한다. 이제마는 이처럼 애노희락의 정이 촉급하면 반대에 위치한 폐비간신의 장부가 상하는 현상을 발견한다. 이러한 현상은 애노희락의 성(性)이 순동하면 폐비간신의 장부가 더욱 왕성해지는 것과 대조적이다.

그러나 정의 촉급이 반대 부위 장부를 상하게 하는 것은 자연적인 현상일 뿐 여기에는 어떤 원리가 존재하는 것이 아니다. 이제마는 애노희락의 정(情)이 촉급하면 언제나 대(對)가 되는 부위의 약한[小] 장부가 격동하여 상[削]한다는 현상을 관찰하고 이를 정리했을 뿐이기 때문이다.

15

애노(哀怒)의 기(氣)가 순동(順動)하면 빠르게 위로 오르고, 희락(喜樂)의 기가 순동하면 느릿느릿 차분히 아래로 떨어진다. 애노의 기는 양(陽)이니 순동하면 순하게 상승하고, 희락의 기는 음(陰)이니 순동하면 순조롭게 하강한다.

哀怒之氣順動則發越而上騰 喜樂之氣順動則緩安而下墜 哀怒之氣陽也 順動則順而上升 喜樂之氣陰也 順動則順而下降

○ 순동(順動): 애노희락의 중절(中節).

○ 발월(發越): 기운차게 오르는 모양.

○ 완안(緩安): 완만하고 편안하게 내려오는 모양.

애노희락의 감정이 발현하는 기(氣)는 빠르게 또는 천천히 상승하고 하강하는 차이가 있다. 그러나 순동은 이러한 차이에도 감정이 발현하여 중절(中節)되었다는 것을 의미한다. 순동은 물론 앞서 본 애노희락의 성(性)이 발현[원산, 굉포, 광장, 심확]한 것을 가리킨다.

안연(顔淵)이 죽었을 때 공자가 서글피 울고[慟],[13] 문왕(文王)과 무왕(武王)이 화를 내자[怒] 천하 백성이 편안해졌다는[14] 애노(哀怒)는 애노의 기가 순동한 것이다. 또한 『맹자』에서 "백성과 함께 즐긴다"[15]는 것이나, 『대학』에서 "그의 즐거움을 즐겁게 해 주는 즐거움[樂]"은 락의 기가 순동한 것이라고 할 수 있을 것이다.

16

애노(哀怒)의 기(氣)는 역동(逆動)하면 사납게 한꺼번에 위로 오르고, 희락(喜樂)의 기(氣)는 역동하면 출렁이면서 한꺼번에 아래로 내려간다. 상승하는 기가 역동하여 한꺼번에 위로 오르면 간신(肝腎)이 상하고, 하강하는 기가 역동하여 한꺼번에 아래로 떨어지면 비폐(脾肺)가 상할 것이다.

---

13) 『논어』, 「先進」 9.
14) 『맹자』, 「梁惠王」 하 3.
15) 같은 책, 「梁惠王」 상 1.

哀怒之氣逆動則暴發而並於上也　喜樂之氣逆動則浪發而並於下也　上升之氣逆
動而並於上則肝腎傷　下降之氣逆動而並於下則脾肺傷

○ 역동(逆動): 순동의 반대. 애노희락의 기가 부중절(不中節)한 것.
○ 폭발(暴發): 감정이 갑작스럽게 터짐.
○ 랑발(浪發): 감정이 물결이 일 듯 크게 일렁임.

애노의 기가 역동하면 폭발하여 한꺼번에 위로 올라가는데, 이 경우 상대적으로 하초의 기가 약해져 간신(肝腎)이 상하게 된다. 그러나 희락의 기가 역동하면 일렁이어 한꺼번에 아래로 내려가는데, 이 경우에는 반대로 상초의 기가 약해져서 비폐(脾肺)가 상하게 된다는 것이다. 이 절은 "상승하는 기가 과다하면 하초가 상하고, 하강하는 기가 과다하면 상초가 상한다"는 14절을 구체적으로 설명한 것이다. 즉 '상승하는 기의 과다'는 '애노의 기의 역동'으로 '하초'는 '간신'이라는 개념으로 설명한 것이고, 마찬가지로 '하강하는 기의 과다'는 '희락의 기의 역동'으로 '상초'는 '비폐'라는 개념으로 구체화하여 설명한 것이다.

공자는 유익한 좋아함이 셋이 있고 손해되는 좋아함이 셋이 있다[益者三樂 損者三樂]고 하였다.[16] 예악을 따르기 좋아하고 사람의 선을 말하기 좋아하며 어진 벗이 많음을 좋아한 것은 순동의 락(樂)이고, 교만과 방종을 좋아하고 편안히 노는 것을 좋아하며 향락에 빠진 것을 좋아함은 역동의 락이기 때문일 것이다.

---

16) 『논어』, 「季氏」, 5.

17

자주 성을 냈다 가라앉혔다 하면 허리와 옆구리[腰脅]가 자주 조였다 풀렸다 할 것이다. 허리와 옆구리는 간(肝)이 붙어 있는 곳인데, 허리와 옆구리가 조였다 풀렸다하여 안정을 얻지 못하면 간이 상하지 않겠는가. 별안간 기뻐했다가 별안간 기쁨을 거두면 가슴과 겨드랑이[胸腋]가 별안간 넓어졌다 별안간 좁아질 것이다. 가슴과 겨드랑이는 비(脾)가 붙어 있는 곳인데, 가슴과 겨드랑이가 별안간 넓어졌다 별안간 좁아졌다 하여 안정을 얻지 못하면 비가 상하지 않겠는가? 홀연히 슬퍼했다가 홀연히 슬픔을 그치면 허리[脊曲]가 홀연히 굽었다가 홀연히 펴질 것이다. 허리는 신(腎)이 붙어 있는 곳인데, 허리가 굽었다 폈다하여 안정을 얻지 못하면 신이 상하지 않겠는가? 자주 즐거웠다가 자주 즐거움을 잃어버리면 등[背顀]이 갑자기 들렸다가 갑자기 억눌릴 것이다. 등은 폐(肺)가 붙어 있는 곳인데 폐가 들렸다가 억눌려 안정을 얻지 못하면 폐가 상하지 않겠는가?

頻起怒而頻伏怒則腰脅頻迫而頻蕩也 腰脅者肝之所住着處也 腰脅迫蕩不定則肝其不傷乎 乍發喜而乍收喜則胸腋乍闊而乍狹也 胸腋者脾之所住着處也 胸腋闊狹不定則脾其不傷乎 忽動哀而忽止哀則脊曲忽屈而忽伸也 脊曲者腎之所住着處也 脊曲屈伸不定則腎其不傷乎 屢得樂而屢失樂則背顀暴揚而暴抑也 背顀者肺之所住着處也 背顀抑揚不定則肺其不傷乎

○ 빈사홀루(頻乍忽屢): 이들은 각기 애노희락의 기가 역동하는 모습을 표현한 것이다.

○ 요협(腰脅): 허리와 옆구리, 간 부위.

○ 흉액(胸腋): 가슴과 겨드랑이, 비(脾) 부위.

○ 척곡(脊曲): 허리.

○ 배추(背顀): 등.

이 절은 애노희락의 감정 발현은 인체에 일정한 현상으로 작용하며, 그 작용이 폐비간신의 기능에 영향을 미치는 원인이 됨을 설명한 것이다. 성을(怒) 자주 내면 허리와 옆구리가 강한 압박을[迫蕩] 받게 된다. 이러한 압박이 되풀이 되면 허리와 옆구리에 붙어 있는 간(肝)이 상하는 원인이 된다고 본 것이다(태양인). 마찬가지로 별안간 기뻐하면[喜] 가슴과 겨드랑이가 갑자기 넓어졌다 좁아진다. 이러한 현상이 되풀이되면 가슴과 옆구리에 붙어 있는 비(脾)가 상하는 원인이 된다(소음인). 홀연히 슬퍼하면(哀) 허리가 구부렸다 펴진다. 이러한 현상이 되풀이 되면 허리에 붙어 있는 신(腎)이 상하는 원인이 된다(소양인). 자주 즐거워하면 등이 들렸다가 눌리게 된다. 이러한 현상이 되풀이 되면 등에 붙어 있는 폐(肺)가 상하는 원인이 된다(태음인).

이처럼 감정은 폐비간신의 기능에 영향을 미치지만 그 감정은 사적 감정[情]이라는 데에 유의해야 한다. 허리와 옆구리 등 인체가 강한 압박[迫蕩]을 받거나 넓어짐과 좁아짐[闊狹], 또는 구부림과 펴짐[屈伸], 들렸다 눌리는[抑揚] 현상을 오직 사적 감정의 발현으로 설명한다. 이것은 폐비간신의 기능에 영향을 미치는 것은 사적 감정이며 도덕 감정[性]의 발현과는 무관하다는 것을 의미한다.

이 설명에서 중요한 것은 인체를 상하게 하는 원인이 사적 감정이라는 구체적인 증거를 제시한 점이다. 이제마가 음식이나 풍한서습(風寒暑濕) 외에 감정이 발병의 주요 원인이라는 사실을 발견한 것은 매우 중요

한 사건이다. 그러나 더욱 중요한 것은 발병의 원인을 사적 감정의 편착
이라는 구체적인 증거를 제시하여 해명하고 있다는 점이다. 이것은 상
생상극과 같은 사변적 논의가 아니라 검증 가능한 해명 방식이기 때문
이다.

18

태양인(太陽人)에게는 거칠게 노여워하고 몹시 슬퍼하는 감정이 있으
니 불가불 경계해야 한다. 소양인(少陽人)에게는 거칠게 슬퍼하고 몹시
노여워하는 감정이 있으니 불가불 경계해야 한다. 태음인(太陰人)에게
는 방탕하게 즐거워하고 몹시 기뻐하는 감정이 있으니 불가불 경계해야
한다. 소음인(少陰人)에게는 방탕하게 기뻐하고 몹시 즐거워하는 감정
이 있으니 불가불 경계해야 한다.

太陽人有暴怒深哀 不可不戒 少陽人有暴哀深怒 不可不戒 太陰人有浪樂深喜
不可不戒 少陰人有浪喜深樂 不可不戒

○ 폭노심애(暴怒深哀): 거친 노여움과 깊은 슬픔.
○ 폭애심노(暴哀深怒): 거친 슬픔과 깊은 노여움.
○ 랑락심희(浪樂深喜): 방자한 즐거움과 깊은 기쁨.
○ 랑희심락(浪喜深樂): 방자한 기쁨과 깊은 즐거움.

태양인은 노정이 촉급하므로 폭노하지만 애성은 원산하므로 심애하
며, 소양인은 애정이 촉급하므로 폭애하지만 노성은 굉포하므로 심노한

다. 그리고 태음인은 락정이 촉급하므로 랑락하지만 희성은 광장하므로 심희하며, 소음인은 희정이 촉급하므로 랑희하지만 락성은 심확하므로 심락한다. 이처럼 거칠거나 방자한 또는 마음 깊숙이 느껴 중절(中節)할 수 없는 애노희락의 감정은 폐비간신의 기능을 상하게 한다. 거칠거나 마음에 상처를 입을 정도의 깊은 감정을 경계해야 하는 이유가 여기에 있다.

과격한 감정[逆動]의 경계는 사물을 접하며 살아가는 인간에게 거친 감정이 없을 수 없다는 것을 전제로 한 주장이다. 앞서 말한 것처럼 과격한 감정의 발현은 사적인 욕구[私慾]가 그 원인이다. 따라서 경계는 사적 욕구가 일어나지 않도록 하는 것을 의미한다. 그러나 이미 격하게 발현된 감정은 중절(中節)의 노력이 요구된다. 격한 감정의 발현은 어쩔 수 없지만 이미 격하게 발한 감정은 수신을 통해 절제가 가능하기 때문이다. 23절에서 "인사(人事)의 수/불수(修/不修)에 따라 인간의 수명(命數)이 좌우된다"는 것은 이를 가리킨 말이다.

19

고요(皐陶)가 말하기를 "아아! (정치는) 사람을 앎에 있으며 백성을 편안히 함에 있습니다." 우 임금님(禹)이 말하기를 "아아! 모든 일을 이처럼 하는 것은 요임금님께서도 이를 어렵게 여기셨습니다. 사람을 알면 곧 명철(哲)하여 능히 (훌륭한 인물을) 관직에 등용할 수 있을 것이며, 백성을 편안히 하면 곧 은혜로워서 백성들은 그를 따를 것입니다. 명철하고 은혜로우면 환두(驩兜)가 무슨 근심이 되며, 유묘(有苗)를 내쫓을 이유가 무엇이며, 교언 영색하되 크게 간악한 마음을 품은 자를

(孔王) 어찌 두려워하겠습니까?" 라고 하였다.

皐陶曰都在知人在安民 禹曰吁咸若時 惟帝其難之 知人則哲能官入 安民則惠
黎民懷之 能哲而惠 何憂乎驩兜 何遷乎有苗 何畏乎巧言令色孔王(『서경』, 「고
요모」1)

○ 고요(皐陶): 중국 고대 삼왕(三王)시절 순임금(舜)의 현신(賢臣).

○ 시(時): 이 것[是也].

○ 제(帝): 요제(堯帝).

○ 환두(驩兜): 순임금 때의 악인. 숭산(崇山)으로 추방함. 사흉(四凶)의
   한 사람.

○ 유묘(有苗): 유묘는 삼묘(三苗)로서 옛날 중국 남방에서 반란을 일
   으킨 종족의 나라 이름[國名]. 삼위(三危)로 추방함.

○ 공임(孔王): 공은 크게, 매우의 뜻. 임은 간사한 것. 교언영색. 공임
   은 사흉(四凶)의 하나인 공공(共工)을 가리키며, 곤(鯀)을 뺀 것은 우
   (禹)의 아버지이기 때문이라고 함.

이 절은 『서경(書經)』 「고요모(皐陶謨)」의 한 구절을 그대로 옮겨 놓은
것이다. 이것은 "사람을 알아보기 어려움[知人難]"을 말하기 위해 인용
한 것으로 보인다. 그러나 다음 절을 보면 사람을 알기[知人] 어려운 이
유가 발현한 감정의 부중절(不中節)에 있음을 알 수 있다. 즉 성인이 사
람알기를 어렵게 여긴[知人難] 것은 부중절한 감정의 발현이 사람알기를
어렵게 하는 원인이라고 본 것이다. 따라서 이 절은 다음 절의 선행 절
로 보아야 한다.

20

우임금(禹)의 가르침(訓話)을 재삼 되풀이해서 흠앙(欽仰)하여 말하기를 요(堯)임금의 희노애락이 언제나 중절(中節)한 것은 사람 알기를 어렵게 여겼기 때문이요, 우임금(禹)의 희노애락이 언제나 중절(中節)한 것은 감히 사람 알기를 가볍게 여길 수 없기 때문이다. 천하 사람들의 희노애락이 거칠거나 방자한 것은 모두 자신의 행동(行身)이 성실하지 못하여 사람을 아는 데 명철[哲]하지 못한 데에서 나온다. 사람을 아는 것은 요임금도 어렵게 여기고 우임금도 탄식한 것이니 그 누가 경박하게 스스로 만족해 기뻐할 것인가? 대개 더욱 자신의 성실성을 돌이켜 보면서 절대로 사람 골라 쓰는 일을 가볍게 여겨서는 안 될 것이다.

三復大禹之訓而欽仰之曰 帝堯之喜怒哀樂每每中節者 以其難於知人也 大禹之喜怒哀樂每每中節者 以其不敢輕易於知人也 天不喜怒哀樂之暴動浪動者 都出於行身不誠而知人不明也 知人帝堯之所難而大禹之所吁也 則其誰沾沾自喜乎 蓋亦益反其誠 而必不可輕易取舍人也

○ 대우지훈(大禹之訓): 앞 절(19절) 우임금의 훈화를 가리킴.

○ 흠앙(欽仰): 공경하여 우러러보고 사모(思慕)함.

○ 중절(中節): 『중용』 1장 "희노애락의 정이 발하여 모두 절도에 맞는 것을 화라 한다(喜怒哀樂之中節謂之和)"의 중절을 의미한다. 애노희락의 기가 순동(順動)한 것.

○ 지인(知人): 사람을 아는 것. 정직하여 행실이 중절(中節)한 자인지의 여부를 아는 것.

○ 행신불성(行身不誠): 자신의 행실을 성실하지 않게 하는 것. 자신을 돌이켜 성실하지 못한지를 살피지 않는 것(反諸身不誠 『중용』 20장).

17~18절에서 보았듯이 이제마는 과격한 감정의 발현이 장부 기능을 상하게 하는 주요 원인이라는 것을 발견한다. 이 때문에 그는 장부 기능의 손상을 막기 위해 과격한 감정의 발현을 경계할 것을 계속해서 강조한다. 이미 과격하게 발현한 감정을 완화시켜 중절(中節)시키는 일은 결코 쉽지 않기 때문이다. 이 절은 감정을 중절시키는 어려움을 우임금의 훈화를 인용하여 설명한 것이다.

요임금과 우임금이 사람 알기를 어렵게 여긴 것은[知人難] 정치의 성패가 인재의 등용 여부에 달려있기 때문이다. 순임금이 고요(皐陶)를 그리고 탕임금이 이윤(伊尹)을 등용시키자 불인(不仁)한 자들이 멀어진 것은 그 좋은 예이다.[17] 그러나 고요나 이윤과 같은 사람을 알아보고 등용하는 것은[知人] 쉽지 않다. 요임금과 우임금이 사람알기를(知人) 어렵게 여긴 것은 이 때문이다. 이제마는 사람알기 어려운 이유를 감정의 부중절에서 찾는다. 감정이 거칠고 방자하면 자신의 행동을 돌아보는 데 성실하지 않거나 사람을 알아보는 데 명철(明哲)하지 못하기 때문이다.

이와 같이 이제마는 지인이 어려운 이유를 부중절에서 찾는다. 부중절하면 자신의 행동을 돌아보지 못할[行身不誠] 뿐만이 아니라 사람을 알아보는 데 명철하지[知人不明] 못하게 되기 때문이다. 감정의 중절을 설명하는 이러한 시각은 성명론에서 강조한 지행(知行)과 상응하는 것으로서 일관된 시각임을 보여 준다. 발현한 감정을 조절하는 '애노희락의

---

[17] 『논어』, 「안연」, 22.

중절'과 '성신(誠身)'은 물론 중용 사상에 근거한 것이다. 감정의 중절에 대한 이러한 일련의 언급은 그의 장부론이 유교 윤리사상에 근간을 두고 있음을 분명히 드러낸 것이다.

21

비록 선을 좋아하는 마음일지라도 치우치고 급하게 선을 좋아하면 선을 좋아함이 반드시 밝지 못할 것이다. 비록 악을 싫어하는 마음일지라도 치우치고 급하게 악을 싫어하면 악을 싫어함이 반드시 두루 미치지 못할 것이다. 이 세상일은 마땅히 좋은 사람[好人]과 함께 해야 한다. 좋은 사람과 함께 하지 않으면 기쁨과 즐거움[喜樂]이 반드시 번거로울 것이다. 이 세상일은 마땅히 좋지 못한 사람[不好人]과 함께 하지 말아야 한다. 좋지 못한 사람과 함께 하면 슬픔과 노여움[哀怒]은 더욱 번거로울 것이다.

雖好善之心 偏急而好善則好善必不明也 雖惡惡之心 偏急而惡惡則惡惡必不周也 天下事宜與好人做也 不與好人做則喜樂必煩也 天下事不宜與不好人做也 與不好人做則哀怒益煩也

○ 편급(偏急): 역동(逆動), 실중(失中)의 모양. 치우치고 급하게 행동함.
○ 호인(好人): 선을 좋아하고 악을 싫어하는 사람.

이 절은 사적인 감정과 마찬가지로 도덕 감정도 중절이 필요하다는 것을 설명한 것이다. 전통 유학과 마찬가지로 이제마 역시 호선오악을 도덕의 원천으로 생각한다. 그러나 이제마는 그들과 달리 호선오악도 중절의 노력을 통해서만 이루어질 수 있다고 생각한다. 이러한 생각은 도덕의 원천을 이해하는 관점의 변화에서 비롯된 것이다. 「성명론」 (34~35절)에서 그는 이미 하늘이 인간에게 부여한 성(性)과 명(命)을 지행(혜각/자업) 능력으로 해명함으로써 성명을 리(理)로 파악하는 주자학적 해석과 입장을 달리하였다. 이러한 해명은 성(도덕성)을 초월적인 보편 원리가 아니라 도덕을 판단하고 행하는 '지행 능력'으로 파악했기 때문이다. 호선오악의 편급 역시 이러한 맥락에서 해석되어야 한다. 편급한 호선오악은 밝지도 두루 미치지도 못한다는 것은 도덕 판단과 행위에 사욕이 개입되었다는 것을 의미한다. 사욕이 개입된 도덕 판단과 행위는 편급되어 혼란을 초래하게 된다. 따라서 이제마는 호선오악의 마음이 아니라 편급하지 않은 도덕 판단과 행위 결과를 도덕으로 이해했다는 것을 알 수 있다. 비록 호선오악의 마음일지라도 편급하면 분명하지도 두루 미치지도 못하기 때문이다. 따라서 이제마는 호선오악의 마음 자체가 아니라 이러한 마음을 발휘한 결과를 도덕의 원천이라고 이해한 것이다.

세상일은 좋은 사람[好人]과 함께 하는 것이 좋다는 것은 이러한 해석을 뒷받침한다. 좋은 사람과 함께 하는 것은 도덕을 실현하는 하나의 방법이다. 호인은 편급이 없는 사람을 가리키므로 그와 함께 하는 것은 호선오악의 마음에 사적 감정의 개입을 막아 중절된 도덕 판단과 행위를 가능하게 하기 때문이다. 이러한 맥락에서 보면 호선오악의 마음은 부여받은 지행 능력일 뿐이며 도덕의 원천은 결국 사적 감정이 개입되지 않아 편급이 없는 그리하여 무엇이 선악인지를 판단하고 행하는 과정에 있다는 것을 알 수 있다. 다시 말하면 이제마는 도덕의 원천을 지행 능력을 발휘한 결과에 있다고 이해한 것이다. 따라서 호선오악에 대한 이제마의 해명은 호선오악을 곧 도덕의 원천으로 이해하는 전통적인 해석과 구별해서 보아야 할 것이다.

22

애노는 서로 이루어 주고 희락은 서로 도우므로 애성(哀性)이 지극하면 노정(怒情)이 동하고, 노성(怒性)이 지극하면 애정(哀情)이 동하며, 락성(樂性)이 지극하면 희정(喜情)이 동하고, 희성(喜性)이 지극하면 락정(樂情)이 동한다. 태양인은 애성(哀性)이 지극하여 다스리지 못하면 분노가 밖으로 터져나가고, 소양인은 노성(怒性)이 지극하여 억누르지 못하면 비애가 가슴깊이 서리며, 소음인은 락성(樂性)이 지극하여 이루어지지 못하면 희호(喜好)가 차분하지 못하고, 태음인은 희성(喜性)이 지극하여 가라앉히지 못하면 치락(侈樂)에 만족함이 없을 것이다. 이렇듯 역동하면 칼로 오장을 자르는 것과 다름이 없다. 한 번 크게 역동하면 십년을 두고도 회복하기 어려운 것이다. 이는 사생(死生)과 수요(壽夭)가 정해지는 기관이므로 마땅히 알아야 한다.

哀怒相成喜樂相資 哀性極則怒情動 怒性極則哀情動 樂性極則喜情動 喜性極則樂情動 太陽人哀極不濟則忿怒激外 少陽人怒極不勝則悲哀動中 少陰人樂極不成則喜好不定 太陰人喜極不服則侈樂無厭 如此而動者 無異於以刀割臟 一次大動十年難復 此死生壽夭之機關也 不可不知也

○ 상성(相成): 서로 생겨남[相生].

○ 상자(相資): 서로 도움[相助].

○ 제(濟): 다스려짐. 그침[止].

○ 복(服): 다스려짐[治].

○ 수요(壽夭): 오래 삶과 일찍 죽음.

○ 기관(機關): 관절(關節)과18) 같은 의미.19)

이 절은 감정과 장부 기능이 마치 뼈와 뼈를 연결하는 관절(關節)과 같이 연결되어 있다는 것을 설명한 것이다. 애노희락은 각기 다른 감정인데 애와 노의 감정은 상승, 희와 락의 감정은 하강하는 기에 의해 드러난다. 애와 노, 희와 락이 서로 이루고 돕는다[相成·相資]는 것은 이처럼 같은 방향으로 작용(상승/하강)하는 기가 서로 영향을 준다는 것을 말한 것이다. 예를 들어 애의 감정(性: 도덕 감정)이 극도로 강하게 발하면 하강하는 희락의 기가 아니라 같이 상승하는 노기가 영향을 받아 노정(情: 사적 감정)이 역동(逆動: 激外·動中·不定·無厭)한다. 따라서 태양인의 경우 애성(哀性)이 극도로 강하게 발하여 다스려지지 못하면(失中: 不濟) 노기(怒氣)가 영향을 받아 분노(忿怒)가 격동하고, 소양인의 경우 노성(怒性)이 극도로 강하게 발하여 억누르지 못하면(不勝) 애기(哀氣)가 영향을 받아 비애가 가슴깊이 서리게 된다. 마찬가지로 소음인의 경우 락성(樂性)이 극도로 강하게 발하여 이루어지지 못하면(不成) 희기(喜氣)가 영향을 받아 희호(喜好)의 감정이 차분하지 못하고, 태음인의 경우 희성(喜性)이 극도로 강하게 발하여 가라앉지 않으면(不服) 락기(樂氣)가 영향

---

18) 뼈와 뼈가 움직일 수 있도록 결합되어 있는 부분. 물건과 물건이 접합하는 곳.

19) 『동양의학대사전』(경성: 행림서원, 소화14년): 1026쪽: 猶言關節 「素問厥論」 機關不利者. 腰不可以行. 項不可以顧.

을 받아 치락(侈樂)에 만족하지 못하게 된다.

이제마가 주목한 것은 이처럼 감정이 역동하여 부중절하면 장부에 깊은 손상을 준다는 점이다. 인간의 감정 발현은 지극히 자연스러운 현상이지만 부중절한 격한 감정, 즉 분노, 비애, 희호, 치락은 장부에 회복하기 어려운 치명상을 입혀 마침내 생사와 수요(壽夭)에까지 영향을 미친다는 사실을 발견한 것이다.

이미 말했듯이 감정의 편착(偏着)이 병의 원인이라고 한 것도 이러한 맥락에서 해석되어야 한다. 물론 전통 한의학에서도 감정을 내적인 병인(病因)으로 인식하였다. 사람에게는 오장의 기가 변화하여 희노비우공(喜怒悲憂恐)의 감정을 일으키는데, 격하게 화를 내면 음 부분을 손상시키며 격하게 기뻐하면 양 부분을 손상시킨다고 하여 희노의 감정[內因]을 육체[形體]를 손상시키는 추위와 더위[外因]에 대비시킨다. 그러나 이제마가 말한 격한 감정과 오장의 관계는 이들과 다르다는 데에 유의해야 한다. 전통 한의학이 "양이 극하면 음을 생하고, 음이 극하면 양이 생긴다"[陽極生陰 陰極生陽]는 음양의 변화 원리에 따른 추상적 해명에 의지하고 있는 반면, 이제마는 상승 하강하는 애노희락의 감정이 장부에 미치는 결과를 검증 가능한 방식으로 제시한다는 점에서 경험적 해명의 길로 나아가고 있기 때문이다.

감정과 장부의 상관관계를 밝히는 이제마의 해명에서 우리는 두 가지 사실을 발견 할 수 있다. 하나는 격한 감정이 발병의 요인이라는 것을 발견한 이제마는 이를 장부 이론의 기초로 적극 수용했다는 점이다. 전통 한의학 역시 감정이 오장에 미치는 영향을 말한다. 그러나 이들은 격한 감정이 육체에 미치는 영향을 외인과 마찬가지로 음양론으로 설명한다. 따라서 감정을 다양한 병인의 하나로 인식할 뿐 큰 비중을 두지

않는다. 그러나 이제마는 격한 감정의 부중절을 생사와 수요를 결정하
는 요인으로 인식한다. 이러한 인식의 변화는 자연의 변화에 순응하는
동물과 달리 인간은 감정의 변화에 회복하기 어려운 상처를 받는 존재
라는 사실의 발견에 근거한 것이다.

다른 하나는 감정을 발병의 요인으로 본 것은 몸 기능에 대한 새로운
인식에 기초한 것이다. 사고는 마음의 기능이며 몸[耳目]에는 사고의 기
능이 없다는[20] 맹자의 주장은 지금까지 불변의 정론으로 인식되었다.
그러나 이제마는 「확충론」 3장 1절에서 애노희락의 성[遠散]을 몸[耳目
鼻口]이 천기(천시·세회·인륜·지방)를 살필 때 사람들이 서로 속이고 업
신여기며 돕고 보살피는 것을 애처로워하고 노여워하며 즐거워하고 기
뻐하는 것이라고 하고, 또 노애락희의 정[促急]을 남이 자기를 업신여기
고 속이며 보살피고 돕는 것을 노여워하고 애처로워하며 기뻐하고 즐거
워하는 것이라고 말한다. 즉 인간의 감정[性情]은 사람들이 서로 간에
또는 타인이 자신에게 한 행위가 선악인지를 판단함으로써 생겨난다는
것이다.

그런데 선악을 판단하는 것은 마음의 기능이지만 그것은 사물을 관
찰하는 몸이 함께 기능함으로써 비로소 이루어진다. 그러므로 성정(감
정)에 대한 이제마의 설명은 심신은 분리되어 있지 않다는 주장으로 해
석된다. 이제마는 장부론 마지막 절에서 마음이 몸[一身]의 주재자가 되
어 바른 곳을 향하면 몸(이목비구, 폐비간신, 함억제복, 두견요둔)이 제
기능을 다할 수 있다고 결론짓는다. 따라서 이것은 마음이 몸의 주재자
라는 사실을 인정하지만 심신의 기능은 서로 분리되어 있지 않다는 주
장으로 해석해야 할 것이다.

---

20) 『맹자』, 「고자」 상 15.

23

　태소음양인(太少陰陽)의 장국단장(臟局短長)은 음양이 변화한 것이다. 천품(天稟)에 따라 이미 결정된 것은 본디 논할 것도 없지만 천품에 따라 이미 결정된 것 외에도 또한 장단점(短長)이 있으므로 천품이 완전하지 못한 자는 인사(人事)의 수/불수(修/不修)에 따라 수명[命數]도 좌우될 것이니 마땅히 삼가야 한다.

太少陰陽之臟局短長　陰陽之變化也　天稟之已定固無可論　天稟已定之外　又有短長　而不全其天稟者　則人事之修不修　而命之傾也　不可不愼也.

- 장국장단(臟局短長): 장부의 길고 짧음. 즉 장부의 장단점 또는 차이 [大小].
- 천품(天稟): 선천적으로 품부(稟賦)받음.
- 인사(人事): 인사유사(人事有四)의 인사. 천품과 대비되는 후천적인 일.
- 명(命): 명수(命數). 수명.

　이 절은 인간의 수명은 편급한 감정을 절제하는 자율적 노력이 좌우한다는 사실을 설명하고 있다. 앞서 말했듯이 인간의 체질은 선천적으로 결정되므로 타고난 장부의 대소 기능은 바뀌지 않는다. 동일한 상황에 대해 인간마다 느끼는 감정이 서로 다른 것은 이 때문이라고 할 수 있다. 그런데 이제마는 공적 또는 사적인 이해관계에 따라 생기는 편급한 감정은 체질과 관계없이 장부에 손상을 주며, 또 이러한 편급한 감정은 체질과 관계없이 절제가 가능하다는 사실을 발견한다. 따라서 인간의 수명이 인사(人事)의 수/불수에 의해 좌우된다는 것은 수명은 체질이 아닌 감정의 절제력이 결정한다는 것을 말한 것이다.

이러한 언급은 질병의 진단과 치료에 대한 이제마의 새로운 관점을 드러낸 것이라는 점에서 주목해야 한다. 앞서 지적했던 것처럼 전통 한 의학에서는 인간의 생명은 유기체적 관점에서 질병 치료의 방법을 모색 하였다. 그러나 장부 기능에 돌이킬 수없는 손상을 입히는 것은 격한 감 정이라는 사실을 발견한 이제마는 인간의 질병은 과거처럼 자연의 변화 원리로 해명하기 어려운 측면이 있다고 본 것이다. 이 때문에 그는 인간 을 음양오행의 보편 원리 대신 자율적 존재로 해명하고, 이를 토대로 질 병의 진단과 치료 방법을 모색한 것이다. 이제마 역시 인간을 유기체적 존재로 파악하지만 새로운 치료 방법을 모색한 것은 지금까지 음양오행 의 보편 원리에 기초한 사변적인 치료 방식을 벗어나려는 시도이기 때 문이다. 이것은 치료 방법이 격한 감정과 이를 절제하는 자율적 능력과 같은 검증 가능한 경험적 사실을 토대로 한다는 점에서 음양오행의 초 월적 해명과 대비된다. 이것이 사상의학을 오행 이론의 연장선상에서 해 석할 수 없는 주된 이유이다.

감정과 장부 기능은 관절처럼 연결되어 있어서 격한 감정이 사생(死 生)과 수요(壽夭)를 결정하므로 이를 반드시 알아야 한다는 앞 절과 인 사의 수/불수가 수명을 결정하므로 반드시 삼가야 한다[行]는 이 절은 지와 행으로 서로 대구를 이루고 있다. 수/불수는 물론 중절[中節: 감 정의 無過不及]을 의미한다.

24

태양인의 노정(怒情)은 한 사람의 노정으로도 모든 사람(千萬人)을 노

하게 할 것이므로 그의 노정이 모든 사람을 다룰 방법을 모른다면 반드시 모든 사람을 감당하기 어려울 것이다. 소음인의 희정(喜情)은 한 사람의 희정으로도 모든 사람을 기쁘게 할 것이므로 그의 희정이 모든 사람을 다룰 방법을 모른다면 반드시 모든 사람을 감당하기 어려울 것이다. 소양인의 애정(哀情)은 한 사람의 애정으로도 모든 사람을 슬프게 할 것이므로 그의 애정이 모든 사람을 다룰 방법을 모른다면 반드시 모든 사람을 감당하기 어려울 것이다. 태음인의 락정(樂情)은 한 사람의 락정으로도 모든 사람을 즐겁게 할 것이므로 그의 락정이 모든 사람을 다룰 방법을 모른다면 반드시 모든 사람을 감당하기 어려울 것이다.

太陽人怒 以一人之怒而怒千萬人 其怒無術於千萬人 則必難堪千萬人也 少陰人喜 以一人之喜而喜于萬人 其喜無術於千萬人 則必難堪千萬人也 少陽人哀 以一人之哀而哀千萬人 其哀無術於千萬人 則必難堪千萬人也 太陰人樂 以一人之樂而樂千萬人 其樂熊術於千萬人 則必難堪千萬人也

○ 천만인(千萬人): 최고의 수치. 모든 사람.
○ 술(術): 술책, 방법.

이 절은 앞 절에 이어서 편급한 감정의 파장은 다른 사람에게까지 영향을 주므로 반드시 절제하는 대비책이 있어야 한다는 점을 강조한 것이다. 인사를 행할 때 편급한 감정이 생기는 것은 천품이므로 어떤 의미에서 자연스러운 것이라고 할 수 있다. 그러나 편급한 감정은 자신은 물론 다른 사람의 감정까지 편급하게 한다. 따라서 절제하는 수신의 노력은 반드시 이러한 측면까지 고려되어야 한다는 것이다.

이러한 주장은 앞 절에서 설명했던 것처럼 체질은 천품으로 주어지지만 수명은 감정을 절제하는 후천적 노력이 결정한다는 주장에 근거한 것이다. 편급한 감정은 그것이 도덕 감정[性]이든 이해관계에 얽힌 사적 감정[情]이든 타인과 접촉하는 과정[人事]에서 생긴다. 따라서 절제의 노력은 자신만이 아니라 타인의 감정까지 반드시 고려되어야 한다는 것이다.

25

태양·소양인은 단지 항상 애노(哀怒)의 과도함을 경계해야 할 뿐만 아니라 억지로 희락(喜樂)을 꾸며대고 헛되게 움직여 이르지 못하게 되어서도 안 될 것이다. 만약 억지로 희락을 꾸며대 번거로운 일이 잦으면 희락이 진정(眞情)에서 나오지 않을 뿐만 아니라 애노(哀怒)도 더욱 편벽될 것이다. 태음·소음인은 단지 항상 희락(喜樂)의 과도함을 경계해야 할 뿐만 아니라 억지로 애노를 꾸며대고 헛되게 움직여 이르지 못하게 되어서도 안 될 것이다. 만약 억지로 애노를 꾸며대 번거로운 일이 잦으면 애노가 진정에서 나오지 않을 뿐만 아니라 희락도 더욱 편벽될 것이다.

太陽少陽人 但恒戒哀怒之過度 而不可强做喜樂虛動不及也 若强做喜樂而煩數之 則喜樂不出於眞情而哀怒益偏也 太陰少陰人 但恒戒喜樂之過度 而不可强做哀怒虛動不及也 若强做哀怒而煩數之 則哀怒不出於眞情而喜樂益偏也

○ 허동(虛動): 허는 진실의 반대. 실정이 없는 활동(動).

○ 번삭(煩數): 번거로움이 잦음.

이미 언급했듯이 이제마는 과도하게 발현하는 감정을 기준으로 체질을 구분했다. 이 절은 체질 구분의 기준이 되는 특별한 감정 이외의 감정, 곧 일반 감정에 관해 설명한 것이다. 태양인과 소양인은 각기 애노의 감정이 과격한 것이 그 특징이지만 과격한 감정은 장부에 손상을 주기 때문에 반드시 경계(절제)해야 한다. 그러나 희락의 감정은 억지로 절제해서는 안 된다. 애노의 기와는 다르게 희락의 기는 과격하게 발현하지 않기 때문이다. 만일 억지로 절제하면 진정한 희락의 감정이 발현하지 않을 뿐만 아니라 애노의 감정까지 편벽된다는 것이다.

마찬가지로 태음인과 소음인은 희락의 감정이 과격한 것이 그 특징이지만 과격한 희락의 감정은 장부에 손상을 주기 때문에 이를 경계해야 한다. 그러나 애노의 감정은 희락의 기와는 달리 과격하게 발현하지 않기 때문에 억지로 절제할 필요가 없다. 만일 억지로 절제하면 진정한 애노의 감정이 발현되지 않을 뿐만 아니라 희락의 감정까지 편벽되기 때문이다.

애노희락을 억지로 절제할 필요가 없다는 것은 일반 감정의 기는 과격하게 상승 또는 하강하지 않는다는 주장에 근거한 것이다. 도덕 감정(性)이나 사적 감정(情)이 발할 때 과불급[失中]을 절제해야 하는 이유는 기의 과격한 상승과 하강은 곧장 폭동·낭동(暴動·浪動)으로 이어져 장부에 손상을 주기 때문이다. 다음 절에서 말하는 중절은 물론 희노애락의 기의 과격한 상승과 하강(폭동·낭동)을 경계한 것이다.

26

희노애락이 아직 드러나지 않은 것을 일러 중(中)이라 하고, 들어나되 모두 절도(節)에 알맞은 것을 일러 화(和)라 한다. 희노애락이 아직 발동하기 전에 항상 경계하는 자는 차츰 중(中)에 가까워지는 것이 아닐까? 또 희노애락이 이미 발동한 후에도 스스로 반성하는 자는 차츰 절도(節)에 가까워지는 것이 아닐까?

喜怒哀樂之未發謂之中 發而皆中節謂之和 喜怒哀樂未發而恒戒者 此非漸近於中者乎 喜怒哀樂已發而自反者 此非漸近於節者乎

○ 중(中): 지행(知行)의 과불급(過不及)이 없음.

○ 화(和): 중(中)의 결과로서 과불급이 없는 조화로운 경지.

○ 절(節): 절도, 예절(節度, 禮節)의 절. 법도와 형식의 절제를 가리킴.

이 절은 『중용』 1장을 인용하여 중절을 통한 감정의 절제를 설명한 절이다. 여기에서 중절(中節)은 물론 "희노애락의 정(情)이 아직 발하지 않는 것(未發)을 중(中)이라 이르고, 발하여 모두 절도에 맞는 것을 화(和)"라는 『중용』 1절에서의 중절을 의미한다. 그런데 중절은 특히 남송의 주희가 희노애락을 정(情), 그 미발(未發)을 성(性)이라고 해석한 이후 유학자들에게 도덕 실현의 방법으로 간주되었다.[21] 주희에 따르면 희노애락은 정이고, 정이 발하지 않은 것[未發]은 성이다. 그런데 그가 말한 성은 곧 도덕성을 가리키므로 미발은 도덕성이 아직 발현하지 않은 것을 의미하고, 정은 이 도덕성이 발한 것[已發]을 가리킨다. 따라서 중절

---

21) 주희, 『중용장구』, 1.

의 대상은 욕구에 따른 감정의 발현이며 미발의 성은 절제의 대상이 아
니다. 성은 희노애락의 발현을 통해 감정으로 드러나지만 성 그 자체는
감정이 아니기 때문이다.

　이제마가 말한 중절 역시 『중용』에 근거한 것이지만 그는 중절[中和]
을 주희와 다르게 해석한다. 중절을 이루기 위해서는 희노애락의 감정
이 아직 발하지 않았을 때에도 경계[恒戒]가 요구된다고 보기 때문이다.
위에서 말한 바와 같이 주희의 성은 천리로 주어진 완성된 인의예지의
도덕성을 가리킨다. 이 도덕성은 기질에 구애되고 욕구에 의해 가려질
때 잘 드러나지 않을 수 있지만 이를 절제하면 본디 순선한 도덕성은
다시 회복할 수 있다는 것이 주희의 생각이다. 따라서 중절의 대상은 욕
구[遏人欲]이며, 천리로 주어진 도덕성은 절제가 아닌 보존[存天理]의 대
상이다. 그러나 이제마는 희노애락의 감정이 이미 발한 후[已發]뿐만 아
니라 발하지 않을 때[未發]에도 역시 경계[恒戒]하고 반성[自反]하는 것이
중화(中和)에 이르는 길이라고 제시한다. 미발시에도 경계해야 한다는
것은 성을 주희처럼 도덕성으로 이해하지 않았다는 것을 의미한다. 완
성된 도덕성이라면 항계(恒戒)할 이유가 없기 때문이다.

　성을 도덕성으로 해석하지 않은 이러한 관점은 앞 장 「성명론」과 연
계시켜 보면 더욱 선명하게 드러난다. 이제마는 성과 명을 혜각[지각 능
력]과 자업[행위 능력]으로 해석하고,[22] 또 지행이 쌓이면 그것이 곧 도
덕이요, 도덕이 이루어지면 그것이 곧 인성(仁聖)이므로 도덕은 다름 아
닌 지행이요, 성명이 다름 아닌 지행이라고 하였다.[23] 성명은 하늘이 부
여한 것이지만 지행이 쌓인 것이 도덕이라면 성명을 지행 능력 이상의

---

22) 「성명론」, 31-32절. 『동의수세보원초본권』에서는 성명을 지행으로 설명하였다.
23) 같은 곳, 34절.

의미로 해석하지 않는다는 것을 의미한다. 지행과 도덕, 도덕과 인성(仁聖), 성명과 지행이 모두 같은 개념이라면 성명은 완성된 도덕성이 아니라 도덕을 행하는 능력(혜각·자업)을 가리키는 개념에 지나지 않기 때문이다. 따라서 도덕을 행하는 인간의 보편 능력으로 설명하는 이제마의 성명 개념은 완성된 인의예지의 덕으로 이해되는 주희의 도덕성 개념과 구별해야 한다. 항계(恒戒)와 자반(自反)은 이러한 관점에서만 해석이 가능하다. 또한 자반도 완성의 과정을 가리키는 개념으로 해석해야 한다. 자반은 욕구 자체의 절제를 의미하는 것이 아니라 발현한 감정의 과불급을 되돌아보는 반성적 행위이기 때문이다.

다음 장 「확충론」 1절에는 항계와 자반이 중절에 이르기는 길이라고 제시한 이유가 잘 드러나 있다. 사상인은 타인들이 서로 업신여기고 속이거나 서로 돕고 보호해 주는 행위를 보고 희노애락의 감정을 느낀다. 물론 체질에 따라 반응 정도는 다르지만 감정을 일으키는 동기와 과정은 사상인 모두 다르지 않다. 그렇다면 무엇이 이러한 격한 감정을 일으키는 것일까? 이제마에 따르면 감정은 사람들이 서로 속이거나 업신여기며 서로 돕고 보호해 주는 것을 보고 난후 생겨난다. 그러므로 감정발현은 도덕이나 사적인 이해관계를 따지는 판단 이후의 일이다. 이러한 판단은 물론 도덕이나 사적 이해관계를 판단하는 보편 능력으로서의 혜각[知] 기능이 담당한다. 그러나 혜각 기능이 비록 보편능력이라 할지라도 그것은 주관적 판단 능력이므로 항상 치우칠 수 있는 가능성이 잠재되어 있다. 만일 판단이 치우친다면 감정 역시 편급하게 치우쳐 발현하기 때문에 도덕 실현[中和]은 기대할 수 없게 될 것이다. 그러므로 격한 감정을 일으키는 것은 도덕과 사적인 이해관계를 헤아리는 주관적 판단이 그 원임임을 알 수 있다.

우리는 이제마가 항계를 말한 이유를 여기에서 찾아야 한다. 인간에게 주어진 성은 도덕과 사적인 이해관계를 헤아리는 혜각 기능이며, 그것은 인의예지의 완성된 도덕성이 아니라 편급할 수 있는 주관적 판단 능력이기 때문이다. 달리 말하면 주희는 주어진 도덕성을 도덕의 원천으로 보았지만 이제마는 도덕을 판단하고 행하는 인간의 지각과 행위(지행) 능력이 그 원천이라고 본 것이다. 그러므로 중절에 대한 이제마의 해석이 주희의 해석과 다른 것은 도덕의 원천을 이해하는 관점의 차이에서 비롯된 것으로 보아야 할 것이다.

이상과 같이 이제마는 『사단론』에서 먼저 인간이 타고난 장부를 넷으로 구분하고 심신이 도덕의 원천임이라는 주장에 이어 이를 실현하는 방법으로 중절의 실천을 제시한다. 이러한 논의는 사단을 지금까지와는 다르게 해명하고 이를 바탕으로 도덕의 원천과 실현의 방식을 새롭게 제시하기 위한 것이다. 앞서 살펴보았던 것처럼 이제마는 이른바 '사심신물 사단론'이라는 새로운 사단론을 제시한다.[24] 사심신물 사단은 모언시청(貌言視聽), 변사문학(辨思問學), 굴방수신(屈放收伸), 지담려의(志膽慮意)의 네 가지 능력이 심신에 갖추어져 있다는 것을 말한다. 변사문학과 굴방수신은 심신에 갖추어진 지행 능력이고, 모언시청과 지담려의는 사물을 향한 신심의 지행 능력을 가리킨다. 좀 더 세분하면 모언시청과 지담려의는 사물을 지각하고 행하는 외적 능력을 가리키고 변사문학과 굴방수신은 사물을 분별하고 판단하는 내적 능력을 가리킨다. 물론 이 구분은 독자의 이해를 돕기 위한 필자의 설명이며 이제마의 의도와는 다르다. 이제마는 심을 신의 주재자로 말하면서도 심신을 분리시켜 이

---

24)『유략』, 1-9.

해하지 않기 때문이다.

사심신물 사단은 물론 성명으로 부여받은 혜각[知]과 자업[行]의 능력을 구체적으로 설명한 것이다. 따라서 성명론과 종합해 보면 이제마는 인간이 부여받은 성명을 주희처럼 완성된 도덕성(천리)이 아니라 도덕을 판단하고 행하는 능력으로 간주하고 있음을 알 수 있다. 이것은 성명과 도덕을 이해하는 중요한 변화라 할 수 있다. 천리로 주어진 도덕성을 보존하는 방식이 아니라 인간이 스스로 도덕을 판단하고 행하는 자율적 방식으로의 선회를 의미하기 때문이다. 요컨대 그는 새로운 사단론을 전개하고 도덕 감정의 미발시나 이발시에 항계[恒戒]와 자반[自反]을 중절의 방식으로 제시함으로써 도덕 실현에 대한 초월적 사변의 방식을 벗어나려고 한 것이다. 이러한 의미에서 이제마의 사단은 성리학적 전통에서 드러나는 사변적 방식을 벗어나 경험에 근거를 둔 새로운 사단론으로 이해해야 한다.

제3장
확충론(擴充論)

확충은 본래 『맹자(孟子)』의 "나에게 있는 사단을 다 넓혀 채울[擴而充之] 줄 알면 마치 처음 불이 타오르며 샘물이 처음 솟아나는 것과 같다"[1]라는 구절에서 유래한 개념으로 사단 심의 확충을 의미한다. 그러나 「장부론」에 앞서 전개한 이제마의 「확충론」은 사단 심의 확충을 의미하지 않는다. 그의 「확충론」은 유학의 핵심 주제인 성명과 사단을 재구성하여 사상의학 이론의 철학적 근거를 세운 다음, 이를 다시 확장시켜 「장부론」의 이론적 근거를 마련하기 위한 것이기 때문이다. 따라서 「확충론」은 맹자의 확충보다는 전통적인 장부 이론과는 다른 새로운 이론적 근거를 제시기 위해 전개한 장이라는 측면에서 이해되어야 한다. 「확충론」은 전통 한의학이 음양오행을 기초로 이론화한 것과는 달리 유학에 기초를 두면서도 경험의 관점에서 재구성한 인간의 지행 능력과 장부와의 관계를 다루고 있기 때문이다.

「확충론」에 담긴 「장부론」의 이론적 근거를 검토하기 위해서 우리는 먼저 한의학 이론의 형성 과정을 살펴볼 필요가 있다. 한의학 이론의 형성 과정은 「확충론」에 담긴 「장부론」의 이론적 근거와의 차이를 잘 드러내 주기 때문이다. 잘 알려진 것처럼 중국의 의학은 매우 오랜 역사를 갖고 있다.[2] 그러나 중국의 의학이 의학으로서 이론적 체계를 갖춘 것

---

1) 『맹자』, 「공손추」 상 6.
2) 林殷, 『한의학과 유교문화의 만남』, 문재곤 역 (서울: 예문서원, 1999), 26쪽. 중

은 일반적으로 음양오행설 등장 이후로 추정한다. 음양오행설은 『춘추좌씨전』과 『서경』에 처음 등장하지만 이를 하나의 원리로 삼아 학설을 세운 사람은 전국 시대의 추연(鄒衍)이다.3) 그리고 한대(漢代)에 이르러 동중서(董仲舒)는 천명론과 음양오행설을 하나로 묶고 음양가들처럼 천인 간에는 일정한 연관이 있어서 서로 감응하여 그 의지가 전달된다는 천인 감응설을 제시하였다.4) 한의학이 일정한 이론체계를 갖춘 시기를 진·한 교체기 이후로 추정하는 것은 이러한 음양오행설 출현 사실에 근거한 것이다.

한의학 이론을 대표하는 『내경(內經)』은 음양가는 물론 도가, 유가, 참위설 등 여러 학설을 받아들여 저자의 관점에서 체계화한 것으로 알려져 있다.5) 이것은 한의학이 여러 학설을 받아들이면서 한의학 이론화에 적합한 사상이나 이론을 취하여 일정하게 체계를 갖추게 되었다는 것을 의미한다. 음양오행설은 예언이나 길흉을 말함으로써 사상계를 어지럽힌 것으로 평가되기도 하지만,6) 그러한 평가에 관계없이 한의학 이론 형성에 결정적 역할을 한 것으로 본다. 한의학은 여러 사상을 흡수했지만 이론의 틀은 음양오행설을 중심으로 형성되었기 때문이다. 한의학이 수용한 음양오행설은 정치·윤리적 측면을 배제하고 오직 물질적 개념과 사물 사이의 상호 연관을 표현하는 방식만을 수용한다. 『내경』에서 인체의 생리와 병리의 변화, 그리고 임상의 진료와 치료를 오행의 상생

국의 의학 경험은 『예기』「곡례」에 기록된 '삼세의학(三世醫學)'에 근거하여 상고시대부터 전해 온 것으로 추정한다.

3) 勞思光, 『중국철학사』, 한당편, 정인재 역 (서울: 탐구당, 1987), 21쪽. 『사기(史記)』에 따르면 추연은 음양 오덕(오행)으로 정권의 변화를 해석했다.

4) 林殷, 『한의학과 유교문화의 만남』, 48쪽.

5) 같은 책, 42쪽.

6) 勞思光, 『중국철학사』, 22쪽.

상극으로 설명한 것은 자신들의 오랜 의학 경험을 오행설로 재구성하여 이론화한 것이라고 할 수 있다.[7] 이후 음양오행은 한의학 이론의 한 부분이 되었고, 나아가 한의학을 상징하는 개념으로서의 지위를 차지하게 된다.[8]

오운육기설(五運六氣說) 역시 음양오행설을 기초로 재구성한 한의학 이론이다. 그러나 운기설은 질병 치료의 근거를 해석하기 위해 쓰이는 음양오행설과는 구분된다. 운기설은 천인합일 사상을 근거로 생겨난 의학 이론으로서 한의학에서만 쓰이며, 질병의 외적 원인을 찾아 질병 발생의 객관적 법칙을 탐구하고 예측하기 위한 이론이기 때문이다. 따라서 운기설은 음양오행설을 기초로 이루어졌지만 그 내용과 활용 방법은 음양오행설과 완전히 같은 것이라고 할 수 없다.[9]

이러한 운기설은 특히 송나라 이후 다른 의학지식을 능가하는 위치를 차지하게 된다. 『내경』에 의하면 한의학 이론 형성 초기에는 인체의 외부로부터 생리·병리 현상을 관찰 대상으로 하면서 동시에 인체 내부의 장기 조직에 대한 해부도 함께 진행했다. 그러나 당시의 해부학 수준은 장기 관찰 능력과 생리 기능을 관찰하는 능력이 부족했으며, 설령 관찰 능력이 있다고 하더라도 원인에 대한 치료 수단을 찾는다거나 생명체의 병변(病變) 상황을 이해하는 것은 불가능했다. 따라서 해부학에서 임상 연구 효과를 얻지 못한 한의학은 음양오행설을 사유 방법으로 끌어들여 객관적 관찰 능력의 부족과 치료 방법의 한계를 극복하려고 했다.[10]

해부학 대신 음양오행설을 선택한 한의학은 천지인(天地人)과 인체의

---

7) 龍伯堅, 『황제내경개론』, 백정의·최일범 역 (서울: 논장, 1988), 120쪽 참조.
8) 같은 책, 48쪽.
9) 같은 책, 117쪽.
10) 林殷, 『한의학과 유교문화의 만남』, 209쪽.

장부, 사지백해(四肢百骸), 오관구규(五官九竅)가 모두 상호 영향을 준다
는 커다란 구조로 체계화함으로써 생명 현상에 대한 연구를 밖으로부터
안으로 진행했다. 당시의 연구자들은 형(形)을 기(氣)가 모여서 이루어진
것으로 인식했는데, 그들의 해부학 수준은 형에 대한 연구가 부족했기
때문에 '형'을 버리고 '기'를 찾고 유기적 정체(整體) 자연관으로 새로운
한의학 이론의 체계화를 도모했다.[11] 그들은 사계절의 기후 변화 규율
이 인체에 미치는 영향을 인정했는데, 인체의 기혈은 사계절에 나타나
는 오운육기의 성쇠에 따라 변하고, 이러한 변화는 진맥을 통해 측정가
능하다고 생각했다. 이를 근거로 그들은 운기를 병기(病氣)의 연구와 처
방 용약의 선택과 연결시킨 것이다. 요컨대 병의 진단과 용약의 핵심은
병기가 보이는 음양과 허실의 성질을 분별한 후에야 비로소 정확한 치
료를 할 수 있다고 본 것이다.[12]

　한의학은 이상과 같이 오랜 의학 경험을 음양오행설에 기초하여 설
명하고 이론화한다. 물론 그들의 관심은 음양오행설 자체가 아니라 임
상 문제의 해결과 이론의 정립에 관한 것이었다. 그러나 한의학은 이처
럼 음양오행에 근거를 두고 있기 때문에 그 이론은 태생적으로 추상적 성
격을 지닌다. 기(氣)의 변화가 인체에 미치는 영향을 인정하더라도 음양오
행설에 근거한 상생상극의 설명은 여전히 사변적 방식이기 때문이다.

　그러나 사상의학은 한의학의 음양오행설적 논의를 일체 수용하지 않
는다. 물론 사상의학도 인간을 유기체적 존재로 이해하지만 질병의 진
단과 치료를 위해 자연의 변화 원리를 인간에게 적용시켜 해명하는 방
식은 취하지 않는다. 사상의학은 음식이나 풍한서습(風寒暑濕)과 같은 자

---

11) 같은 곳.
12) 같은 책, 215-18쪽 참조.

연의 변화가 인간에게 미치는 영향보다도 사물을 지각하고 행하는 과정
에서 발현한 감정이 장부 기능에 더 큰 영향을 준다는 관점에서 발병의
요인을 찾기 때문이다. 이러한 변화는 한의학 이론의 '코페르니쿠스적
전회'라고 할 수 있다. 사상의학은 질병의 원인 규명과 치료 방식을 음양
오행에 근거한 추상적 사변적 방식에서 경험에 근거한 검증 가능한 방
식으로 선회함으로써 의학 이론의 근본적인 변화를 시도했기 때문이다.

　사상의학을 의학 이론의 근간이 변화된 것으로 보는 핵심적 이유는
오직 유학을 이론의 기초로 한다는 점도 있지만 유학의 핵심적 문제에
대한 설명을 초월적인 논의 대신 검증 가능한 경험적 방식으로 선회하
고 있다는 사실에 근거한 것이다. 이미 설명했듯이 이제마는 유학의 핵
심 주제인 성명과 사단을 리기론의 초월적 논의가 아닌 경험적 관점에
서 재해석한다. 그는 성명을 하늘에서 부여받은 혜각과 자업, 즉 지각과
행위 능력[知行]으로 해명할 뿐 리기론적 해석을 일체 배제한다. 이것은
인간이 알 수 있는 것은 지행 능력을 선천적으로 부여받는다는 사실일
뿐이며, 그것이 천리와 같은 보편 원리인지는 알 수 없다는 주장으로 해
석된다. 그가 사단을 '사심신물 사단론', 즉 모언시청(貌言視聽), 변사문
학(辨思問學), 굴방수신(屈放收伸), 지담려의(志膽慮意)로 재구성한 것은 이
러한 해석을 뒷받침한다.[13] 변사문학과 굴방수신은 마음과 몸에 갖추어
진 지각과 행위능력을, 모언시청과 지담려의는 사물을 향한 몸과 마음
의 지각과 행위 능력을 설명한 것이다. 인간이 부여받은 성명은 지행 능
력[혜각 /자업]이며, 그 구체적인 모습이 곧 심신에 갖추어진 사심신물
사단이라는 주장이다.

　이것은 성리학에서 성명과 사단을 인간에게 천리로 주어진 인의예지

---

13) 『유략』, 1 사물장 9.

의 도덕성으로 설명하여 도덕의 원천으로 파악한 것과 정면으로 배치되는 해석이다. 그의 해명에 따르면 도덕은 천리로 곧장 주어지는 것이 아니라 인간에게 주어진 사심신물 사단이 도덕 판단과 행위를 행한 이후에 이루어진다. 이제마가 "지행이 쌓이면 그것이 도덕이요, 도덕이 이루어지면 그것이 곧 인성(仁聖)이므로 도덕이 다름 아닌 지행이요, 성명이 다름 아닌 지행"이라고 한 것은 곧 도덕 실현에 대한 그의 생각을 명확하게 드러낸 것이다.[14]

이러한 사실로 미루어보면 「확충론」은 이제마의 관점에서 재해석한 「성명론」과 「사단론」의 확장임을 의심할 수 없다. 또한 「장부론」 역시 이제마가 재구성한 사심신물 사단, 즉 지행 능력의 발현을 근거로 형성되었다는 것을 알 수 있다. 이러한 지행 능력은 천기를 살피고 인사를 행하는 과정을 통해 이루어지며, 이 과정에서 애노희락의 성정, 즉 감정이 발현하는 데 손상의 정도는 체질에 따라 각기 다르지만 이때 격동한 감정이 장부 기능에 손상을 주게 된다. 이제마가 발병의 원인을 풍한서습(風寒暑濕)이나 음식보다도 마음의 편착에 두는 것은 이 때문이다.[15] 사상의학 이론이 경험적이며, 한의학과는 다른 이론이라는 이유가 여기에 있다. 따라서 「확충론」과 「장부론」은 마땅히 경험적 관점에서 해석되어야만 이해가 가능할 것이다.

1

태양인은 애성(哀性)은 멀리 흩어지지만(遠散) 노정(怒情)은 촉박하여

---

14) 「성명론」, 34절.
15) 「의원론」, 5절.

급하다.(促急) 애성이 멀리 흩어진다는 것은 태양인의 귀가 천시(天時)를 살필 때 뭇 사람들이 서로 속임을 애처롭게 여기는 것이므로 애성이란 다름 아니라 듣는 것이다. 노정이 촉박하여 급하다는 것은 태양인의 비(脾)가 교우(交遇)를 맺을 때 남이 자기를 업신여기는 것을 노여워하는 것이므로 노정이란 다름 아니라 화를 내는 것이다. 소양인은 노성(怒性)은 넓게 감싸 안아주지만(宏抱) 애정(哀情)은 촉박하여 급하다. 노성이 넓게 감싸 안아준다는 것은 소양인의 눈이 세회(世會)를 살필 때 뭇 사람들이 서로 업신여김을 노엽게 여기는 것이므로 노성이란 다름 아니라 보는 것이다. 애정이 촉박하여 급하다는 것은 소양인의 폐(肺)가 사물(事務)를 처리할 때 남이 자기를 속이는 것을 슬퍼하는 것이므로 애정이란 다름 아니라 슬퍼하는 것이다. 태음인은 희성(喜性)은 퍼지지만(廣張) 락정(樂情)은 촉박하여 급하다. 희성이 넓게 퍼진다는 것은 태음인의 코가 인륜(人倫)을 살필 때 뭇 사람들이 서로 돕는 것을 기쁘게 여기는 것이므로 희성이란 다름 아니라 냄새를 맡는 것이다. 락정이 촉박하여 급하다는 것은 태음인의 신(腎)이 거처(居處)를 다스릴 때 남이 자기를 보호해 줌을 즐거워하는 것이니 락정이란 다름 아니라 즐거워하는 것이다. 소음인은 락성(樂性)은 매우 강하지만(深確) 희정(喜情)은 촉박하여 급하다. 락성이 매우 강하다는 것은 소음인의 입이 지방(地方)을 살필 때 뭇 사람들이 서로 보호해 줌을 즐겁게 여기는 것이므로 락성이란 다름 아니라 맛보는 것이다. 희정이 촉박하여 급하다는 것은 소음인의 간(肝)이 당여(黨與)에 관여할 때 남이 자기를 돕는 것을 기뻐하는 것이므로 희정이란 다름 아니라 기뻐하는 것이다.

太陽人哀性遠散而怒情促急　哀性遠散者　太陽之耳察於天時而哀衆人之相欺也

哀性非他聽也 怒情促急者 太陽之脾行於交遇而怒別人之侮己也 怒情非他怒也 少陽人怒性宏抱而哀情促急 怒性宏抱者 少陽之目察於世會而怒衆人之相侮也 怒性非他視也 哀情促急者 少陽之肺行於事務而哀別人之欺己也 哀情非他哀也 太陰人喜性廣張而樂情促急 喜性廣張者 太陰之鼻察於人倫而喜衆人之相助也 喜性非他嗅也 樂情促急者 太陰之臀行於居處而樂別人之保己也 樂情非他樂也 少陰人樂性深確而喜情促急 樂性深確者 少陰之口察於地方而樂衆人之相保也 樂性非他味也 喜情促急者 少陰之肝行於黨與而喜別人之助己也 喜情非他喜也

이 절은 「성명론」 1절, 2절, 3절, 5절과 「사단론」 10절을 통합하여 재구성한 것이다. 재구성은 이 절이 「성명론」과 「사단론」을 기초로 전개한 것이며 과거 한의학이나 또는 다른 이론이 개입되지 않았다는 것을 명시한 것이다. 앞에서 보았듯이 「성명론」 1절과 2절은 인간이 천기와 인사의 사상구조 안에 존재한다는, 그리고 3절과 5절은 인간의 몸에는 이러한 사상구조를 인식하는 지각과 행위 능력이 갖추어져 있다는 설명이다. 이목비구가 천기를 보고 듣고 냄새 맡고 맛보며, 폐비간신이 인사를 통달 취합 정립 안정케 한다는 것은 인간의 몸(이목비구, 폐비간신)에 이러한 기능이 내재되어 있다는 것을 의미한다.

여러 차례 말했듯이 이것은 유가의 전통적인 몸 이해와는 다른 주장이다. 맹자가 몸을 물욕에 이끌리는 기관이라고 말한 이후 유가에서는 몸은 언제나 물욕에 빠져 악행을 행하는 원천으로 인식하였다. 따라서 "마음이 몸을 주재한다"는 유가의 명제에는 "마음이 악행의 원천인 몸의 욕구를 절제 한다"는 의미로 이해되었다. 물론 이제마 역시 마음이 몸을 주재한다는 전통적인 관점을 계승한다.16) 따라서 몸이 천기와 인

---

16) 「장부론」, 17절.

사를 지각하고 행한다고 한 것은 몸이 모든 사유 기능을 담당한다는 의미가 아니라 마음의 주재를 받아 지각하고 행한다는 것으로 해석된다. 그러나 주목할 것은 몸이 사물을 지각하고 행하다고 주장한 점이다. 이것은 '몸은 사유와 무관하다'는 지금까지의 통념을 뒤엎는 중요한 변화이기 때문이다.

이상과 같이 이제마는 몸 역시 사물을 인식하는 주체로 이해한다. 그리고 애노희락의 감정은 몸이 사물을 인식하는 과정에서 생기는 것으로 설명한다. 감정은 이목비구가 천기를 살피는 과정과 폐비간신이 인사를 행하는 과정에서 생기는데, 이들 감정에는 차이가 있다. 다음 네 개의 표는 그 차이가 무엇인지를 쉽게 설명해 준다.

〈표 1〉

태양인	이		천시	애	중인 상기(衆人相欺)
소양인	목	찰(察)	세회	노	중인 상모(衆人相侮)
태음인	비		인륜	희	중인 상조(衆人相助)
소음인	구		지방	락	중인 상보(衆人相保)

〈표 2〉

태양인	애성(원산)/哀性(遠散)		청야(聽也)
소양인	노성(굉포)/怒性(宏抱)	비타(非他)	시야(視也)
태음인	희성(광장)/喜性(廣張)		후야(嗅也)
소음인	락성(심확)/樂性(深確)		미야(味也)

먼저 <표 1>과 <표 2>는 성(性)의 발현에 대해 설명한 것이다. <표

2>는 발현의 모습에 차이가 있지만(원산, 굉포, 광장, 심확) 사상인의 성
은 모두 듣고, 보고, 냄새 맡고, 맛보는 것 즉 오관의 지각활동을 통해
드러남을 설명한 것이다. 그리고 <표 1>은 성은 이목비구가 천기를 살
필 때 감정(애노희락)이 드러나는데, 사람들이 서로 속이고, 업신여기며,
돕고, 보호해 주는 것이 발현[性]의 원인임을 설명한 것이다.

다음 <표 3>과 <표 4>는 정(情)의 발현을 설명한 것으로서 성 발현
과의 차이를 보여 준다.

〈표 3〉

태양인	비		교우(交遇)	노	별인 모기(別人侮己)
소양인	폐	행(行)	사무(事務)	애	별인 기기(別人欺己)
태음인	신		거처(居處)	락	별인 보기(別人保己)
소음인	간		당여(黨與)	희	별인조기(別人助己)

〈표 4〉

태양인	노정(怒情)			노야(怒也)
소양인	애정(哀情)	촉급(促急)	비타(非他)	애야(哀也)
태음인	락정(樂情)			락야(樂也)
소음인	희정(喜情)			희야(喜也)

<표 3>과 <표 4>는 정(情)의 발현에 대해 설명한 것이다. <표 4>는
정은 모두 촉급에서 발현하며 정은 모두 노애락희의 감정임을 설명한
것이다. 그리고 <표 3>은 사상인의 정은 모두 폐비간신이 인사를 행할
때 드러나는데, 다른 사람이 자신을 업신여기고, 속이며, 보호해 주고

도와주는 것이 발현(情)의 원인임을 설명한 것이다.

이상의 설명에 근거하면 성정을 이해하는 이제마의 변화된 시각은 대략 세 가지로 정리할 수 있다. 첫째, 이제마는 성리학에서처럼 '성(性)을 곧 천리[理]'로 이해하지 않는다. 이제마는 성을 애노희락의 성(감정)이라 하고, 이러한 성은 이목비구가 천기를 살필 때 사람들이 서로 속이고, 업신여기며, 돕고, 보호해 주는 것을 지각한 이후에 생겨난다고 한다. 이것은 이제마가 성을 선천적 보편 원리로 이해하지 않는다는 것을 분명히 한 것이다. 성은 감정으로 드러나며, 인간관계를 살피는 과정에서 생기는 후천적 감정에 지나지 않기 때문이다.

둘째, 이제마는 성과 정을 도덕 감정과 사적 감정으로 이해한다. 이제마는 정(情)도 역시 인간관계에서 느끼는 애노희락의 감정으로 설명한다. 성과 정은 이처럼 모두 감정이지만 정은 성과 발현의 원인이 다르다. 정은 타인들의 인간관계가 아니라 타인과 자신의 이해관계에서 생기는 감정이기 때문이다. 따라서 성과 정은 모두 감정이지만 도덕 감정과 사적 감정으로 구분할 수 있다. 성은 사적 이해관계가 개입되지 않은 순수한 도덕 판단에 따른 감정이기 때문이다.

셋째, 이제마는 '인간관계의 좋고 나쁨을 판단'하는 지행 능력을 도덕의 원천이라고 이해한다. 유가에서는 하늘이 선을 지향하는 성품을 인간에게 부여했기 때문에 도덕의 원천은 인간이 아니라 하늘에 있다고 생각한다. 따라서 도덕 행위는 하늘이 준 도덕성(인의예지)이 그 준거라고 믿는다. 이 때문에 그들은 인간의 의지나 판단이 아니라 도덕성[인의예지]을 자각하고 따르는 것이 도덕에 이르는 길이라고 생각한다. 그리고 부귀 추구에 대한 욕구를 도덕 실현을 방해하는 요소로 생각하여 욕구 제거를 도덕 실현의 방법이라고 생각한다.

그러나 이제마는 하늘이 인간에게 성을 부여한다는 것은 수용하지만 성을 초월적인 것으로 이해하지 않는다. 이제마는 인간의 감정은 서로 속이고, 업신여기며, 돕고, 보호해 주는 데에서 발현한다는 사실을 발견한다. 이에 근거하면 이제마는 '인간관계의 좋음[옳음]과 나쁨[그름]'에 대한 지각을 도덕의 원천으로 이해한다는 사실을 알 수 있다. 타인들의 행위에 대한 지각이 감정 발현의 원인이라는 사실은 사적 이해관계가 없는 도덕 감정을 의미하기 때문이다. 따라서 그는 도덕은 하늘이 준 도덕성(천리)이 아니라 사물 즉 사람들의 행위를 지각하고 행하는 능력(혜각 자업)이라고 파악한다. 그가 지행과 도덕, 그리고 성명을 같은 개념으로 말한 것은 이 때문이다.[17] 요컨대 이제마는 '인간관계의 좋고 나쁨을 판단'하는 인간의 지행 능력을 도덕의 원천으로 이해한다.

이상의 몇 가지 변화에서 우리가 주목해야 할 것은 도덕의 원천에 대한 새로운 해명이다. 이제마 역시 성을 하늘이 준 것이라는 유학의 정신을 계승하지만 그것은 지각 능력(혜각)에 지나지 않는다. 이 지각 능력은 천기와 인사를 살피고 행하는 사회적 관계 속에서 발휘되는데, 타인들의 행위를 본 이후에 비로소 애노희락의 감정으로 그 모습을 드러낸다. 그러나 이 애노희락의 감정은 사적 이해관계가 개입되지 않은 도덕 판단에 따른 성의 발현이기 때문에 사적 이해관계에 따라 발하는 정과 구별된다. 따라서 성은 도덕 감정을 의미하며, 도덕의 원천은 지각 능력으로서의 성이 사람들의 도덕 행위 여부를 판단하고 행하는 데 있다는 것을 알 수 있다. 이제마의 성을 천리 즉 선천적인 도덕성(인의예지)으로 해석할 수 없는 이유가 여기에 있다.

이제마는 사적 감정만이 아니라 이러한 도덕 감정까지 장부 기능에

---

17) 「성명론」, 34절.

영향을 미친다는 사실을 의료 경험을 통해 발견한다. 감정이 발현하면 애노희락의 기(氣)가 장부에 주입되는데, 이 기의 순동과 역동에 따라 장부의 기능도 순역으로 작용한다. 물론 체질에 따라 감정은 다르게 발현하는 특징이 있지만, 장부가 주입되는 기의 순역에 영향을 받는 것은 다르지 않다.

　다만 감정이 폐비간신에 손상을 준다는 이제마의 설명을 이해하는 데에는 혼동하기 쉬운 부분이 있다. 그것은 체질을 구분하는 폐비간신의 대소 개념과 실제 손상을 받는 장부와의 관계에 대한 설명이다. 「사단론」 10절에서는 "태양인의 노정이 촉급하면 기가 간을 격동(激動)시켜 간을 더욱 상하게[削]할 것"이라고 하였는데, 이 절에서는 "태양인의 비(脾)가 교우(交遇)를 맺을 때 남이 자기를 업신여기는 것을 노여워하는 것"으로 설명했다. 앞에서는 태양인의 노정(怒情)이 촉급하면 간이 상한다고 하였는데, 왜 여기서는 노정을 간(肝)이 아닌 비(脾)를 관련시켜 설명하는 것일까?

　이 의문을 해소하기 위해서는 「사단론」 11절, 그리고 13절~17절까지를 다시 검토해야 한다. 11절에서 이제마는 폐비간신의 기를 직신(直伸), 율포(栗包), 관완(寬緩), 온축(溫畜)으로 설명했는데, 직신과 율포는 폐기와 비기의 상승 운동을, 그리고 관완과 온축은 간기와 신기의 하강 운동을 가리킨다. 폐는 위완(胃脘) 부위, 비는 위(胃) 부위, 간은 소장(小腸) 부위, 신은 대장(大腸) 부위를 가리키는데,[18] 위완은 상승(上升), 위는 정축(停畜), 소장은 소도(消導), 대장은 하강(下降)의 힘으로 기능한다.[19] 이제마는 한의학과 달리 폐비간신의 위치를 상초, 중상초, 중하초, 하초로

---

18) 「장부론」, 1절.
19) 같은 곳. 10절.

구분했는데,20) 이 구분은 폐비간신의 상하 위치와 함께 상승 하강하는 운동의 차이를 설명하기 위한 것이다.21) 그리고 13절에서는 애노희락의 기 역시 상승 하강 운동으로 설명했는데, 직승(直升)과 횡승(橫升)은 애기와 노기의 상승을 그리고 방강(放降)과 함강(陷降)은 희기와 락기의 하강을 가리키는 개념이다. 이처럼 이제마는 장부와 감정을 모두 상하 운동, 즉 폐비와 애노의 기는 상승하고 간신과 희락의 기는 하강하는 것으로 설명한다. 폐비간신과 애노희락을 기의 상승하강 운동으로 설명하는 장부 이론은 한의학의 장부 이론과의 차이를 이해하는 관건이라는 점에서 매우 중요하다. 사상의학의 장부 이론은 음양오행의 상생상극 논리가 아닌 감정이 장부에 미치는 영향이라는 실증적 사실에 근거하기 때문이다.

따라서 앞서 제기한 의문을 해소하기 위해서는 감정이 장부에 미치는 관계에 대한 이제마의 언급을 살펴보아야 한다. 이제마는 14절에서 상승하는 애노의 기가 과다하면 하초가 상하고, 하강하는 희락의 기가 과다하면 상초가 상한다고 하였고, 15절과 16절에서는 애노와 희락의 기가 순동(順動)하면 각기 상승하고 하강하지만 역동(逆動)하면 애노의 기가 함께 튀어 오르기 때문에 중하초의 간신이 상하고 희락의 기 역시 함께 출렁이며 내려오기 때문에 폐비가 상한다고 하였다. 노정(怒情)을 간이 아닌 비와 관련시킨 이유를 이들 설명에서 찾아야 한다. 폐비간신의 기는 직신 율포 관완 온축하는 것이 본래의 모습인데, 직신 율포는 상승을 관완 온축은 하강 운동을 가리킨다. 그리고 애노희락의 기도 직승 횡승 방강 함강하는 것이 본래의 모습인데 직승 횡승은 상승을 방강 함강은 하강하는 모습을 가리킨다. 따라서 태양인의 경우 애성이 원산

---

20) 같은 곳, 1절.
21) 「사단론」, 11절.

[순동]하면 애기가 직승하여 폐로 주입되므로 문제가 발생하지 않는다. 그러나 노정이 촉급하는 경우는 사정이 다르다. 노기(怒氣)는 본래 횡승(橫升)하는 데 촉급하면 애기(哀氣)와 함께 직승하게 된다[並於上]. 이처럼 노기가 직승하여 비기(脾氣) 역시 곧게 뻗어 오르게 되면[直而伸] 반대 부위에 있는 간기(肝氣)가 영향을 받아 느리게 하강(寬緩)하지 못하게 된다. 그렇게 되면 허리와 옆구리[腰脅]가 조였다 풀렸다[迫蕩]를 반복하여 안정을 얻지 못하므로 간이 상하게 된다는 것이다. 말하자면 태양인은 노정이 촉급하면 요협(腰脅)에 위치한(중하초) 간이 압박을 받기 때문에 손상을 입게 된다는 것이다. 마찬가지로 소양인의 애정(哀情)이 촉급하면 척곡(脊曲)에 위치한(하초) 신이, 소음인의 희정(喜情)이 촉급하면 흉액(胸腋)에 위치한(중상초) 비가, 태음인의 락정(樂情)이 촉급하면 등(背顀)에 위치한(상초) 폐가 손상을 입게 된다.[22] 요약하면 애노의 정이 촉급하면 폐비(상초/중상초)의 기 역시 과다하게 상승하여 반대편에 위치한 간신(중하초/하초)의 기가 순동하지 못하기 때문에 손상을 입는다는 것이다. 희락의 정이 촉급한 경우도 마찬가지다. 이것이 노정이 촉급하면 비가 아닌 간이 손상을 받는 이유이다.

2

　태양인의 귀는 천시(天時)에 넓게 통할 수 있지만 태양인의 코는 인륜(人倫)에 넓게 통하지 못한다. 태음인의 코는 인륜에 넓게 통할 수 있지만 태음인의 귀는 천시에 넓게 통하지 못한다. 소양인의 눈은 세회(世會)에 넓게 통할 수 있지만 소양인의 입은 지방(地方)에 넓게 통하

---

22) 「사단론」, 17절.

**지 못한다. 소음인의 입은 지방에 넓게 통할 수 있지만 소음인의 눈은
세회에 넓게 통하지 못한다.**

太陽之耳能廣博於天時 而太陽之鼻不能廣博於人倫 太陰之鼻能廣博於人倫 而
太陰之耳不能廣博於天時 少陽之目能廣博於世會 而少陽之口不能廣博於地方 少
陰之口能廣博於地方 而少陰之目不能廣博於世會

○ 광박(廣博): 학문과 식견(見識)의 넓음. 박은 박통(博通).

이 절은 사상인의 몸(이목비구)이 천기를 살피는 데 널리 통할 수 있
는 측면과 그렇지 못한 측면이 있음을 설명한 것이다. 천기를 살피는 몸
기능에 대한 설명이라는 점에서 이 절은 앞 절의 연속 또는 보완 설명
이라 할 수 있다. 이해를 돕기 위해 설명을 재구성하여 표로 그려보면
아래와 같다.

		광박(廣博)	불능광박(不能廣博)
(태)양인	폐대/간소	귀/천시	코/인륜
(소)양인	비대/신소	눈/ 세회	입/지방
(태)음인	간대/폐소	코/인륜	귀/천시
(소)음인	신대/비소	입/지방	눈/세회

표가 보여 주듯이 양인(太/小陽人)의 귀와 눈은 천시와 세회에 널리 통
하지만[博通] 코와 입은 인륜과 지방에 통하지 못하고, 반대로 음인[太/
小陰人]의 코와 입은 인륜과 지방에 널리 통하지만 귀와 눈은 천시와 세

회에 널리 통하지 못한다. 즉 널리 통하고 통하지 못하는 이목비구의 기능은 선천적이지만 양인과 음인에게 상반되게 주어진다.

그런데 이목비구의 박통하는 기능은 장부 기능의 근간이 된다는 점에 주목해야 한다. 「사단론」 10절과 앞 절에서 보았듯이 이목비구는 천기를 살필 때 사람들이 서로 속이고 업신여기며, 서로 돕고 보호해 주는 것을 애노희락한다. 이것은 애노희락의 성이 순동(順動: 원산, 굉포, 광장, 심확)한 것인데, 박통하는 이목비구의 기능이 작용한 결과로 보아야한다. 양인의 순동한 애노의 기는 상승하여 상초/중상초에 위치한 폐비로 주입되고, 음인의 순동한 희락의 기는 하강하기 때문에 중하초/하초에 위치한 간신으로 주입되어 이들을 더욱 성하게 하기 때문이다. 따라서 애노희락의 성이 순동하지 못한 것은 이목비구의 널리 통하지 못한기능 때문이라는 것을 알 수 있다.

여기에서 우리는 이목비구의 박통하는 기능이 장부 기능의 근간이라는 사실을 알 수 있다. 장부(폐비간신)는 애노희락의 기가 주입되어 기능하지만, 애노희락의 기는 이목비구의 기능이 있어야만 가능하기 때문이다. 다시 말하면 장부는 단순히 애노희락의 기의 상승 하강 운동에 의해 기능하지 않는다. 장부는 이목비구와 폐비간신, 그리고 애노희락의 감정이 통일체를 형성하여 작용하기 때문이다.

3

태양인의 비(脾)는 교우(交遇)에 날쌔게 통합(勇統)할 수 있지만 태양인의 간(肝)은 당여(黨與)에 바르게 서지(雅立) 못한다. 소음인의 간(肝)은 당여에 바르게 설수 있지만 소음인의 비는 교우에 날쌔게 통합하지

못한다. 소양인의 폐는 사무(事務)에 빠르게 통달(敏達)할 수 있지만 소양인의 신(腎)은 거처(居處)에 항상 안정(恒定)하지 못한다. 태음인의 신은 거처에 항상 안정할 수 있지만 태음인의 폐는 사무에 빠르게 통달하지 못한다.

太陽之脾能勇統於交遇 而太陽之肝不能雅立於黨與 少陰之肝能雅立於黨與 而少陰之脾不能勇統於交遇 少陽之肺能敏達於事務 而少陽之腎不能恒定於居處 太陰之腎能恒定於居處 而太陰之肺不能敏達於事務

○ 용통(勇統): 날쌔게 통합(統合)함.

○ 아립(雅立): 아(雅)는 바름(正). 바르게 섬.

○ 민달(敏達): 빠르게 통달함.

○ 항정(恒定): 항상 안정됨.

이 절은 폐비간신에 인사를 잘 살피고 잘 살피지 못하는 기능이 있음을 설명한 것이다. 사상인의 이러한 기능 차이를 표로 그려보면 아래와 같다(「확충론」 1절과 「성명론」 5절 참조).

		능(能)		불능(不能)	1절(참고)
태양인	비	용통 교우	간	아립 당여	행어교우 노별인지모기 (行於交遇怒別人之侮己)
소양인	폐	민달 사무	신	항정 거처	행어사무 애별인지기기 (行於事務哀別人之欺己)
태음인	신	항정 거처	폐	민달 사무	행어거처 락별인지보기 (行於居處樂別人之保己)
소음인	간	아립 당여	비	용통 교우	행어당여 희별인지조기 (行於黨與喜別人之助己)

　표에 따르면 양인[太/小陽人]의 비폐는 교우·사무에 용통·민달하지만 [能] 간신은 당여·거처에 능하지 못하고, 반대로 음인[太/小陰人]의 신간은 거처·당여에 항정·아립하지만 폐비는 사무·거처에 능하지 못한다. 능하고 능하지 못하는 폐비간신의 기능은 양인과 음인이 서로 상반적이지만 이들은 모두 선천적 기능이다.

　앞 절과 이 절의 표가 보여 주듯이 이목비구와 폐비간신의 기능에 대한 이제마의 해명에는 두 가지 특징이 있다. 첫째, 천기를 살피고 인사를 행하는 이목비구의 기능은 양인과 음인이 서로 상반된다. 양인은 천기 가운데 천시와 세회를 살피는 이목의 기능이 광박하고, 인사 가운데 사무와 교우를 행하는 폐비의 기능이 능하다. 반면에 음인은 천기 가운데 인륜과 지방을 살피는 비구의 기능이 광박하고, 인사 가운데 당여와 거처를 행하는 간신의 기능이 능하다. 둘째, 이목비구와 폐비간신의 기능은 상승 하강하는 애노희락의 기의 운동으로 드러난다. 이목비구와 폐비간신이 천기와 인사를 살피고 행할 때 애노희락의 성이 순동하면 애노의 기는 상승하여 상/중상초에 위치한 폐비로 주입되고, 희락의 기는 하락하여 중하초/하초에 위치한 간신으로 주입된다.

　사상의학의 장부론은 이목비구와 폐비간신의 기능에 대한 이러한 이해를 근거로 전개된다. 장부 기능을 오장에 오행을 배치시키고 상생상극으로 설명하는 대신 이목비구와 폐비간신의 기능 그리고 애노희락의 감정이 통일체를 형성하여 작용하는 것으로 설명하기 때문이다. 사상의학은 한의학처럼 인간을 유기체적 관점에서 이해하지만 음양오행론에 근거한 장부 이론은 수용하지 않은 것이다. 그리고 사상인의 체질 구분 역시 음양 오행론에 근거한 방식과 다르다. 사상인은 장부 기능의 대소를 기준으로 구분한 새로운 체질 분류이기 때문이다.

4

태양인의 청력은 천시(天時)에 넓게 통할 수 있으므로 태양인의 신(神)은 두뇌에 충족하여 폐(肺)로 돌아가는 것이 많고, 태양인의 후각은 인륜(人倫)에 넓게 통하지 못하므로 태양인의 혈(血)은 허리(腰脊)에 충족하지 못하여 간(肝)으로 돌아가는 것이 적다. 태음인의 후각은 인륜(人倫)에 넓게 통할 수 있으므로 태음인의 혈은 허리(腰脊)에 충족하여 간으로 돌아가는 것이 많고, 태음인의 청각은 천시(天時)에 넓게 통하지 못하므로 태음인의 신(神)은 두뇌에 충족하지 못하여 폐로 돌아가는 것이 적다. 소양인의 시각은 세회(世會)에 넓게 통할 수 있으므로 소양인의 기(氣)는 등[背膂]에 충족하여 비(脾)로 돌아가는 것이 많고, 소양인의 미각은 지방(地方)에 넓게 통하지 못하므로 소양인의 정(精)은 방광(膀胱)에 충족하지 못하여 신(腎)으로 돌아가는 것이 적다. 소음인의 미각은 지방(地方)에 넓게 통할 수 있으므로 소음인의 정은 방광(膀胱)에 충족하여 신으로 돌아가는 것이 많고, 소음인의 시각은 세회(世會)에 넓게 통하지 못하므로 소음인의 기(氣)는 등[背膂]에 충족하지 못하여 비(脾)로 돌아가는 것이 적다.

太陽之聽能廣博於天時 故太陽之神充足於頭腦而歸肺者大也 太陽之嗅不能廣博於人倫 故太陽之血不充足於腰脊而歸肝者小也 太陰之嗅能廣博於人倫 故太陰之血充足於腰脊而歸肝者大也 太陰之聽不能廣博於天時 故太陰之神不充足於頭腦而歸肝者小也 少陽之視能廣博於世會 故少陽之氣充足於背膂而歸脾者大也 少陽之味不能廣博於地方 故少陽之精不充足於膀胱而歸腎者小也 少陰之味能廣博於地方 故少陰之精充足於膀胱而歸腎者大也 少陰之視不能廣博於世會 故少陰之氣不充足於背膂而歸脾者小也

○ 두뇌(頭腦): 머리[頭].

○ 요척(腰脊): 허리[腰].

○ 배려(背膂): 어깨[肩].

○ 방광(膀胱): 볼기[臀].

　　이목비구 대신 청시후미(聽視嗅味) 개념을 사용하고 있지만 이목비구는 형태를, 청시후미는 기능을 표현하는 개념이다. 그리고 두뇌(頭腦), 배려(背膂), 요척(腰脊), 방광(膀胱)은 「성명론」 9절에서 말한 두견요둔(頭肩腰臀)의 구체적 이름이다. 이 절은 「사단론」 10절과 「확충론」 1절의 보충설명이기도 하지만 이목비구와 폐비간신이 천기와 인사를 살피고 행하는 과정에서 생기는 애노희락의 감정이 장부에 어떻게 접목되어 기능하게 되는지 그 과정을 설명한 것이다.

　　「사단론」 10절에서 보았듯이 애노희락의 성은 천기를 살필 때 생기는 감정인데 순동(원산, 굉포, 광장, 심확)하면 기가 폐비간신으로 주입된다. 그런데 이 절에서는 폐비간신으로 주입되는 기를 다시 신기혈정(神氣血精)으로 구분한다. 즉 이목비구가 천기를 살피되[聽視嗅味] 널리 통할 수 있으므로 신기혈정이 두뇌, 배려, 요척, 방광에 충족하여 폐비간신으로 돌아가는 것이 많다고 하였다. 신기혈정이 각기 두뇌, 배려, 요척, 방광으로 주입되는 것은 애노의 기는 상승(직승, 횡승)하고 희락의 기는 하강(방강, 함강)하기 때문이다. 따라서 신기혈정은 기의 상승 하강 운동을 기준으로 구분한 기의 다른 이름이라는 것을 알 수 있다. 다만 신은 기보다도 더 경청(輕情)한 것이고, 정은 혈보다도 더 질중(質重)한 것이다. 그러므로 주입되는 기의 부위는 신-폐(두뇌), 기-비(배려), 혈-간(요척), 정-신(방광)이라는 관계가 성립된다.

그런데 신기혈정은 기를 세분화한 개념 이상의 의미를 함축한다는 데 주목해야만 한다. 이미 여러 차례 언급했듯이 기는 애노희락의 성이 발현할 때 생기는 것으로서 사람들의 행위에 대해 옳고 그름을 판단하는 도덕 감정으로 드러난다. 따라서 신기혈정은 기를 세분화한 개념이기도 하지만 동시에 도덕 행위를 판단하는 정신활동을 가리키는 개념으로 해석할 수 있다. 신기혈정의 기가 몸에 충만할 때 옳고 그름을 판단하는 정신 작용이 이루어지며, 이 정신 작용은 도덕 감정을 통해 발현하기 때문이다. 여기에서 우리는 이제마가 몸과 마음은 하나가 되어 작용하며, 정신작용은 몸 기능을 통해 이루어진다는 입장을 확인할 수 있다.

필자가 지금까지 이제마는 심신을 분리해 이해하지 않았고, 또 몸에 천기와 인사를 살피고 행하는 기능이 있는 것으로 보았다고 한 해석은 모두 이 절의 설명에 근거한 것이다. 이제마는 몸에 주어진 능력(혜각·자업)이 사물(천기·인사)을 인식하는 과정에서 옳고 그름을 판단하고 행동하는 정신활동이 이루어지며, 동시에 도덕을 판단하는 이러한 정신활동은 기(신기혈정)가 몸(두뇌, 배려, 요척, 방광)에 충만함으로써 작용한다는 사실을 발견한 것이다. 이제마는 이러한 사실을 자신의 의료경험을 통해 발견하고 이론화함으로써 상생상극에 근거한 장부 이론을 극복하고 새로운 장부 이론을 전개할 수 있게 된 것이다.

5

태양인의 노(怒)는 교우(交遇)에 날쌔게 통합(勇統)할 수 있으므로 교우할 때 (남들이 자기를) 업신여기지 않으나(不侮) 태양인의 희(喜)는 당여(黨與)에 바르게 서지(雅立) 못하므로 당여에서 (남들이 자기를) 업신

여긴다. 그러므로 태양인의 폭노(暴怒)는 교우에 있지 않고 반드시 당여에 있다. 소음인의 희(喜)는 당여에 바르게 설 수 있으므로 당여에 (남들이 자기를) 돕지만(助) 소음인의 노(怒)는 교우에 날쌔게 통합하지 못하므로 교우할 때 (남들이 자기를) 돕지 않는다.(不助) 그러므로 소음인의 랑희(浪喜)는 당여에 있지 않고 반드시 교우에 있다. 소양인의 애(哀)는 사무(事務)에 빠르게 통달(敏達)할 수 있으므로 사무에 (남들이 자기를) 속이지 않으나(不欺) 소양인의 락(樂)은 거처(居處)에 항상 안정(恒定)하지 못하므로 거처에서 (남들이 자기를) 속인다. 그러므로 소양인의 폭애(暴哀)는 사무에 있지 않고 반드시 거처에 있다. 태음인의 락(樂)은 거처에 항상 안정(恒定)할 수 있으므로 거처에서 (남들이 자기를) 보호하지만(保) 태음인의 애는 사무에 민달하지 못하므로 사무에서 (남들이 자기를) 보호하지 않는다.(不保) 그러므로 태음인의 랑락(浪樂)은 거처에 있지 않고 반드시 사무에 있다.

太陽之怒能勇統於交遇故交遇不侮也　太陽之喜不能雅立於黨與故黨與侮也　是故太陽之暴怒不在於交遇而必在於黨與也　少陰之喜能雅立於黨與故黨與助也　少陰之怒不能勇統於交遇故交遇不助也　是故少陰之浪喜不在於黨與而必在於交遇也　少陽之哀能敏達於事務故事務不欺也　少陽之樂不能恒定於居處故居處欺也　是故少陽之暴哀不在於事務而必在於居處也　太陰之樂能恒定於居處故居處保也　太陰之哀不能敏達於事務故事務不保也　是故太陰之浪樂不在於居處而必在於事務也

이 절은 인사를 행할 때 촉급한 감정의 출처를 설명한 것인데, 1절에서 말한 감정의 촉급(暴怒, 暴哀, 浪樂, 浪喜)을 보완 설명한 것이다. 앞서 지적했던 것처럼 감정의 발현은 순동과 역동의 상반된 두 가지 방향이 있는데, 촉급은 역동을 의미한다. 순동과 역동의 차이를 표로 만들어 비교하면 다음과 같다.

〈표 1〉 순동

태양인	비	행어교우(行於交遇)	노별인지모기야(怒別人之侮己也)
	노	능용통어교우(能勇統於交遇故)	교우불모야(交遇不侮也)
소양인	폐	행어사무(行於事務)	애별인지기기야(哀別人之欺己也)
	애	능민달어사무(能敏達於事務故)	사무불기야(事務不欺也)
태음인	신	행어거처(行於居處)	락별인지보기야(樂別人之保己也)
	락	능항정어거처(能恒定於居處故)	거처보야(居處保也)
소음인	간	행어당여(行於黨與而)	희별인지조기야(喜別人之助己也)
	회	능아립어당여(能雅立於黨與故)	당여조야(黨與助也)

〈표 2〉 역동

태양인	회	불능아립어당여(不能雅立於黨與)	고당여모야(故黨與侮也)
	폭노(暴怒)	부재어교우(不在於交遇而)	필재어당여야(必在於黨與也)
소양인	락	불능항정어거처(不能恒定於居處)	고거처기야(故居處欺也)
	폭애(暴哀)	부재어사무(不在於事務而)	필재어거처야(必在於居處也)
태음인	애	불능민달어사무(不能敏達於事務)	고사무불보야(故事務不保也)
	랑락(浪樂)	부재어거처(不在於居處而)	필재어사무야(必在於事務也)
소음인	노	불능용통어교우(不能勇通於交遇)	고교우불조야(故交遇不助也)
	랑희(浪喜)	부재어당여(不在於黨與而)	필재어교우야(必在於交遇也)

먼저 <표 1>을 보면 태양인의 노정(怒情)은 교우에서 남들이 자기를 업신여길 때 발하는데, 태양인은 인사를 행할 때, 특히 교우에 용통하므로 남들이 업신여기지 않아 폭노(暴怒)할 여지가 없다. 마찬가지로 소양인의 애정(哀情)은 사무에서 남들이 자기를 속일 때 발하는데, 소양인은 인사를 행할 때, 특히 민달하므로 남들이 속이지 않아 폭애(暴哀)할 여지가 없다. 태음인의 락정(樂情)은 거처에서 남들이 자기를 보호해 줄 때 발하는데, 태음인은 인사를 행할 때, 특히 항정(恒定)하므로 남들이 자기를 보호하여 락정이 순동한다. 소음인의 희정(喜情)은 당여에서 남들이 자기를 도와줄 때 발하는데, 소음인은 인사를 행할 때, 특히 아립하기 때문에 남들이 자기를 도와주어 희정이 순동한다.

그러면 촉급할 때 발하는 역동의 기는 어디에서 생기는 것일까? 1절에서 태양인의 노정은 비(脾)가 교우를 맺을 때 남이 자기를 업신여기는 것을 노여워하는 것이라고 하였는데, 이 절에서 태양인은 교우에 용통하지만 당여에 아립하지 못하므로 폭노(暴怒)는 교우가 아닌 당여에 있다고 하였다. 모순되어 보이지만 노정의 출처가 교우가 아닌 당여에 있다는 것을 분명하게 보여 준다. 교우에 용통하지만 당여에 아립하지 못한 것은 태양인의 타고난 성정(性情)이 외향적[欲進/欲爲雄]이어서 내적인 당여에 능하지 못하기 때문이다.[23] 따라서 태양인의 노정은 교우를 맺을 때 생기지만 교우에서는 용통하므로 남이 자기를 업신여기지 않는다. 그렇지만 당여에서는 교우에 능하지 못하여 남에게 업신여김을 당하기 때문에 폭노가 당여에 있다는 것이다.

소양인의 성정(性情) 역시 외향적[欲擧/外勝]이어서 사무에 민달하지만

---

23) 「확충론」 7절과 8절에서 태양인의 성정은 항상 전진하려 하고 후퇴하려 하지 않으며, 수컷이 되고자 하고 암컷이 되고자 하지 않는다고 하였다.

거처에 항정(恒定)하지 못하기 때문에 거처에서 남이 자기를 속인대[欺己]. 그러므로 폭애(暴哀)는 사무가 아닌 거처에서 생긴다. 그러나 태음인의 성정은 내향적[欲靜/內守]이어서 거처에서 안정하지만 사무에 민달하지 못하므로 사무에서 남이 자기를 보호해 주지 않는다. 그러므로 랑락(浪樂)은 거처가 아닌 사무에서 생긴다는 것이다. 그리고 소음인의 성정 역시 내향적[欲處/欲爲雌]이어서 당여에서 아립하지만 교우에 용통하지 못한다. 그러므로 교우에서 남이 자기를 도와주지 않으니 랑희[浪喜]는 당여가 아닌 교우에서 생긴다.

6

태양인의 교우(交遇)는 노(怒)로 다스릴 수 있지만 당여(黨與)를 노(怒)로 다스려서는 안 된다. 만일 노(怒)를 당여에 옮기면 당여에 보탬이 없을 뿐만 아니라 간(肝)을 상(傷)하게 된다. 소음인의 당여(黨與)는 희(喜)로 다스릴 수 있지만 교우(交遇)를 희(喜)로 다스려서는 안 된다. 만일 희(喜)를 교우에 옮기면 교우에 보탬이 없을 뿐만 아니라 비(脾)를 상하게 된다. 소양인의 사무(事務)는 애(哀)로 다스릴 수 있지만 거처(居處)를 애(哀)로 다스려서는 안 된다. 만일 애(哀)를 거처에 옮기면 거처에 보탬이 없을 뿐만 아니라 신(腎)을 상하게 된다. 태음인의 거처(居處)는 락(樂)으로 다스릴 수 있지만 사무(事務)를 락(樂)으로 다스려서는 안 된다. 만일 락(樂)을 사무에 옮기면 사무에 보탬이 없을 뿐만 아니라 폐(肺)를 상하게 된다.

太陽之交遇可以怒治之 而黨與不可以怒治之也 若遷怒於黨與則無益於黨與而

肝傷也 少陰之黨與可以喜治之 而交遇不可以喜治之也 若遷喜於交遇則無益於交遇而脾傷也 少陽之事務可以哀治之 而居處不可以哀治之也 若遷哀於居處則無益於居處而腎傷也 太陰之居處可以樂治之 而事務不可以樂治之也 若遷樂於事務則無益於事務而肺傷也

　이 절은 앞 절의 연속으로서 촉급한 감정(폭노, 폭애, 랑락, 랑희)이 장부 손상의 원인임을 설명한 것이다. 양인은 애노의 감정으로 사무·교우(외적 관계)를 다스릴 수 있지만 만일 당여·거처(내적 관계)를 다스리면 간신이 상하고, 반대로 음인은 희락의 감정으로 당여·거처를 다스릴 수 있지만 만일 사무·교우를 다스리면 폐간이 상한다는 것이다. 상세한 설명은 없지만 양인은 사무·교우에는 용통하지만 당여·거처에는 아립하지 못하기 때문이며, 반대로 음인은 당여·거처에는 아립하지만 사무·교우에는 용통하지 못하기 때문이다.

　장부가 상하는 관계는 기의 상승 하강 운동으로 설명할 수 있다. 양인의 경우 애노의 감정은 상승하는 것이 본래의 보습인데, 이들은 당여·거처에 아립하지 못한다. 이 때문에 애노의 감정 역시 상승하지 못하여 중하초/하초에 위치한 간신이 상한다. 그리고 음인의 경우 희락의 감정은 하강하는 것이 본래의 모습인데, 이들은 사무·교우에 용통하지 못한다. 이 때문에 희락의 감정 역시 하강하지 못하여 상초/중상초에 위치한 폐비가 상하게 된다.

　이 절에서도 역시 인사, 성정, 장부가 서로 연결되어 심신이 하나로 작용하고 있음을 확인할 수 있다. 장부는 수곡(水穀)을 받아들여 각기 생명을 이어가는 기능을 하지만 이들이 원인이 되어 제 기능을 하지 못하고 발병하는 경우도 있다. 따라서 음식이나 풍한서습(風寒暑濕) 등 인간을 둘러싼 외적 환경을 발병의 주요 원인으로 지목할 수 있다. 그러나 이제마는 이러한 외적 환경보다도 사물(천기·인사)을 접한 심신의 작용이 발병의 근본 원인이라고 진단한다. 사물을 접한 후 생기는 희노애락의 감정은 심신이 작용한 결과 발현하기 때문이다. 즉 심신의 작용은 감정의 상승 하강 운동으로 드러나는데, 이 때 순동하지 못한 역동의 감정이 장부를 격동시켜 반대 부위에 있는 장부를 상하게 하므로 발병하게 된다는 것이다. 이처럼 심신의 작용과 감정의 순역 운동은 곧장 장부 기능으로 이어지기 때문에 그는 성명, 사단, 성정, 장부를 혼연(渾然)한 것으로 인식한 것이다. 상생상극의 추상적 논리를 이제마의 장부 이론에 적용할 수 없는 이유가 여기에 있다.

7

태양인의 성기(性氣)는 항상 전진하려고 하지만 후퇴하려고 하지 않는다. 소양인의 성기는 항상 거동하려고 하지만 그만두려고 하지 않는다. 태음인의 성기는 항상 고요하려고 하지만 움직이려고 하지 않는다. 소음인의 성기는 항상 머물려고 하지만 밖으로 나가려고 하지 않는다.

太陽之性氣恒欲進而不欲退 少陽之性氣恒欲擧而不欲措 太陰之性氣恒欲靜而不欲動 少陰之性氣恒欲處而不欲出

○ 성기(性氣): 태양인의 애성(哀性), 소양인의 노성(怒性), 태음인의 희성(喜性), 소음인의 락성(樂性).[24]

---

24) 「사단론」, 10절 참조.

○ 항욕(恒欲): 본질적 욕구.

성기(性氣)는 몸(이목비구)이 천기를 살필[聽視嗅味] 때 생기는 애노희락의 기로서 사상인의 본질적 감정을 가리킨다. 구체적으로 말하면 태양인의 성기는 '사람들이 서로 속이는 것을 애처롭게 여기는 감정[哀衆人之相欺]' 즉 애성(哀性)이다. 그런데 애성의 기는 폐기(肺氣)로서 '직이신(直而伸)'하므로 항상 전진하려 하고 후퇴하려 하지 않는다. 소양인의 성기는 '사람들이 서로 업신여기는 것을 노여워하는 감정[怒衆人之相侮]' 즉 노성(怒性)이다. 그런데 노성의 기는 비기(脾氣)로서 '율이포(栗而包)'하므로 항상 거동하려 하고 그만 두려고 하지 않는다. 태음인의 성기는 '사람들이 서로 돕는 것을 기쁘게 여기는 감정[喜衆人之相助]' 즉 희성(喜性)이다. 그런데 희성의 기는 간기(肝氣)로서 '관이완(寬而緩)'하므로 항상 고요하려 하고 움직이려고 하지 않는다. 소음인의 성기는 '사람들이 서로 보호해 주는 것을 즐거워하는 감정[樂衆人之相保]' 즉 락성(樂性)이다. 그런데 락성의 기는 신기(腎氣)로서 '온이축(溫而畜)'하므로 항상 머물려고 하고 밖으로 나가려 하지 않는다.

사상인의 성기는 이처럼 차이가 있지만 전체적으로 보면 다시 양인과 음인의 차이로 구분해 볼 수 있다. 태양인과 소양인의 애성과 노성은 동적[進/動]이지만 태음인과 소음인의 희성과 락성은 정적[靜/處]이기 때문이다.

8

태양인의 전진은 그 역량이 전진하게 하지만 스스로 자신의 재주를

돌이켜 보되 장엄하게 하지 않으면 전진할 수 없을 것이다. 소양인의 거동은 그 역량이 가히 거동하게 하지만 스스로 자신의 힘을 돌이켜 보되 확고하게 하지 않으면 거동할 수 없을 것이다. 태음인의 정숙함은 그 역량이 가히 정숙하게 하지만 스스로 자신의 지혜를 돌이켜 보되 주밀(周)하게 하지 않으면 정숙할 수 없을 것이다. 소음인의 머무름은 그 역량이 가히 머무르게 하지만 스스로 자신의 지모(智謀)를 돌이켜 보되 넓히려고 하지 않으면 머무를 수 없을 것이다.

太陽之進量可而進也 自反其材而不莊不能進也 少陽之擧量可而擧也 自反其力而不固不能擧也 太陰之靜量可而靜也 自反其知而不周不能靜也 少陰之處量可而處也 自反其謀而不弘不能處也

○ 진(進): 전진, 추진.
○ 장(莊): 장엄(莊嚴). 경조(輕燥)의 반대 개념.
○ 고(固): 굳셈. 유약(柔弱)의 반대 개념.
○ 주(周): 허술하지 않고 찬찬함. 주밀(周密). 조략(粗略)의 반대 개념.
○ 모(謀): 지모(智謀), 지략(智略).
○ 홍(弘): 광대(廣大).

이 절은 앞 절의 성기(性氣)에 대한 보완 설명이다. 성기(性氣)가 비록 선천적인 것이라 하더라도 반성적 성찰(自反)이 없다면 진거정처(進擧靜處)의 타고난 기를 발현할 수 없다는 것이다. 이것은 타고난 성기(性氣)가 반드시 순동하지 않는다는 것을 의미한다. 성기는 반드시 자신을 반성적으로 성찰한 후 장고주모(莊固周謀)의 노력이 있어야만 정상적인 발현이 가능하기 때문이다.

이러한 의미에서 성기는 보편 원리가 아니라 자율적 개념으로 이해되어야 한다. 태양인의 성기는 진취적이지만 스스로 장엄하지 못하고 경조(輕燥)하면 전진하지 못한다. 소양인의 성기는 행동적이지만 스스로 굳세지 못하고 유약하면 거동하지 못한다. 또한 태음인의 성기는 정숙하지만 스스로 주밀하지 못하고 조략(粗略)하면 정숙할 수 없다. 소음인의 성기는 안정되지만 스스로 지모(智謀)를 넓히지 못하면 바르게 처신하지 못한다.

성기는 이처럼 선천적 성품을 가리키면서도 반성적 성찰이 전제되어 있는 개념이다. 따라서 성명, 사단 등 다른 개념도 그러하지만 성기를 성리학적 관점에서 해석하는 것은 재고되어야 한다. 성기는 선천적 성품을 가리키는 개념이지만 동시에 장고주모(莊固周謀)의 후천적 노력을 통해 발현되는 경험적 개념이기 때문이다.

9

태양인의 정기(情氣)는 항상 수컷이 되고자 하지만 암컷이 되고자 하지 않는다. 소음인의 정기는 항상 암컷이 되고자 하지만 수컷이 되고자 하지 않는다. 소양인의 정기는 항상 밖에서 뛰어나고자 하지만 안에서 지키고자 하지 않는다. 태음인의 정기는 항상 안에서 지키고자 하지만 밖에서 뛰어나고자 하지 않는다.

太陽之情氣恒欲爲雄而不欲爲雌 少陰之情氣恒欲爲雌而不欲爲雄 少陽之情氣恒欲外勝而不欲內守 太陰之情氣恒欲內守而不欲外勝

○ 정기(情氣): 태양인의 노정(怒情), 소양인의 애정(哀情), 태음인의 락
  정(樂情), 소음인의 희정(喜情).[25)]

○ 웅(雄): 남성성. 강인(强靭).

○ 자(雌): 여성성. 유약(柔弱).

성기(性氣)에 이어 정기(情氣)를 설명한 것은 감정의 두 측면을 설명하
기 위한 것이다. 「사단론」 10절에서 밝혔듯이 성정은 모두 감정을 가리
키는 개념이지만 성은 천기를 살필 때 드러나는 도덕 감정을, 정은 인사
를 행할 때 드러나는 사적 감정을 가리킨다. 따라서 성기는 사람들이
서로 속이고 업신여기며 서로 돕고 보호해 주는 것에 대해 애노희락
하는 감정으로 드러나지만, 정기는 남이 자기를 업신여기고 속이며,
보호해 주고 도와주는 것에 대해 노애락희하는 감정으로 드러내는 차
이가 있다. 성기와 정기는 물론 순동하는 공적 감정과 사적 감정을 가
리킨다.

사상인의 정기 역시 양인과 음인이 갖고 있는 선천적 능력의 차이에
서 비롯된 것이다. 태양인과 소양인의 정기는 항상 수컷이 되고자 하거
나 밖에서 뛰어나고자 하지만 태음인과 소음인은 항상 안에서 지키고자
하거나 암컷이 되고자 한다. 즉 양인의 정기는 밖으로[爲雄/外勝] 드러나
고자 하지만 안으로[爲雄/外勝] 드러내려 하지 않으며, 반면 음인의 정기
는 안으로[內守/爲雌] 드러내고자 하지만 밖으로[爲雄/外勝] 드러내고자
하지 않는다. 이것은 교우와 사무에서 용통하고 민달하는 양인의 선천
적 능력과 거처와 당여에서 항정(恒定)하고 아립하는 음인의 선천적 능
력이 드러난 것이다.

---

25) 같은 곳 참조.

10

태양인은 비록 수컷 되기를 좋아하지만 또한 암컷 되는 것도 좋을 것이다. 만일 오로지 수컷 되기만을 좋아한다면 방종(放縱)하는 마음이 반드시 지나칠 것이다. 소음인은 비록 암컷 되기를 좋아하지만 또한 수컷이 되는 것도 좋을 것이다. 만일 오로지 암컷 되기를 좋아한다면 안일함(偸逸)을 꾀하는 마음이 반드시 지나칠 것이다. 소양인은 비록 밖에서 뛰어나기를 좋아하지만 또한 안에서 지키는 것도 좋을 것이다. 만일 오로지 밖에서 뛰어나기만을 좋아한다면 사사로운(偏私) 마음이 반드시 지나칠 것이다. 태음인은 비록 안에서 지키기를 좋아하지만 또한 밖에서 뛰어난 것도 좋을 것이다. 만일 오로지 안에서 지키기만 좋아한다면 반드시 물욕(物慾)을 추구하는 마음이 지나칠 것이다.

太太태陽之人雖好爲雄亦或宜雌 若全好爲雄則放縱之心必過也 少陰之人雖好爲雌亦或宜雄 若全好爲雌則偸逸之心必過也 少陽之人雖好外勝亦宜內守 若全好外勝則偏私之心必過也 太陰之人雖好內守亦宜外勝 若全好內守則物慾之心必過也

- ○ 방종(放縱): 거리낌 없이 마음대로 행동함.
- ○ 투일(偸逸): 안일한 것만을 구하는 것.
- ○ 편사(偏私): 특정인에게만 호의(好意)를 보임. 「사단론」 2절에는 식사(飾私)로 되어 있음.
- ○ 물욕(物慾): 「사단론」 2절에서는 극욕(極慾)으로 되어 있음.

이 절은 「사단론」 2절과 앞 절을 합하여 타고난 정기에 따르더라도 마음이 치우칠 수 있음(편급)을 경계한 것이다. 사상인은 각기 정기[爲雄/外勝/內守/爲雌]를 타고났지만 오직 정기만 따르기 좋아하면 방종(放縱), 투일(偸逸), 편사(偏私), 물욕(物慾)의 마음이 반드시 지나치게 되기 때문이다.

「사단론」 2절에 의하면 편급한 마음은 인의예지를 버릴 때 생겨난다. 교우할 때 남들이 자기를 업신여기는 것을 노여워하는 것[怒情]은 곧 태양인의 정기(情氣)로서 수컷이 되고자 하는 마음[爲雄之心]이다. 이 때 수컷이 되고자 하는 마음만 따르고 예를 버리면[棄禮] 방종하는 마음[放縱之心]이 지나치게 된다. 사무를 행할 때 남이 자기를 속이는 것을 슬퍼[哀情]하는 것은 소양인의 정기로서 밖에서 뛰어나기를 좋아하는 마음[外勝之心]이다. 이 때 밖에서 뛰어나고자 하는 마음만 따르고 지를 버리면[棄智] 사사로운 마음[偏私之心]이 지나치게 된다. 그리고 거처에서 남들이 자기를 보호해 주는 것을 즐거워하는 것[樂情]은 것은 태음인의 정기로서 안에서 지키기를 좋아하는 마음[內守之心]이다. 이 때 안에서 지키고자 하는 마음만 따르고 인을 버리면[棄仁] 물욕의 마음[物慾之心]이 지나치게 된다. 마지막으로 당여에서 남들이 자기를 도와주는 것을 기뻐하는 것[喜情]은 소음인의 정기로서 암컷이 되고자 하는 마음[爲雌之心]이다. 이 때 암컷이 되고자 하는 마음만 따르고 의를 버리면[棄義] 안일한 마음[偸逸之心]이 지나치게 된다.

여기에서 우리는 이제마가 도덕의 원천인 인의예지를 과거와는 달리 경험적 관점에서 해석하고 있음을 알 수 있다. 인의예지를 버릴 때 편급한[放縱/偏私/物慾/偸逸] 마음이 생긴다면 인사를 행할 때 생기는 편급[不中節]은 타고난 정기가 곧 중절의 행위가 아님을 의미한다. 다시 말하면 타고난 정기라 하더라도 인의예지를 지키는 중절의 노력이 있어야만 정

기의 정상적인 발현이 가능하게 된다는 것이다. 이로써 보면 인의예지
는 도덕 실현을 위해 반드시 요구되는 경험적 과정임을 알 수 있다. 따
라서 인의예지를 이해하는 이제마의 관점은 성리학의 초월적 해석과 구
분해야만 한다. 인의예지는 하늘이 인간에게 부여한 도덕성이 아니라 타
고난 정기를 실현하는 과정에서 중절을 위해 요구되는 것이기 때문이다.

11

태양인은 비록 지극히 어리석더라도 그 성품은 명확하여 사람을 맞
아들이는 듯하고, 비록 지극히 못났더라도 사람들의 선악(善惡)을 또한
분별할 줄 안다. 소양인은 비록 지극히 어리석더라도 그 성품은 포용력
이 커서 사람을 법도에 따르게 하는 듯하고, 비록 지극히 못났더라도
사람들의 지우(知愚)를 또한 분별할 줄 안다. 태음인은 비록 지극히 어
리석더라도 그 성품은 뛰어나 사람을 가르치며 유도해 내는 듯하고, 비
록 지극히 못났더라도 사람들의 부지런함과 게으름(勤惰)을 또한 가려
낼 줄 안다. 소음인은 비록 지극히 어리석더라도 그 성품은 평탄[평범]
하여 사람들을 달래며 따르도록 하는 듯하고, 비록 지극히 못났더라도
사람들의 능함과 능하지 못함(能否)을 또한 분별해 낼 줄 안다.

太陽人雖至愚其性便便然猶延納也 雖至不肖人之善惡亦知之也 少陽人雖至愚
其性恢恢然猶式度也 雖至不肖人之知愚亦知之也 太陰人雖至愚其性卓卓然猶敎
誘也 雖至不肖人之勤惰亦知之也 少陰人雖至愚其性坦坦然猶撫循也 雖至不肖人
之能否亦知之也.

○ 변변연(便便然): 분명한 말솜씨. 명확하게 말하는 모양.

○ 연납(延納): 느릿느릿 늦추어 줌. 기한보다 늦게 납입함.

○ 회회연(恢恢然): 넓고도 큰 포용력. 넓고 큰 모양.

○ 식도(式度): 법도를 따름.

○ 탁탁연(卓卓然): 높고 큰 모양. 우뚝 솟아 있는 의연한 모습.

○ 교유(教誘): 잘 달래어 가르침[教導].

○ 탄탄연(坦坦然): 넓고 평평한 모양. 남보다 월등함이 없는 모양. 평범함.

○ 무순(撫循): 사랑하여 쫓음. 달래주며 따르게 함.

이 절은 사상인은 비록 우매하고 못난 사람이라 하더라도 다른 사람의 선악과 지우(善惡/知愚) 그리고 근나와 능부(勤懶/能否)를 가릴 줄 아는 기본적인 지행 능력이 있다는 것을 설명한 것이다. 우/불초(愚/不肖)는 타고난 지각과 행위 능력의 부족함을 가리키는 개념인데, 비록 이러한 차이가 있더라도 모든 사람은 지행 능력을 갖고 태어난다는 것이다. 선악과 지우를 안다[知]는 것은 사람들의 지각능력을 분별할 줄 안다는 것이고, 근나와 능부를 안다는 것은 사람들의 행위 능력을 분별할 줄 안다는 것이다.

변변(便便)함이 맞아들이는(延納) 것과 같다는 것은 태양인의 천시를 살피는 지각능력이 광박(廣博)하여 예를 아는 모양[知禮之象]을 설명한 것이고, 회회(恢恢)함이 법도를 따르는(式度) 것과 같다는 것은 소양인의 세회를 살피는 지각능력이 광박하여 지를 아는 모양[知智之象]을 설명한 것이다. 그리고 탁탁(卓卓)함이 가르치고 유도하는(教誘) 것과 같다는 것은 태음인의 인륜을 살피는 지각능력이 광박하여 인을 아는 모양[知仁之象]을 설명한 것이며, 탄탄(坦坦)함이 달래서 따르도록 하는(撫循) 것과 같다는 것은 소음인의 지방을 살피는 지각능력이 광박하여 의를 아는 모양[知義之象]을 설명한 것이다.

그리고 태양인이 사람들의 선악을 아는 것은 태양인의 비(脾)가 교우에 날쌔게 통합(勇統)하기 때문이고 소양인이 사람들의 지우(知愚)를 아는 것은 소양인의 폐가 사무에 빠르게 통달(敏達)하기 때문이다. 그리고 태음인이 사람들의 근면하고 나태함[勤懶]을 아는 것은 태음인의 신(腎)이 거처에 항상 안정(恒定)하기 때문이고 소음인이 사람들의 능력이 있고 없음[能否]을 아는 것은 소음인의 간(肝)이 당여에서 바르게 서기[雅立] 때문이다.

12

태양인은 교우(交遇)에 삼가는 까닭에 항상 생소한 사람과 교우하는 것을 근심 걱정(慮患)하는 노심(怒心)이 있다. 이 마음은 떳떳하게 타고난 경심(敬心)에서 나오므로 지선(至善)하지 않음이 없으나 당여(黨與)에서 경박(輕)하게 행동하기 때문에 매번 친숙한 당여인(黨與人)의 함정에 빠져 치우친 노정(怒情)이 장부[肝]를 상하게 한다. 이것은 가려 사귀는[擇交] 마음이 넓지 못하기 때문이다.

太陽人謹於交遇 故恒有交遇生疎人慮患之怒心 此心出於秉彛之敬心也 莫非至善而輕於黨與 故每爲親熟黨與人所陷而偏怒傷臟 以其擇交之心不廣故也

○ 노심(怒心): 다른 사람이 자기를 업신여김을 노여워하는 마음[怒別人之侮己之情].

○ 병이(秉彛): "백성들은 떳떳한 도를 지니고 아름다운 덕을 좋아한다 (民之秉彛 好是懿德)"[26]는 의미의 병이(秉彛)로서 타고난 소질을 가리킴.

○ 택교지심(擇交之心): 사람을 가려서 사귀는 마음.

이 절은 태양인의 노정(怒情)이 장부를 상하게 하는 이유가 당여에서 사람을 가려 사귀는[擇交] 마음이 넓지 못한 데 있음을 설명한 것이다. 태양인은 생소한 사람과 교우할 때 항상 행동을 삼가는 타고난 성품이 있다. 그러나 당여에서는 삼가지 못하고 경솔하게 행동하여 노정이 치우치게 된다. 이 때문에 당여에서 치우친 노정(偏怒)이 장부[肝]에 손상을 주게 된다는 것이다.

비(脾)가 아닌 간에 손상을 주는 이유는 앞서 말한 바와 같이(「확충론」 1절) 하강하는 간기가 하강하지 못하고 노정에 의해 상승하기 때문이다. 다시 말하면 간기(肝氣)는 본래 하강[寬而緩][27]하는데, 편노(偏怒)하여 노정의 기가 상승하면 간기가 하강하지 못하기 때문에 간이 상한다는 것이다.

'정(情)' 대신 '심(心)'자를 쓴 것은 노정(怒情)의 순동(順動)이 곧 노심(怒心)이기 때문이다. 노심은 노기(怒氣)가 순동한 것이요, 노정이 치우친 것[偏怒]은 노기가 역동[逆動之怒氣]한 것이다.

---

26) 『시경』, 「大雅」, 「烝民」.
27) 「사단론」, 11절.

13

소음인은 당여(黨與)에 삼가는 까닭에 항상 당여에서 친숙한 사람을 가려 교제(擇交)하는 희심(喜心)이 있다. 이 마음은 떳떳하게 타고난 경심(敬心)에서 나오므로 지선(至善)하지 않음이 없으나 교우(交遇)에서 경박하게 행동하는 까닭에 언제나 생소한 교우인의 속임수[誣]에 빠져 치우친 희정(喜情)이 장부[脾]를 상하게 한다. 이것은 근심걱정[慮患]하는 마음이 두루 미치지 못하기 때문이다.

少陰人謹於黨與 故恒有黨與親熟人擇交之喜心 此心出於秉彛之敬心也 莫非至善而輕於交遇 故每爲生疎交愚人所誣而偏喜傷臟 以其慮患之心不周故也

○ 희심(喜心): 다른 사람이 자기를 도와줄 때 생기는 감정[喜別人之助己之情].
○ 상장(傷臟): 비장(脾)을 상함.
○ 편희(偏喜): 기쁨에 치우침[浪喜].
○ 려환지심(慮患之心): 생소한 사람을 근심 걱정하는 마음.

이 절은 소음인의 희정(喜情)이 장부를 상하게 하는 이유가 근심 걱정하는 마음이 두루 미치지 못한데 있음을 설명한 것이다. 소음인은 친숙한 사람과 교우할 때 항상 행동을 삼가는 타고난 성품이 있다. 그러나 교우에서는 삼가지 못하고 경솔하게 행동하여 희정이 치우치게 된다. 이 치우친 희정[偏喜]이 장부(脾)에 손상을 주게 된다는 것이다.

신장이 아닌 비장(脾)에 손상을 주는 이유는 하강하는 희정[偏喜]때문에 상승해야 할 비기(脾氣)가 상승하지 못하기 때문이다. 다시 말하면 비기(脾氣)는 본래 상승[栗而包][28)]해야 하는데, 편희(偏喜)하여 희정의 기가 하강하면 비기가 상승하지 못하기 때문에 비가 상하게 된다.

희심은 희기(喜氣)가 순동한 것이요, 희정이 치우친 것[偏喜]은 희기가 역동[逆動之喜氣]한 것이다.

14

소양인은 사무(事務)를 중하게 여기는 까닭에 항상 밖에 나가 있을 때 사무를 일으키는 애심(哀心)이 있다. 이 마음은 떳떳하게 타고난 경심(敬心)에서 나오므로 지선(至善)하지 않음이 없으나 거처(居處)에서 삼가지 않는 까닭에 언제나 안을 주로 하는 거처인의 함정에 빠져 애정(哀情)이 치우쳐 장부[腎]를 상하게 된다. 이것은 밖을 중하게 여기고 안을 가볍게(輕) 여기기 때문이다.

少陽人重於事務 故恒有出外興事務之哀心 此心出於秉彝之敬心也 莫非至善而不謹於居處 故每爲主內做居處人所陷而偏哀傷臟 以其重外而輕內故也

○ 애심(哀心): 다른 사람이 자기를 속이는 것을 슬프게 여기는 감정[哀別人之欺己之情].
○ 편애(偏哀): 애정이 치우침[暴哀].
○ 상장(傷臟): 신장(腎)을 상함.

이 절 역시 소양인의 애정이 장부[腎]를 상하게 하는 이유가 밖의 일

을 중하게 여기고 안의 일을 가볍게[經] 여기는 데 있음을 설명한 것이다. 소양인은 밖에 나가 사무를 보는 것을 항상 중하게 여기는 타고난 외향적 성품이 있다. 그러나 거처에서는 삼가지 않으므로 애정이 치우치게 된다. 이 치우친 애정(偏哀)이 장부[腎]에 손상을 주게 된다는 것이다.

비장[脾]이 아닌 신장[腎]에 손상을 주는 이유는 하강하는 신기(腎氣)가 하강하지 못하고 치우친 애정(偏哀)에 의해 상승하기 때문이다. 다시 말하면 신기는 본래 하강[溫而畜]29)해야 하는데, 편애(偏哀)하여 애정의 기가 상승하면 신기가 하강하지 못하기 때문에 신장이 상하게 된다.

애심은 애기(哀氣)가 순동한 것이요, 애정이 치우친 것[偏情]은 애기가 역동[逆動之哀氣]한 것이다.

15

태음인은 거처(居處)를 중하게 여기는 까닭에 항상 안에 있을 때 거처하는 것을 주로 하는 락심(樂心)이 있다. 이 마음은 떳떳하게 타고난 경심(敬心)에서 나오므로 지선(至善)하지 않음이 없으나 사무(事務)를 삼가지 않는 까닭에 언제나 밖에 나가서 사무를 일으키는 사람의 속임수[誣]에 빠져 락정(樂情)이 치우치게 된다. 장부를 상하게 되는 것은 안을 중하게 여기고 밖을 가볍게(輕) 여기기 때문이다.

太陰人重於居處 故恒有主內做居處之樂心，此心出於秉彝之敬心也 莫非至善而不謹於事務 故每爲出外興事務人所誣而偏樂 傷臟以其重內而輕外故也

---

29) 「사단론」, 11절.

○ 락심(樂心): 다른 사람이 자기를 보호해 주는 것을 즐거워하는 마음[樂別人之保己之情].

○ 편락(偏樂): 치우친 즐거움[浪樂].

○ 상장(傷臟): 폐를 상함[肺傷].

이 절은 태음인의 락정이 장부[肺]를 상하게 하는 이유가 안을 중하게 여기고 밖을 가볍게[經] 여기는 데 있음을 설명한 것이다. 태음인은 주로 거처에서 하는 일을 항상 중하게 여기는 타고난 내성적 성품이 있다. 그러나 사무에서는 삼가지 않으므로 락정이 치우치게 된다. 이 치우친 락정(偏樂)이 장부[肺]에 손상을 주게 된다는 것이다.

간[肝]이 아닌 폐장[肺]에 손상을 주는 이유는 상승하는 폐기(肺氣)가 상승하지 못하고 치우친 락정(偏樂)에 의에 하강하기 때문이다. 다시 말하면 폐기(脾氣)는 본래 상승[直而伸]30)해야 하는데, 편락(偏樂)하여 락정의 기가 하강하면 폐기가 상승하지 못하기 때문에 폐장이 상하게 된다.

락심은 락기(樂氣)가 순동한 것이요, 락정이 치우친 것[偏情]은 락기가 역동[逆動之樂氣]한 것이다.

16

태음인의 턱은 마땅히 교만한 마음(驕心)을 경계해야 한다. 태음인의 턱에 만일 교만한 마음이 없다면 뛰어난[絶世] 계책[籌策]이 반드시 여기에 있을 것이다. 소음인의 가슴은 마땅히 긍심(矜心)을 경계해야 할 것이다. 소음인의 가슴에 만일 뽐내는 마음이 없다면 뛰어난 경륜(經綸)이

---

30) 「사단론」, 11절.

반드시 여기에 있을 것이다. 태양인의 배꼽은 마땅히 공치사하는 마음
(伐心)을 경계해야 할 것이다. 태양인의 배꼽에 만일 공치사하는 마음이
없다면 뛰어난 행동(行檢)이 반드시 여기에 있을 것이다. 소양인의 아랫
배는 마땅히 과시하는 마음(夸心)을 경계해야 할 것이다. 소양인의 아랫
배에 만일 과시하는 마음이 없다면 뛰어난 도량(度量)이 반드시 여기에
있을 것이다.

太陰之頷宜戒驕心 太陰之頷若無驕心 絶世之籌策必在此也 少陰之臆宜戒矜心
少陰之臆若無矜心 絶世之經綸必在此也 太陽之臍宜戒伐心 太陽之臍若無伐心
絶世之行檢必在此也 少陽之腹宜戒夸心 少陽之腹若無夸心 絶世之度量必在此也.

- ○ 교심(驕心): 교만한 마음.
- ○ 주책(籌策): 이해득실 등을 가려내고 헤아리는 판단력.
- ○ 긍심(矜心): 뽐내는 마음.
- ○ 경륜(經綸): 일을 조직적으로 잘 짜내는 계획 능력.
- ○ 벌심(伐心): 공치사하는 마음.
- ○ 행검(行檢): 품행이 바르고 절도가 있는 행동.
- ○ 과심(夸心): 과시 또는 자랑하는 마음.
- ○ 도량(度量): 너그러운 마음과 깊은 생각.

이 절은 인간에게는 각자 뛰어난 지각과 행위의 능력이 주어져 있지
만 이 능력은 교긍벌과의 마음 때문에 발휘되지 못하므로 이를 경계해
야 한다는 것을 설명한 것이다. 턱[頷], 가슴[臆], 배꼽[臍], 아랫배[腹]는
인체의 전면 부위를 가리키지만 이미 설명했듯이[31] 생리적 기능보다는

몸에 지각과 행위 능력이 갖추어져 있다는 것을 의미한다. 주책, 경륜, 행검, 도량은 선천적으로 주어진 몸의 지각과 행위 능력을 가리키는 개념이다.32) 다만 주책과 경륜은 지혜의 보편성을, 행검 도량은 행업 능력의 독자성을 가리킨다는 점이 다르다.33) 주책, 경륜, 행검, 도량은 식견 위의 재간 방략과 함께 인간에게 주어진 지행 능력을 가리키지만 전자는 '지혜'를 실천하는 능력을, 후자는 '행업'을 실행에 옮기는 능력을 가리킨다는 점이 다르다.

그런데 함억제복에는 이처럼 지행 능력이 선천적으로 주어져 있지만 동시에 사심(邪心)도 함께 주어져 있다.34) 이 사심은 지각과 행위 능력의 발휘를 방해하므로 사심인 교긍벌과(驕矜伐夸)의 마음을 반드시 경계해야만 한다. 그런데 왜 특별히 태양인은 벌심, 소양인은 과심, 태음인은 교심, 소음인은 긍심을 경계해야만 뛰어난 주책, 경륜, 행검, 도량의 능력이 발휘된다고 한 것일까?

다소 복잡하지만 그 이유는 수곡의 온열기(溫/熱氣)와 량한기(凉寒氣)의 상승 하강지력으로 설명할 수 있다. 교긍벌과의 마음은 교의(驕意), 긍려(矜慮), 벌조(伐操), 과지(夸志)를 의미하는데,35) 의려조지(意慮操志)의 마음은36) 진해(津海), 고해(膏海), 유해(油海), 액해(液海)에 감추어져 있다.37) 그런데 진해, 고해는 수곡(水穀)의 온기(溫氣)와 열기(熱氣)가 진(津)과 고(膏)로 화(化)하여 된 것이고, 유해, 액해는 수곡의 량기(凉氣)와 한

---

31) 『성명론』, 7-8절 설명 참조.
32) 같은 곳, 9-11절 설명 참조.
33) 같은 곳, 13절, 11절.
34) 같은 곳, 23절.
35) 같은 곳, 20절.
36) 『격치고』, 「유략」, 1-9에서는 조(操)자가 담(膽)자로 되어 있다.
37) 『장부론』, 14절.

기(寒氣)가 유와 액으로 화하여 된 것이다.[38] 다시 말하면 진해 고해의 '상승지력(上升·停畜之力)'이 곧 교의와 긍려의 근본이고, 유해, 액해의 '하강지력(消導·下降之力)'이 곧 벌조와 과지의 근본이 된다. 따라서 교궁의 마음은 수곡의 상승하는 기를 따라 드러나고, 벌과의 마음은 수곡의 하강하는 기를 따라 드러난다는 것을 알 수 있다. 태양인과 소양인이 벌심과 과심을, 그리고 태음인과 소음인이 교심과 긍심을 경계해야 할 이유가 여기에 있다. 태양인과 소양인은 폐비의 기가 상승하는 체질이므로 수곡의 기를 따라 상승하는 교심과 긍심에는 순동하지만 하강하는 벌심과 과심에는 역동하기 때문이다. 그리고 태음인과 소음인은 간신의 기가 하강하는 체질이므로 수곡의 기를 따라 하강하는 벌심과 과심에는 순동하지만 상승하는 교심과 긍심에는 역동하기 때문이다.

17

소음인의 머리는 마땅히 빼앗는 마음[奪心]을 경계해야 할 것이다. 소음인의 머리에 만일 빼앗는 마음이 없다면 대인(大人)의 식견(識見)이 반드시 여기에 있을 것이다. 태음인의 어깨는 마땅히 사치하는 마음(侈心)을 경계해야 할 것이다. 태음인의 어깨에 만일 사치하는 마음이 없다면 대인의 위의(威儀)가 반드시 여기에 있을 것이다. 소양인의 허리는 마땅히 게으른 마음[懶心]을 경계해야 할 것이다. 소양인의 허리에 만일 게으른 마음이 없다면 대인의 재간(材幹)이 반드시 여기에 있을 것이다. 태양인의 볼기는 마땅히 훔치려는 마음[竊心]을 경계해야 할 것이다. 태양인의 볼기에 만일 훔치려는 마음이 없다면 대인의 방략(方略)이 반드

---

38) 「장부론」, 4-7절 참조.

시 여기에 있을 것이다.

少陰之頭宜戒奪心 少陰之頭若無奪心 大人之識見必在此也 太陰之肩宜戒侈心 太陰之肩若無侈心 大人之威儀必在此也 少陽之腰宜戒懶心 少陽之腰若無懶心 大人之材幹心在此也, 太陽之臀宜戒竊心 太陽之臀若無竊心, 大人之方略必在此也

이 절 역시 인간에게는 지각과 행위의 능력이 주어져 있지만 이 능력은 욕구 때문에 발휘되지 못하므로 이를 경계해야 한다는 것을 설명한 것이다. 머리[頭], 어깨[肩], 허리[腰], 볼기[臀]는 인체의 후면 부위를 가리키는 개념이지만 이미 설명했듯이[39) 생리적 기능보다는 몸에 지각과 행위 능력이 갖추어져 있음을 의미한다. 식견, 위의, 재간, 방략은 선천적으로 주어진 몸의 지각과 행위 능력을 가리키는 개념이다.[40) 식견과 위의는 지혜의 보편성을, 재간과 방략은 행업의 독자성을 가리킨다는 점이 다를 뿐이다.[41)

두견요둔에는 이처럼 지행 능력이 있지만 동시에 태행(怠行)도 함께 주어져[42) 지행 능력의 발휘를 방해한다. 따라서 지행 능력이 발휘되기 위해서는 탈치나절의 마음을 경계해야만 한다. 특히 태양인은 절심, 소양인은 나심, 태음인은 치심, 그리고 소음인은 탈심을 경계한 것은 앞 절의 설명과 같은 맥락에서 이해해야만 한다. 탈치나심이 모두 과욕이지만 순동과 역동하는 기는 체질에 따라 각기 다르게 작용하기 때문이다.

16절과 17절을 분리시켜 설명했지만 이들은 모두 과욕을 경계한 것

---

39) 「성명론」, 9-10절 설명 참조.
40) 같은 곳, 9-11절 설명 참조.
41) 같은 곳, 13절, 11절.
42) 같은 곳, 23절.

이다. 교긍벌과의 마음은 세상을 경륜하는 지혜의 발휘를 방해하고, 탈
치나절의 마음은 대인의 행업을 방해하기 때문이다. 이처럼 탈치나절의
마음을 경계하는 것은 과욕을 경계하는 것이기 때문에 이는 중절의
다른 설명이다. 따라서 「사단론」 말미의 중절과 「확충론」 말미의 경계
를 모두 같은 의미로 해석해야 한다. 그러나 이제마가 말하는 경계와 절
제는 욕구를 완전히 비워버리는 것이 아니라 단지 절제를 의미한다. 따
라서 욕구를 억제하는 성리학적 절제와는 구별해야 한다[遏人慾]. 지나
친 과욕이 장부를 상하게 하는 제일 원인이기는 하지만 욕구는 없을 수
없기 때문이다.

이상의 「확충론」에서 우리는 몇 가지 중요한 사실을 발견할 수 있다.
첫째, 이제마의 「장부론」은 음양오행설과 무관하게 서술되고 있다는
사실이다. 장부의 손상은 애노희락의 기의 과다한 상승과 하강을 발병
의 원인으로 본다. 그가 장부의 손상을 기의 과다한 상승과 하강으로 설
명하는 것은 이 때문이다. 따라서 이제마의 장부 이론은 상생상극으로
설명하는 전통적인 장부 이론과는 구분해야 한다.
둘째, 애노희락의 정은 역동하지만 성은 역동하지 않는다는 점이다.
성은 모두 이해관계가 없는 타인들의 행동 즉 서로 속이고 업신여기며,
서로 돕고 보호해 주는 것에 대한 감정의 발현이지만 정은 모두 타인과
의 사적인 이해관계 때문에 생기는 감정이다. 이것은 기의 역동이 모두
사적 감정의 발현이라는 것을 의미한다. 따라서 성정은 모두 감정을 가
리키는 개념이지만 성은 도덕 감정, 정은 사적 감정을 가리키는 차이가
있다. 이 때문에 「사단론」 말미의 중절과 「확충론」 말미에서 말한 과욕
의 경계는 모두 도덕 감정이 아닌 사적 감정의 중절을 가리킨다는 것을

알 수 있다.

셋째, 중절과 경계는 욕구의 절제를 의미하며, 욕구 자체를 부정하지는 않는다. 욕구 자체를 악으로 이해하지 않기 때문이다.

제4장
장부론(臟腑論)

「성명론」과 「사단론」, 그리고 「확충론」의 검토를 통해 확인할 수 있는 중요한 사실의 하나는 음양오행설이나 성리설적 설명이 단 한 구절도 없었다는 점이다. 이러한 설명 방식은 물론 「장부론」에서도 그대로 이어진다. 이러한 사실은 사상의학 이론의 철학적 근거는 물론 장부 이론의 성격을 규명하는 핵심적 실마리가 된다는 점에서 주목해야만 한다.

사상의학 이론은 한의학과 유학사상에 그 뿌리를 두고 있다는 점은 부인할 수 없는 명백한 사실이다. 그러나 사상의학은 전통적인 한의학이나 유가적 개념을 차용하고 있지만 그들의 이론적 근거까지 받아들이고 있는 것은 아니다. 「장부론」에 앞서 「성명론」과 「사단론」, 그리고 「확충론」을 검토한 결과 우리는 사상의학이 유학사상에 뿌리를 두고 있으면서도 경험적 관점에서 이를 재구성하여 의학 이론의 기초로 삼고 있다는 사실을 확인할 수 있었다. 이러한 논의에 근거하면 사상의학의 장부론은 과거의 오행설이나 성리설과 같은 관념적 사변적 논의를 탈피하고 경험에 근거하여 새롭게 재구성한 이론적 기초 위에서 발병의 원인과 치료 방법을 모색한 이론으로 해석되어야 할 것이다.

한의학에서는 오장을 오행에 결부시켜 오장의 기능을 상생상극의 방식으로 설명한다. 유기체적 인간관에 근거한 이 설명 방식은 한의학의 오랜 전통이지만 이러한 방식의 해명은 검증 불가라는 태생적인 문제점을 안고 있다. 어떻게 설명하든 사변적 논리에 의존하는 그들의 해명은 원천적으로 검증이 불가능한 방식이기 때문이다. 만일 오행으로 장부를 설명하는 방식이 정당성을 얻고자 한다면 상생상극과 같은 모호하고 난해한 은유적 설명을 걷어 내고 설득력 있는 실증적 해명이 제시되어야 할 것이다. 인간의 생명을 다루는 의학 이론에 있어서 검증이 불가능한 방식으로 병리 현상을 설명하는 것은 더 이상 설득력을 얻지 못할 것이기 때문이다.

이제마가 음양오행설에 근거한 한의학의 장부 이론을 수용하지 않은 이유는 이러한 맥락에서 찾아야 한다. 이제마는 자신의 임상 경험을 통해 한의학이 발병의 원인으로 지목했던 풍한서습(風寒暑濕)이나 음식보다도 애노희락의 편착(偏着)이 발병의 요인임을 발견하였다. 나아가 희노애락의 편착은 주로 사욕이 그 원인이며, 또한 감정의 편착은 체질에 따라 다르다는 사실도 발견하였다. 그러나 더 중요한 것은 감정의 편착은 수신을 통해 애노희락의 감정을 중절시키는 노력에 따라 달라질 수 있다는 사실까지 발견한 점이다. 이 발견은 욕구가 억제가 아닌 절제의 대상이라는 인식의 전환을 의미한다. 이 인식의 전환이 중요한 이유는 '욕구는 억제가 아닌 절제의 대상'이라는 인식을 토대로 새로운 의학 이론의 근거를 마련했기 때문이다.

잘 알려진 것처럼 도불(道佛)에서는 욕구를 마음에서 없애버리거나 억제해야 할 대상으로 인식한다[無慾·滅慾]. 성리학에서는 절제를 말하기도 하지만 이들 역시 본질적으로는 욕구를 억제의 대상으로 인식한다[遏人慾]. 억제의 대상으로 인식하는 주된 이유는 욕구 자체가 악의 원천이라고 이해하기 때문이다. 그러나 이제마는 욕구를 악의 원천이 아니라 자연스러운 생리현상으로 이해한다. 악행으로 이어지는 감정의 편착은 단지 과욕이 원인이며 욕구 자체는 선도 악도 아닌 몸 기능의 자연스런 발현으로 인식하기 때문이다.

이제마가 성리학적 용어를 차용하면서도 성리학적 도덕 이론을 수용하지 않은 것은 이 때문이다. 요컨대 이제마는 발병의 원인이 과욕에 따른 감정의 편착에 있다는 사실을 임상적 경험을 통해 발견하고, 이를 기초로 경험적 관점에서 장부론을 체계화하였다. 그러므로 이제마의 장부론은 한의학 이론이나 성리설적 유학과는 무관하다는 관점에서 이해되어야 한다. 그의 장부론은 유학 사상을 재구성한 성명론, 사단론, 그리고 확충론에 근거한 새로운 장부 이론이기 때문이다. 사상의학 이론의 총체적인 모습은 「장부론」에서 비로소 드러날 것이다.

1

폐(肺) 부위는 이마 밑 등 위에 있고, 위완(胃脘) 부위는 턱 밑 가슴 위에 있으므로 등 위와 가슴 위 이상을 상초(上焦)라 이른다. 비(脾) 부위는 척추골(등골뼈)에 있고, 위(胃) 부위는 흉격(횡격막)에 있으므로 척추골과 흉격 사이를 중상초(中上焦)라 이른다. 간(肝) 부위는 허리에 있고, 소장(小腸) 부위는 배꼽에 있으므로 허리와 배꼽 사이를 중하초(中下焦)라 이른다. 신(腎) 부위는 요추 아래에 있고 대장(大腸) 부위는 배꼽 아래에 있으므로 요추 아래와 배꼽 아래 이하를 하초(下焦)라 이른다.

肺部位在頷下背上 胃脘部位在頷下胸上 故背上胸上以上謂之上焦 脾部位在脊 胃部位在膈 故脊膈之間謂之中上焦 肝部位在腰 小腸部位在臍 故腰臍之間謂之中下焦 腎部位在腰脊下 大腸部位在臍腹下 故脊下臍下以下謂之下焦

○ 부위(部位): 위치의 개연적 범위를 가리킨 개념. 즉 장부 기능의 영
향권을 의미한다.

○ 추하배상(顀下背上): 추(顀)는 '불거진 이마'. 배(背)는 '등'이므로 어
깻죽지[肩臂部]를 감싸주는 곳.

이 절은 전통 한의학에서 이해한 장부의 구조를 새롭게 재구성하여
설명한 것이다. 재구성의 내용은 다음과 같은 네 가지로 정리할 수 있다.

첫째, 오장육부(五臟六腑)를 사장사부(四臟四腑)로 재구성하였다. 폐비
간신은 각기 여러 장기를 묶어서 지칭하는 개념이다.[1] 따라서 사장사부
는 장(臟)과 부(腑)를 구별하지 않는 하나의 개념이다.

둘째, 육부는 거의 무시되었다. 육부 가운데 일부는 사장사부로 재구
성되고, 담(膽), 방광(膀胱), 삼초(三焦)는 육부에서 제외되었기 때문이다.
다만 삼초는 사초로 재구성되었다.

셋째, 심장[心]을 장(臟)에서 분리하였다. 심을 장에서 분리시킨 것은
중앙의 태극으로서 사장(四臟)의 주재자[一身之主宰者]로 인식하기 때문
이다.

넷째, 삼초(三焦)를 사초(四焦)로 재구성하였다. 사초로 재구성한 것은
장부의 기가 상하로 기능하는 관계를 설명하기 위한 것이다.

잘 알려진 것처럼 오장육부는 인체를 해명하는 핵심 구조로서 한의
학을 상징하는 개념이다. 이 한 가지 사실만으로도 사상의학적 재구성
의 목적이 전통적인 장부 이해와 장부의 상호작용에 대한 설명 방식을
바꾸는 데 있다는 것을 짐작할 수 있다. 사장사부는 한의학의 장부 이해
와 기능의 설명 방식을 그대로 둔 채 단지 사상구조로 재구성한 것이

---

1) 『장부론』, 4-7절 참조.

아니기 때문이다. 이러한 측면에서 심장을 오장에서 제외하여 사장[一身]의 주재자로 설명하고 있다는 점, 그리고 사초를 수곡의 통행[水穀通行]과 기액의 유전[氣液流轉]을 설명하는 근간으로 삼고 있다는 점에 주목해야 한다. 이 점은 이제마의 장부론과 한의학의 장부 이론은 근본적으로 다른 관점에서 전개되었다는 해석을 뒷받침하기 때문이다. 재구성된 장부를 표로 그려보면 다음과 같다.

		사초 (四焦)	사장 (四臟)	부위 (部位)	사부 (四腑)	부위 (部位)
심장 (心)	사장(四臟)의 주재 (一身之主宰)	상 (上)	폐	추하배상 (椎下背上)	위완 (胃脘)	함하흉상 (頷下胸上)
		중상 (中上)	비	려 (膂)	위 (胃)	격 (膈)
		중하 (中下)	간	요 (腰)	소장 (小腸)	제 (臍)
		하 (下)	신	요척하 (腰脊下)	대장 (大腸)	제복하 (臍腹下)

2

　수곡(水穀)은 위완(胃脘)에서 위(胃), 위에서 소장(小腸), 소장에서 대장(大腸)으로 들어가고, 대장에서 항문(肛門)으로 나간다. 수곡이 온통 위에서 머물러 쌓이면[停畜] 쪄져서[薰蒸] 열기(熱氣)가 되고, 소장에서 삭혀지고[消導] 묽어져[平淡] 서늘한 기[凉氣]가 된다. 열기의 가볍고 맑은 것은[輕淸] 위완으로 상승(上升)하여 온기(溫氣)가 되고 량기(凉氣)의 질중(質重)한 것은 대장으로 하강(下降)하여 한기(寒氣)가 된다.

水穀自胃脘而入于胃 自胃而入于小腸 自小腸而入于大腸 自大腸而出于肛門者
水穀之都數停畜於胃 薰蒸爲熱氣 消導於小腸而平淡爲凉氣 熱氣之輕清者上升於
胃脘而爲溫氣 凉氣之質重者下降於大腸而爲寒氣

○ 수곡(水穀): 음식물.

○ 기(氣): 온열량한(溫熱凉寒)의 기는 체내에 충만한 에너지로서 생기(生氣).

○ 정축(停畜): 머물러 쌓임.

○ 훈증(薰蒸): 찌다. 덥힘.

○ 소도(消導): 삭혀 이끌어냄.

○ 평담(平淡): 묽어짐.

이 절은 온열량한의 기(氣)가 생성되는 과정을 설명한 것이다. 기는
음식[水穀]이 위완, 위, 소장, 대장, 항문이라는 소화기 계통을 거치는 과
정에서 생성 소멸되며, 온열의 기는 상승하고 량한의 기는 하강한다. 그
러나 이 절의 서술 목적은 단순히 기의 생성 과정과 상승 하강 작용을
설명하는 데 있는 것이 아니다. 직설적으로 언급하지는 않았지만 이 절
의 의도는 장부 기능의 근간이 온열량한의 기라는 사실을 주장하는 데
있기 때문이다.

이 절 이후 전개된 장부 기능은 모두 온열량한의 기로 설명한다. 물
론 이 설명은 음식이 에너지로 변화하는 과정에 대한 오늘날과 같은 과
학적 이해에 근거한 것인지는 알 수 없다. 그러나 온열량한의 기가 수곡
이 위에서 정축하여 훈증하고 소장에서 소도하는 과정에서 발생한다는
사실은 정확하게 알았다고 할 수 있다. 그는 이러한 이해를 바탕으로 장
부 이론을 새롭게 재구성했기 때문이다.

이러한 설명은 한의학과 비교할 때 장부 기능을 해명하는 방식에 대해 근본적인 변화를 시도한 것이다. 『내경(內經)』이후 지금까지 한의학에서 장부를 음양오행으로 해명하는 방식은 의심하거나 변할 수 없는 정설로 인식하였다. 그러나 이제마는 온열량한의 기라는 구체적인 생기로서 장부의 작용과 질병의 원인을 설명한다. 이 방식은 우리의 경험적 인식에 근거한다는 점에서 음양오행설의 사변적 방식과는 본질적으로 다르다. 이제마의 시도는 초월에서 경험으로 선회하는 방법적 변화를 의미하기 때문이다. 이러한 의미에서 온열량한의 기에 근거한 장부 해명은 한의학의 역사에서 "장부를 음양오행으로 해명하는 방식은 타당한가?"라는 방법에 대한 반성적 성찰을 제시한 것이라고 할 수 있다. 그러나 일부 사상의학 연구자들은 사상의학을 음양오행의 관점에서 해석해 왔고, 유감스럽게도 이 해명의 방식은 여전히 현재진행형이다.

이제마가 제시한 사상체질, 애노희락의 기, 호연의 리기(理氣) 등은 모두 이러한 맥락에서 해석되어야 한다. 이제마는 인간의 체질을 넷으로 [사상인] 구분하고 이들의 장부 기능을 대소로 설명하고 있는데, 장부의 대소 기능도 사실은 상승 하강하는 기(氣) 작용의 차이를 의미한다. 즉 대소는 크기가 아니라 폐비간신이 기의 상승과 하강 작용에 따라 작용하는 기능의 차이를 가리킨다. 따라서 체질을 괘의 분화과정을 따라 팔상이나 그 이상으로 구분하는 것은 이제마의 체질 분류 의도를 벗어난 것이다. 사상인은 주역의 변화 원리가 아니라 온열량한의 기 운동의 차이를 근거로 구분한 체질 분류이기 때문이다.

여기서 주목해야 할 것은 온열량한의 기 운동은 폐비간신의 상승 하강 작용만이 아니라 장부 이론 전반을 설명하는 근간이라는 점이다. 이제마는 폐비간신은 물론 애노희락의 기, 그리고 호연의 리기 작용까지

온열량한의 기 운동으로 설명한다. 이것은 심신의 작용은 음양오행의
변화 원리나 리기의 보편 원리가 아니라 온열량한의 기 작용이라는 실
증적 방식으로 해명해야 한다는 주장이다. 따라서 이제마의 장부 이론은
초월적 시각에서 해명하는 관점을 벗어나야만 이해가 가능할 것이다.

기 작용의 이해를 돕기 위해 표를 만들어 보면 다음과 같다.

사부(四腑)	위완(胃脘)	위(胃)	소장(小腸)	대장(大腸)
사기(四氣)	온(溫)	열(熱)	량(凉)	한(寒)
형태	경청(輕淸)	훈증(薰蒸)	평담(平淡)	질중(質重)

표에 의하면 온열량한 네 기의 성질은 경청, 훈증, 평담, 질중의 형태
로 구분된다. 위(胃)에서 훈증하여 생긴 열기는 상승하면서도 가벼우면
[輕淸] 온기가 되어 더욱 상승하고, 소장에서 묽어져 생긴 량기는 하강
하면서도 무거우면[質重] 한기가 되어 더욱 하강한다.

3

위완(胃脘)은 입과 코로 통하는 까닭에 수곡(水穀)의 기(氣)가 상승하
고, 대장(大腸)은 항문(肛門)으로 통하는 까닭에 수곡의 기가 하강한다.
위(胃)의 모습은 광대(廣大)하여 포용할 수 있는 까닭에 수곡의 기가 정
축(停畜)하고, 소장의 모습은 협착(狹窄)하여 굴곡져 있는 까닭에 수곡
의 기가 소도(消導)하는 것이다.

胃脘通於口鼻 故水穀之氣上升也 大腸通於肛門 故水穀之氣下降也 胃之體廣
大而包容 故水穀之氣停畜也 小腸之體狹窄而屈曲 故水穀之氣消導也

　이 절은 사부(위완, 위, 소장, 대장)의 형상이 기가 상승 하강 정축 소
도하는 까닭이 됨을 설명한 것이다. 생명을 유지하는 기초 기능은 호흡
그리고 소화와 배설이다. 수곡의 기 운동을 이러한 기능이 이루어지는
사부의 상하 위치를 따라 설명한 것은 형태론적 해명이라고 할 수 있
다. 발생론적으로 보면 기능이 장부의 형상을 낳게 했지만 생리적으로
는 형상이 기능을 낳는다고 볼 수 있다. 형상과 기능은 서로 의존 관계
에 있다고 볼 수 있기 때문이다.[2]
　이해를 돕기 위해 형상과 기능의 의존관계를 표로 정리하면 아래와
같다.

사부(四腑)	형상(形相)	기능(機能)	
위완(胃脘)	통어구비(通於口鼻)	고 수곡지기 (故 水穀之氣)	상승(上升也)
위(胃)	광대포용(廣大而包容)		정축(停畜也)
소장(小腸)	협착굴곡(狹窄而屈曲)		소도(消導也)
대장(大腸)	통어항문(通於肛門)		하강(下降也)

4

수곡의 온기(溫氣)는 위완(胃脘)에서 진(津)으로 화(化)하여 혀 밑으로

---

2)「사단론」, 12절 참조.

들어가 진해(津海)가 되므로 진해란 진(津)이 모여 있는 곳이다. 진해의
맑은 기(氣)는 귀로 나와서 신(神)이 되고, 두뇌(頭腦)로 들어가서 이해
(膩海)가 되므로 이해란 신(神)이 모여 있는 곳이다. 이해의 이즙(膩汁)
이 맑은 것은 몸 안의 폐(肺)로 돌아가고 탁한 찌꺼기는 몸 밖의 피
모(皮毛)로 돌아가는 까닭에 위완, 혀, 귀, 두뇌, 피모는 다 폐의 무리들
이다.

水穀溫氣自胃脘而化津　入于舌下爲津海　津海者津之所舍也　津海之淸氣　出于
耳而爲神　入于頭腦而爲膩海　膩海者神之所舍也　膩海之膩汁淸者　內歸于肺　濁滓
外歸于皮毛　故胃脘與舌耳頭腦皮毛　皆肺之黨也

○ 해(海): 진고유액(津膏油液) 또는 이막혈정(膩膜血精)이 쌓여 있는 곳.
○ 신(神): 다음 절의 기혈정(氣血精)과 같이 정신활동을 가능하게 하
　　는 원기(原氣).
○ 당(黨): 무리, 도당(徒黨), 계열(系列).

이 절은 온기가 진(津)으로 화하여 진해(鎭海)가 되고, 진해의 청기가
귀로 나와 신(神)이 되는 과정을 설명한 절이다. 진해의 청기는 다시 두
뇌로 들어가 이해(膩海)가 되는데, 이해의 즙(汁)이 맑은 것은 폐로, 탁재
(濁滓)는 가죽과 털[皮毛]로 돌아간다. 이 절에서 7절까지는 하나의 절처
럼 묶어서 이해할 필요가 있다. 이들은 모두 온열량한의 기가 진고유액
(津膏油液)으로 화하여 진해, 고해, 유해, 액해가 되고, 이들이 다시 신기
혈정(神氣血精)이 되는 과정을 설명한 것이기 때문이다.
진고유액은 온열량한의 기가 변화한 액체인데, 각기 혀 밑, 젖가슴 사

이, 배꼽, 전음부 안으로 들어가 진해, 고해, 유해, 액해가 된다. 이것은 마치 수증기가 물의 형태로 변화하듯이 기가 상승 하강하는 과정에서 액체로 변화한 형태를 가리켜 말한 것이다. 이 액체 형태(진해, 고해, 유해, 액해)에서 맑은 기[淸氣]는 귀, 눈, 코, 입으로 나와 신기혈정이 된다. 그리고 두뇌, 등뼈, 허리뼈, 방광으로 들어가 이해(膩海), 막해(膜海), 혈해(血海), 정해(精海)가 되므로 이해, 막해, 혈해, 정해는 신기혈정이 모여 있는 곳이다. 그런데 이해, 막해, 혈해, 정해에는 신령혼백(神靈魂魄)이 감추어져 있고, 진해, 고해, 유해, 액해에는 의려조지(意慮操志)가 감추어져 있으므로[3] 신기혈정은 모두 어떤 대상을 지각하고 판단하는 정신활동을 가능케 하는 원기(原氣)를 가리키는 개념임을 알 수 있다. 이해, 막해, 혈해, 정해의 즙[膩汁·膜汁·血汁·精汁]이 맑은 것[淸]은 폐비간신으로 돌아가고, 탁한 찌꺼기[濁滓]는 피모((皮毛), 힘줄[筋], 살[肉], 뼈[骨]로 돌아간다.

이상은 정신활동, 그리고 폐비간신과 피모를 포함한 모든 몸 기능은 수곡의 온열량한의 기가 원천이 되어 작용한다는 것을 설명하려는 것이다. 한의학은 유기체적 관점에서 인간을 이해하기 때문에 정신활동과 몸 작용을 인간과 우주를 일관하는 음양오행이나 리기와 같은 보편 원리에 의지하여 해명하고 질병 치료의 방법을 모색한다. 그러나 이제마는 유기체적 관점에서 인간을 이해하면서도 오직 음식을 섭취하고 생활을 지탱해가는 몸 기능 안에서 정신활동을 포함한 신체적 작용의 원리를 찾고 치료 방법을 모색하고 있다. 사상의학의 원류가 한의학이라는 것은 분명한 사실이지만 같은 범주의 의학 이론으로 볼 수 없다는 주된 이유가 여기에 있다. 사상의학은 그 이론적 근거를 초월적 보편 원리가

---

3) 「장부론」, 13-14절 참조.

아니라 오직 인간의 몸을 중심으로 구조화된 경험적 사실에 두고 있기 때문이다.

앞서 강조했던 것처럼 「장부론」은 실증적 경험에 근거해서 체계화한 이론이다. 따라서 다음 절은 물론 마지막 절까지 음양오행의 보편 원리가 배제된 시각에서 이해되어야 할 것이다. 폐의 무리는 상초(上焦)에 위치하며 모두 온기(溫氣)가 전해지는 통로이다. 진해(津海)는 진이 머무는 곳(津舍)이요, 이해(膩海)는 신(神)이 머무는 곳으로 모두 온기(溫氣) 가운데 가볍고 맑은 것[輕淸]들이다.

이 절 역시 이해를 돕기 위해 표를 그려 보면 아래와 같다.

온기 → (溫氣)	위완 → (爲津)	진해 → (舌下)	귀 → (爲神)	두뇌(頭腦) 이해(膩海)	폐(淸汁) 피모(濁滓)

5

수곡의 열기(熱氣)는 위(胃)에서 고(膏)로 화(化)하여 어깨 사이 젖가슴으로 들어가 고해(膏海)가 되므로 고해란 고(膏)가 모여 있는 곳이다. 고해의 맑은 기(氣)는 눈으로 나와서 기(氣)가 되고 척추골로 들어가 막해(膜海)가 되므로 막해란 기가 모여 있는 곳이다. 막해의 막즙(膜汁)이 맑은 것은 몸 안의 비(脾)로 돌아가고 탁한 찌꺼기는 몸 밖의 근(筋)으로 돌아가는 까닭에 위, 양유(兩乳), 배려(背膂), 근(筋)은 다 비(脾)의 무리들이다.

水穀熱氣自胃而化膏 入于膻間兩乳爲膏海 膏海者膏之所舍也 膏海之淸氣 出于目而爲氣 入于背膂而爲膜海 膜海者氣之所舍也 膜海之膜汁淸者 內歸于脾 濁滓外歸于筋 故胃與兩乳目背膂筋 皆脾之黨也

○ 기(氣): 신(神)과 같이 정신활동을 가능하게 하는 원기(原氣). 따라서 공기(空氣), 이기(理氣)의 기 또는 생기(生氣)의 기와도 구별되는 개념.

○ 고(膏): 고는 진(津)처럼 상승하는 수곡의 열기가 위에서 화한 것이지만 진(津)보다는 질중한 것.

○ 단(膻): 젖가슴.

○ 막해(膜海): 이해(膩海)보다도 더 진한 기름.

○ 근(筋): 살(肉)이 아닌 힘줄.

이 절은 열기가 고(膏)로 화하여 고해(膏海)가 되고, 고해의 청기가 눈으로 나와 기(氣)가 되는 과정을 설명한 절이다. 고해의 청기는 다시 척추로 들어가 막해(膜海)가 되는데, 막해의 즙(汁)이 맑은 것은 비(脾)로, 탁재(濁滓)는 가죽과 힘줄(筋)로 돌아간다. 비의 무리는 중상초(中上焦)에 위치하며 모두 열기(熱氣)가 전해지는 통로이다. 고해는 고가 머무는 곳(膏舍)이요 막해는 기(氣)가 머무는 곳으로 모두 열기(熱氣)가 횡승하는 무거운 것들[質重]이다.

이 절의 이해를 돕기 위해 표를 그려 보면 다음와 같다.

열기 → (熱氣)	위 → (爲膏)	고해 → (膻間兩乳)	눈 → (爲氣)	척추(背膂) → 막해(膜海)	비(淸汁) 힘줄(濁滓)

6

수곡의 량기(凉氣)는 소장(小腸)에서 유(油)로 화(化)하여 배꼽으로 들어가 유해(油海)가 되므로 유해란 유(油)가 모여 있는 곳이다. 유해의 청기(淸氣)는 코로 나와서 혈(血)이 되고, 요척(腰脊)으로 들어가 혈해(血海)가 되므로 혈해란 혈(血)이 모여 있는 곳이다. 혈해의 혈즙(血汁)이 맑은 것은 몸 안의 간(肝)으로 돌아가고 탁한 찌꺼기는 몸 밖의 육(肉)으로 돌아가는 까닭에 소장, 등골뼈[膂], 코, 허리와 등뼈[腰脊], 육(肉)은 다 간(肝)의 무리들이다.

水穀凉氣自小腸而化油 入于臍爲油海 油海者油之所舍也 油海之淸氣出于鼻而爲血 入于腰脊而爲血海 血海者血之所舍也 血海之血汁淸者 內歸于肝 濁滓外歸于肉 故小腸與臍鼻腰脊肉 皆肝之黨也

○ 혈(血): 피. 신기(神氣)와 같이 정신활동을 가능하게 하는 원기(原氣).
○ 유(油): 유는 하강하는 수곡의 량기가 배꼽에서 화한 것. 다음 절의 액(液)보다는 맑은 것.

이 절은 량기가 유(油)로 화하여 유해(油海)가 되고, 유해의 청기가 코로 나와 혈(血)이 되는 과정을 설명한 절이다. 유해의 청기는 다시 허리와 등뼈[腰脊]로 들어가 혈해(血海)가 되는데, 혈해의 즙(汁)이 맑은 것은 간(肝)으로, 탁재(濁滓)는 살[肉]로 돌아간다. 간의 무리는 중하초(中下焦)에 위치하며 모두 량기(凉氣)가 전해지는 통로이다. 유해(油海)는 유가 머무는 곳[油舍]이요, 혈해(血海)는 혈이 머무는 곳으로 모두 량기(凉氣)가 횡강하는 가볍고 맑은 것들[輕淸]이다.

이 절의 이해를 돕기 위해 표를 그려 보면 아래와 같다.

량기 →	소장 →	유해 →	눈 →	허리(腰脊) →	간(淸汁)
(凉氣)	(爲油)	(臍)	(爲血)	혈해(血海)	살(濁滓)

7

수곡의 한기(寒氣)는 대장(大腸)에서 액(液)으로 화(化)하여 전음부(前陰部) 털 난 곳[毛際] 안으로 들어가 액해(液海)가 되므로 액해(液海)란 액(液)이 모여 있는 곳이다. 액해의 청기(淸氣)는 입으로 나와서 정(精)이 되고, 방광(膀胱)으로 들어가 정해(精海)가 되므로 정해란 정(精)이 모여 있는 곳이다. 정해의 정즙(精汁)이 맑은 것은 몸 안의 신(腎)으로 돌아가고 탁한 찌꺼기는 몸 밖의 골(骨)로 돌아가는 까닭에 대장, 전음(前陰), 입, 방광, 골(骨)은 다 신(腎)의 무리들이다.

水穀寒氣自大腸而化液 入于前陰毛際之內爲液海 液海者液之所舍也 液海之淸氣出于口而爲精 入于膀胱而爲精海 精海者精之所舍也 精海之精汁淸者 內歸于腎 濁滓外歸于骨 故大腸與前陰口膀胱骨 皆腎之黨也

○ 정(精): 신기혈(神氣血)과 같이 정신활동을 가능케 하는 원기(原氣).

○ 액(液): 액은 하강하는 수곡의 한기가 대장에서 화한 것. 앞 절의 유(油)보다는 질중함.

이 절은 한기가 액(液)으로 화하여 액해(液海)가 되고, 액해의 청기가 입으로 나와 정(精)이 되는 과정을 설명한 절이다. 액해의 청기는 다시 방광(膀胱)으로 들어가 정해(精海)가 되는데, 정해의 즙(汁)이 맑은 것은 콩팥[腎]으로, 탁재(濁滓)는 뼈[骨]로 돌아간다. 신의 무리는 하초(下焦)에 위치하며 모두 한기(寒氣)가 전해지는 통로이다. 액해(液海)는 액이 머무는 곳(液油)이요, 정해(精海)는 정(精)이 머무는 곳으로 모두 한기(寒氣)가 방강하는 무거운 것들[質重]이다.

이 절의 이해를 돕기 위해 표를 그려 보면 아래와 같다.

한기 → (寒氣)	대장 → (爲液)	액해 → (前陰)	입 → (爲精)	방광(膀胱) → 정해(精海)	신(淸汁) 뼈(濁滓)

지금까지 살펴본 온열량한의 기(氣)와 사초(四焦)에 배치한 장부와 사해(四海)의 관계를 종합적으로 구조화하여 그려 보면 다음과 같다.

기(氣)	초(焦)	관(官)	부(腑)	지(知)	해(海)	장(臟)	행(行)	해(海)
온(溫)	상초	귀	위완	턱(頷)	진해(神)	폐	머리(頭腦)	이해(膩)
열(熱)	중상초	눈	위	가슴(臆)	고해(氣)	비	어깨(背膂)	막해(膜)
량(凉)	중하초	코	소장	배꼽(臍)	유해(血)	간	허리(腰脊)	혈해(血)
한(寒)	하초	입	대장	배(腹)	액해(精)	신	볼기(膀胱)	정해(精)

8

귀가 널리 천시(天時)를 듣는 힘으로 진해(津海)의 청기(淸氣)를 끌어
내 상초(上焦)에 가득 채우면 신(神)이 되고, 두뇌(頭腦)로 쏟아 부으면
이(膩)가 되는데, 거듭 쌓이면 이해(膩海)가 된다. 눈이 널리 세회(世會)
를 보는 힘으로 고해(膏海)의 청기를 끌어내 중상초(中上焦)에 가득 채
우면 기(氣)가 되고, 등뼈[背膂]로 쏟아 부으면 막(膜)이 되는데, 거듭 쌓
이면 막해(膜海)가 된다. 코가 널리 인륜(人倫)을 냄새 맡는 힘으로 유
해(油海)의 청기를 끌어내 중하초(中下焦)에 가득 채우면 혈(血)이 되고,
허리[腰脊]에 쏟아 부으면 혈(血)이 엉키게 되는데, 거듭 쌓이면 혈해(血
海)가 된다. 입이 널리 지방(地方)을 맛보는 힘으로 액해(液海)의 청기를
끌어내 하초(下焦)에 가득 채우면 정(精)이 되고, 방광(膀胱)으로 쏟아
부으면 정(精)이 엉키게 되는데, 거듭 쌓이면 정해(精海)가 된다.

耳以廣博天時之聽力 提出津海之淸氣 充滿於上焦爲神 而注之頭腦爲膩 積累
爲膩海 目以廣博世會之視力 提出膏海之淸氣 充滿於中上焦爲氣 而注之背膂爲
膜 積累爲膜海 鼻以廣博人倫之嗅力 提出油海之淸氣 充滿於中下焦爲血 而注之
腰脊爲凝血 積累爲血海 口以廣博地方之味力 提出液海之淸氣 充滿於下焦爲精

而注之膀胱爲凝精 積累爲精海

이 절은 『성명론』 3절 '이청천시(耳聽天時)' 절을 『장부론』의 관점에서
전개한 것인데, 정신활동은 몸(이목비구)에 주어진 천기를 살피는 혜각
과 자업[性命]의 능력이 원천이 되어 이루어진다는 것을 설명한 것이다.
설명에 따르면 몸(이목비구)에 주어진 자업과 혜각 능력의 천기를 널리
살피는 능력으로 사해[津膏油液]의 청기를 끌어내 사초(四焦)에 충만하게
하면 신기혈정(神氣血精)의 정신활동이 이루어지고, 또 신기혈정이 두뇌,
등뼈, 허리, 방광[頭肩腰臀]에 주입되면 이막혈정(膩膜血精)의 사해가 형
성된다. 다시 말하면 신기혈정은 정신활동의 원동력(에너지)이지만 그
것은 몸에 주어진 천기를 살피는 능력(혜각과 자업)이 가능하게 한다는
것이다. 여기에서 우리는 장부 기능에 대한 이제마의 두 가지 생각을 읽
을 수 있다. 하나는 도덕을 판단하는 정신활동은 장부, 즉 몸에서 생긴
에너지를 통해 이루어진다는 것이요, 다른 하나는 이러한 정신활동은
몸에 주어진 혜각과 자업 능력이 천기를 살피는 과정에서 이루어진다는
것이다.

　유학에서는 지금까지 인간의 정신활동은 몸 기능과 무관하게 이루어
지는 것으로 이해해 왔다. 그러나 이제마는 정신활동은 장부에서 생긴
에너지를 통해 이루어지며, 그 에너지는 몸에 주어진 지행(혜각과 자
업) 능력이 천기를 살피는 현실적 삶의 과정에서 생겨난 것으로 주장한
다. 이것은 성명과 정신활동, 그리고 장부 기능을 설명하는 새로운 방
식이라는 점에서 의미를 부여할 수 있다. 다음 절은 이 절의 연속으로
이해해야 한다. 인사를 행하는 능력과 폐비간신의 기능과의 관계를 설
명하여 이 절과 대를 이루고 있기 때문이다.

이 절의 내용을 표로 정리하면 다음과 같다.

	제출력(提出力)	청기(淸氣)	위(爲)	주입처	위(爲)
귀	천시의 청력(天時之聽力)	진해(津海)	신(神)	두뇌(頭)	이해(膩海)
눈	세회의 시력(世會之視力)	고해(膏海)	기(氣)	척추(脊)	막해(膜海)
코	인륜의 후력(人倫之嗅力)	유해(油海)	혈(血)	허리(腰)	혈해(血海)
입	지방의 미력(地方之味力)	액해(液海)	정(精)	방광(膀)	정해(精海)

9

　폐는 사무(事務)에 익숙[鍊達]한 애력(哀力)으로 이해(膩海)의 맑은 즙(汁)을 빨아내 폐에 넣어 폐의 원기(元氣)를 북돋아 주고, 안으로는 진해(津海)를 부축하여 그 기(氣)를 움직이고 그 진(津)을 엉겨 모이게 한다. 비는 교우(交遇)에 익숙한 노력(怒力)으로 막해(膜海)의 맑은 즙을 빨아내 비(脾)에 넣어 비의 원기를 북돋아 주고, 안으로는 고해(膏海)를 부축하여 그 기를 움직이고 그 고(膏)를 엉겨 모이게 한다. 간은 당여(黨與)에 익숙한 희력(喜力)으로 혈해(血海)의 맑은 즙을 빨아내 간(肝)에 넣어 간의 원기를 북돋아 주고, 안으로는 유해(油海)를 부축하여 그 기를 움직이고 그 유(油)를 엉겨 모이게 한다. 신은 거처(居處)에 익숙한 악력(樂力)으로 정해(精海)의 맑은 즙을 빨아내 신(腎)에 넣어 신의 원기를 북돋아 주고, 안으로는 액해(液海)를 부축하여 그 기를 움직이고 그 액(液)을 엉겨 모이게 한다.

　肺以鍊達事務之哀力 吸得膩海之淸汁 入于肺以滋肺元 而內以擁護津海 鼓動

其氣凝聚其津 脾以鍊達交遇之怒力 吸得膜海之淸汁 入于脾以滋脾元 而內以擁護膏海 鼓動其氣凝聚其膏 肝以鍊達黨與之喜力 吸得血海之淸汁 入于肝以滋肝元 而內以擁護油海 鼓動其氣凝聚其油 腎以鍊達居處之樂力 吸得精海之淸汁 入于腎以滋腎元 而內以擁護液海 鼓動其氣凝聚其液

○ 연달(鍊達): 달련(達鍊), 숙달(熟達). 습숙(習熟). 익숙함.

○ 흡득(吸得): 빨아들임.

○ 옹호(擁護): 부축하여 보호함. 북돋아 보호함.

○ 고동(鼓動): 정기(靜氣)를 움직임.

○ 응취(凝聚): 응집(凝集).

이 절도 역시 「성명론」 5절 '폐달사무(肺達事務)' 절을 장부론의 관점에서 전개한 것인데, 장부의 기능은 부여받은 성명, 즉 인사를 행하는 혜각과 자업의 능력이 원천이 되어 이루어진다는 것이다. 설명에 따르면 폐비간신의 인사(사무, 교우, 당여, 거처)에 익숙한 애노희락의 힘[哀怒喜樂之力]이 사해(이해, 막해, 혈해, 정해)의 맑은 즙[淸汁]을 빨아내 폐비간신에 주입하여 폐비간신의 원기를 북돋아 주고, 안으로는 사해(진해, 고해, 유해, 액해)의 기(氣)를 움직이고 모이게[鼓動·凝聚] 한다. 폐비간신에는 인사(사무, 교우, 당여, 거처)를 행하는 달합입정(達合立定)의 능력이 주어져 있다.[4] 이 능력이 애노희락의 힘을 통해 이해, 막해, 혈해, 정해의 맑은 즙을 빨아내 폐비간신에 주입시켜 줌으로써 원기를 북돋아 주고, 또 안으로는 진해, 고해, 유해, 액해의 기(氣)를 움직이고 모이게 한다는 것이다. 말하자면 장부 기능의 원천은 인사를 행하는 능력

---

4) 「성명론」, 5절.

이라는 것이다.

앞서 지적했던 것처럼 한의학에서 음양오행설로 장부 기능을 설명하는 것은 변할 수 없는 정설이다. 그러나 이제마는 장부에 주어진 인사를 행하는 힘이 원천이 되어 기능하는 것으로 설명한다. 이것은 인간의 지행 능력과 장부 기능을 이해하는 새로운 방식의 해석이다. 그것은 정신 활동과 몸 기능을 추상적인 음양오행적 해석을 벗어나 장부 기능을 실증적으로 분석하고 해명하는 경험적 방식이기 때문이다.

이 절의 내용을 표로 정리하면 다음과 같다.

	흡득력(吸得力)	청즙(淸汁)	입이자(入以滋)	옹호(擁護)	옹취(凝聚)
폐	사무의 애력(事務之哀力)	이해(膩海)	폐원(肺元)	진해(津海)	진(津)
비	교우의 노력(交遇之怒力)	막해(膜海)	비원(脾元)	고해(膏海)	고(膏)
간	당여의 희력(黨與之喜力)	혈해(血海)	간원(肝元)	유해(油海)	유(油)
신	거처의 락력(居處之樂力)	정해(精海)	신원(腎元)	액해(液海)	액(液)

10

진해(津海)의 흐린 찌꺼기(濁滓)는 위완(胃脘)이 상승하는 힘으로 그 흐린 찌꺼기를 취하여 위완을 보익(補益)하고, 고해(膏海)의 흐린 찌꺼기는 위(胃)가 정축(停畜)하는 힘으로 그 흐린 찌꺼기를 취하여 위를 보익하며, 유해(油海)의 흐린 찌꺼기는 소장(小腸)이 소도(消導)하는 힘으로 그 탁재를 취하여 소장을 보익하고, 액해(液海)의 흐린 찌꺼기는 대장(大腸)이 하강하는 힘으로 그 탁재를 취하여 대장을 보익한다.

津海之濁滓 則胃脘以上升之力取其濁滓 而以補益胃脘 膏海之濁滓 則胃以停
畜之力取其濁滓 而以補益胃 油海之濁滓 則小腸以消導之力取其獨滓 而以補益
小腸 液海之濁滓 則大腸以下降之力取其濁滓 而以補益大腸

○ 탁재(濁滓): 흐린 찌꺼기. 앙금.

○ 보익(補益): 보충하여 늘여 도움이 되게 함.

이 절은 「성명론」 7절 '함유주책(頷有籌策)' 절의 장부론적 전개이기
때문에 인체의 전면 부위인 함억제복(頷臆臍腹)이 사부(위완, 위, 소장,
대장)로 바뀌어 있다. 앞의 두 절은 이목비구와 사장(폐비간신)의 기능
을, 이 절과 다음 절은 사부와 머리, 손, 허리, 발의 기능을 장부의 기능
과 관련시켜 설명한 것이다.

위완, 위, 소장, 대장은 상승, 정축, 소도, 하강하는 힘으로 진해, 고해,
유해, 액해의 탁재를 취하여 위완, 위, 소장, 대장의 기능을 보익한다. 이
것은 수곡의 기를 통해 생겨난 진해, 고해, 유해, 액해의 탁재가 사부 기
능의 원천이라는 의미이다. 사부의 기능 역시 음양오행설이 아닌 몸 기
능으로 설명이 가능하다는 것을 알 수 있다.

이해를 돕기 위해 표를 만들어 보면 다음과 같다.

성명론	함(頷)	억(臆)	제(臍)	복(腹)
장부론	위완(胃脘)	위(胃)	소장(小腸)	대장(大腸)

탁재(濁滓)	사부(四腑)		보익(補益)
진해(津海)	위완	상승지력(上升之力)	위완
고해(膏海)	위	정축지력(停畜之力)	위
유해(油海)	소장	소도지력(消導之力)	소장
액해(液海)	대장	하강지력(下降之力)	대장

11

이해(膩海)의 흐린 찌꺼기[濁滓]는 머리가 곧게 펴는[直伸] 힘으로 단련[鍛鍊]하여 피모(皮毛)를 생성케 하고, 막해(膜海)의 흐린 찌꺼기는 손이 거두어들이는[能收] 힘으로 단련하여 힘줄[筋]을 생성케 하며, 혈해(血海)의 흐린 찌꺼기는 허리가 느리게 내놓은[寬放] 힘으로 단련하여 육(肉)을 생성케 하고, 정해(精海)의 흐린 찌꺼기는 발이 굳센[屈强] 힘으로 단련하여 뼈[骨]를 생성케 한다.

膩海之濁滓 則頭以直伸之力鍛鍊之而成皮毛 膜海之濁滓 則手以能收之力鍛鍊之而成筋 血海之濁滓 則腰以寬放之力鍛練之而成肉 精海之濁滓 則足以屈强之力鍛鍊之而成骨

○ 직신(直伸): 곧게 폄.

○ 능수(能收): 거두어들임.

○ 관방(寬放): 느긋하게 내 놓음.

○ 굴강(屈强): 힘이 몹시 셈.

굴신은 몸을 직선으로 굽히고 펴는 동작을, 방수는 모으고 펴는 동작을 가리킨다. 이 절은 『성명론』 9절 '두유식견(頭有識見)' 절의 장부론적 전개이다. 이 때문에 인체의 후면 부위인 두견요둔(頭肩腰臀)이 머리, 손, 허리, 발로 바뀌어 있다.

머리, 손, 허리, 발은 직신, 능수, 관방, 굴강하는 힘으로 이해, 막해, 혈해, 정해의 탁재를 취하고 단련하여 피모, 힘줄, 살, 뼈를 생성케 한다. 따라서 머리, 손, 허리, 발의 기능은 수곡의 온열량한의 기를 통해 생겨난 이해, 막해, 혈해, 정해의 탁재가 그 원천이다. 이 절에서도 역시 머리, 손, 허리, 발의 기능이 음양오행설이 아닌 몸 기능으로 설명하고 있음을 확인할 수 있다.

이해를 돕기 위해 표를 만들어 보면 다음과 같다.

성명론	머리(頭)	어깨(肩)	허리(腰)	볼기(臀)
장부론	머리(頭)	손(手)	허리(腰)	발(足)

탁재(濁滓)	사부(四腑)		단련(鍛鍊)
이해(膩海)	위완	직신지력(直伸之力)	피모(皮毛)
막해(膜海)	위	능수지력(能收之力)	힘줄(筋)
혈해(血海)	소장	관방지력(寬放之力)	살(肉)
정해(精海)	대장	굴강지력(屈强之力)	뼈(骨)

12

그런 까닭에 귀는 반드시 멀리 들어야 하고, 눈은 반드시 크게 보아

야 하며, 코는 반드시 넓게 맡아야 하고, 입은 반드시 깊게 맛보아야 한다. 이목비구(耳目鼻口)의 작용이 심원광대(深遠廣大)하면 정신기혈(精神氣血)이 생성하고, 천근협소(淺近狹小)하면 정신기혈이 소모될 것이다. 폐는 반드시 잘 배워야 하고, 비는 반드시 잘 물어야 하며, 간은 반드시 잘 생각해야 하고, 신은 반드시 잘 분별해야 한다. 폐비간신(肺脾肝腎)의 작용이 바르고 곧고 알맞아 조화를 이루면(正直中和)하면 진액고유(津液膏油)가 충만할 것이고, 감정이 치우치거나 기울고, 지나치거나 미치지 못하면[偏倚過不及] 진액고유가 녹아버릴 것이다.

是故耳必遠聽 目必大視 鼻必廣嗅 口必深味 耳目鼻口之用深遠廣大 則精神氣血生也 淺近狹小 則精神氣血耗也 肺必善學 脾必善問 肝必善思 腎必善辨 肺脾肝腎之用正直中和 則津液膏油充也 偏倚過不及 則津液膏油爍也

○ 심원광대(深遠廣大): 탕대광막(蕩大廣邈)의 다른 이름.5) 천기인 천시, 세회, 인륜, 지방을 멀리 듣고, 크게 보고, 넓게 냄새 맡고, 깊게 맛보는 것.

○ 천근협소(淺近狹小): 심원광대(深遠廣大)의 반대.

○ 정직(正直): 거짓과 허식이 없이 마음이 바르고 곧음.

○ 중화(中和): 발현된 애노희락의 감정이 알맞고 조화로운 상태.

○ 편의(偏倚): 감정이 치우치고 기움.

○ 과불급(過不及): 감정이 지나치거나 미치지 못함.

이 절은 8~11절의 내용을 종합하여 정리한 것인데, 장부는 기계처럼

5) 「성명론」 4절에는 蕩大廣邈의 순서로 되어 있음.

기능하는 것이 아니라 인간의 노력에 따라 다르게 기능한다는 것을 설명한 것이다. 8절에서 보았듯이 이목비구는 천기를 살피는 힘으로 청기를 끌어내 정신기혈(精神氣血)을 생성한다. 그러나 이목비구가 천기를 살필 때 심원광대하게 하면 정신기혈을 생성하지만 천근협소하게 하면 소모되고 만다. 또 9절에서 보았듯이 폐비간신은 인사에 익숙한 애노희락의 힘으로 청즙을 빨아내 폐비간신의 근원을 북돋아 준다. 그러나 인사를 행할 때 학문사변을 잘하여 애노희락의 감정이 정직중화(正直中和)하면 진액고유(津液膏油)가 충만하지만, 편의과불급(偏倚過不及)하면 녹아 버린다. 이것은 천기를 심원광대하게 살피려는 노력, 그리고 인사를 행하는 과정에서 애노희락의 감정을 정직중화하려는 노력이 장부의 순역(順逆) 기능을 좌우한다는 것을 의미한다. 이제마의 「장부론」을 음양오행설의 관점에서 해석할 수 없는 이유가 여기에 있다.

8～12절은 「장부론」의 핵심인 동시에 사상설(四象說) 전반을 지탱하는 이론적 근간이라고 할 수 있다. 천기와 인사의 사원구조를 시작으로 전개한 사상설적 인간상의 전모가 사해설(四海說)에 제시되어 있기 때문이다.

이제마는 왜 진해, 고해, 유해, 액해를 천기를 살피는 정신활동[精神氣血]의 원천으로 이해하고, 동시에 이해, 막해, 혈해, 정해를 인사를 행하는 원천으로 삼은 것일까? 이에 대한 해답은 구체적 언급이 없기 때문에 확언하기는 어렵다. 그러나 바다[海]가 모든 생명의 원천이듯이 그는 진해, 고해, 유해, 액해와 이해, 막해, 혈해, 정해의 사해를 인간의 정신활동과 장부 기능의 원천으로 이해한 것은 분명하다.

생명의 원천에 대한 이러한 이해는 실증적이고 경험적인 탐구에 근거한 것이라고 할 수 있다. 한의학이나 성리학은 사상의학과 마찬가지로 유기체적 관점에서 인간을 이해하지만 생명이나 정신활동의 원천을 초월적 관점에서 해명한다. 그러나 이제마는 수곡의 (온열량한)기가 변화한 진해, 고해, 유해, 액해가 정신활동의 원천이라고 생각한다. 이것은 섭취한 음식이 장부에서 에너지[氣]로 변화하고, 이 에너지가 생명활동의 원천이 된다는 경험적 지식과 과학적 논리에 근거한 것이다.

　그러나 더 중요한 것은 정신활동이나 애노희락의 감정을 인간 스스로 조절함으로써 장부의 기능을 조절할 수 있다고 보는 점이다. 이것은 인간의 수명도 조절이 가능하다는 의미이다. 따라서 이것은 오욕을 버리고 천도에 순응하여 살아가야 천수를 누릴 수 있다는 도가의 양생술과 다르다. 이제마의 방식은 수신의 노력에 따라 수명(命數)이 결정되지만 그것은 천기를 살피고 애노희락의 감정을 조절하는 것으로서 현실적 삶에서 실현하는 방식이기 때문이다. 이러한 의미에서 사해는 추상적 사변적 개념이 아니라 생명과 정신활동의 원천을 가리키는 개념으로 이해되어야 한다.

13

이해(膩海)에는 신(神)이 감추어져 있고 막해(膜海)에는 령(靈)이 감추어져 있으며, 혈해(血海)에는 혼(魂)이 감추어져 있고, 정해(精海)에는 백(魄)이 감추어져 있다.

膩海藏神　膜海藏靈　血海藏魂　精海藏魄

○ 신(神): 이해(膩海)는 신(神)이 모인 곳.6)

○ 령(靈): 막해(膜海)는 기(氣)가 모인 곳이므로7) '령(靈)'은 '氣'의 다른
이름.

○ 혼(魂): 혈해(血海)는 혈(血)이 모인 곳이므로8) '혼(魂)'은 '응혈자(凝
血者)'.

○ 백(魄): 정해(精海)는 정(精)이 모인 곳이므로9) '백(魄)'은 '응정자(凝
精者)'.

4~7절에 의하면 이해, 막해, 혈해, 정해는 신기혈정(神氣血精)이 모인
곳이다. 그런데 이 절에서는 이곳에 신령혼백(神靈魂魄)이 감추어져 있다
고 한다. 신기혈정과 신령혼백의 개념은 어떠한 차이가 있는가?

이 두 개념의 차이는 다음 절과 함께 검토해야 이해가 가능하다. 다음
14절에서는 진해, 고해, 유해, 액해에는 의려조지(意慮操志)가 감추어져
있다고 한다. 이 두 절에서 중요하게 검토해야 할 것은 다음과 같은 두
가지다.

첫째, 장(藏) 자의 개념이다. 이제마는 신령혼백과 의려조지에 대해
'있다'는 유(有) 자 대신 '감추어져 있다'는 장(藏) 자를 사용한다. 有와 藏
자의 사용처를 통해 우리는 이 두 개념의 차이를 변별할 수 있다. 有를
사용한 곳은 천기유사(天機有四),10) 함유주책(頷有籌策),11) 두유식견(頭有
識見),12) 함유교심(頷有驕心),13) 두유천심(頭有擅心),14) 유혜각즉생(有慧覺

---

6) 「장부론」, 4절.
7) 같은 곳 5절.
8) 같은 곳 6절.
9) 같은 곳 7절.
10) 「성명론」, 1절.
11) 같은 곳 7절.
12) 같은 곳 9절.

則生),[15] 유자업즉생(有資業則生),[16] 인품장리유사(人稟臟理有四),[17] 심욕유사(人趣心慾有四),[18] 려환지노심(慮患之怒心),[19] 택교지희심(擇交之喜心),[20] 사무지애심(事務之哀心),[21] 거처지락심(居處之樂心)[22] 절 등이다. '有'의 이러한 용례를 보면 여기에는 有가 모두 추상적 개념까지 포함한 실체를 가리키고 있다는 공통점이 있다. 藏을 사용한 곳은 이 절과 다음 절 두 곳 뿐인데 有 대신 藏을 사용하여 설명한 것은 신령혼백과 의려지도가 주책이나 혜각 등과는 달리 실체를 가리키는 개념이 아니기 때문이라고 해석된다.

둘째, 신령혼백과 의려조지는 모두 정신활동을 가리키는 개념이다. 설명에 따르면 이들은 이해, 막해, 혈해, 정해와 진해, 고해, 유해, 액해에 감추어져 있다. 그런데 이해, 막해, 혈해, 정해와 진해, 고해, 유해, 액해는 수곡의 기가 변화하여 혀 밑이나 두뇌 등에 들어가 된 것들로서 신기혈정의 기가 활동하는 원천으로서의 힘(에너지)을 가리키는 개념이다. 따라서 비록 추상적 개념이지만 이들은 실체로 존재하는 것들을 가리키는 개념이다. 그러나 신령혼백과 의려지조는 이들 신기혈정의 기가 활동하여 생겨난 것들로서 속성을 갖지 못하는 일종의 의식 또는 마음과 같은 정신활동을 가리키는 개념이다. 이러한 측면에서 이 개념들은

---

13) 같은 곳 19절.
14) 같은 곳 21절.
15) 같은 곳 30절.
16) 같은 곳 31절.
17) 「사단론」, 1절.
18) 같은 곳 2절.
19) 「확충론」, 12절.
20) 같은 곳 13절.
21) 같은 곳 14절.
22) 같은 곳 15절.

이해, 막해, 혈해, 정해, 그리고 진해, 고해, 유해, 액해와 구별된다.

　이러한 논의에 따르면 신기혈정과 신령혼백의 개념에 중요한 차이가 있다는 것을 알 수 있다. 신령혼백과 의려지조는 신기혈정이 이해, 막해, 혈해, 정해와 진해, 고해, 유해, 액해라는 에너지를 통해 작용하는 정신 활동을 가리키는 개념이다. 그런데 이들은 모두 수곡의 기가 변화하여 생긴 것들을 지칭하는 개념이기 때문에 실제적으로는 별개의 개념이 아니다. 그러나 수곡의 기가 변화하여 생긴 것들이라 하더라도 그 과정은 구분하여 설명하지 않을 수 없다. 이렇게 보면 신기혈정과 신령혼백의 개념 차이는 확연히 구별된다. 신기혈정은 수곡의 기가 변화하여 생긴 실체로서의 정신활동을 가리키는 개념이라면 신령혼백은 정신의 활동인 잠재된 의식이나 마음 같은 것을 가리키는 개념이라고 할 수 있다.

　그렇다면 신령혼백과 의려지조는 어떻게 다른가? 존재하는 형태로 보면 신령혼백은 이해, 막해, 혈해, 정해에 감추어져 있고, 의려지조는 진해, 고해, 유해, 액해에 감추어져 있다는 점이 다르다. 그러나 이해, 막해, 혈해, 정해와 진해, 고해, 유해, 액해가 모두 수곡의 기가 변화하여 생긴 것들이기 때문에 드러난 형태는 다를 뿐, 그 근거는 다르지 않다. 따라서 신령혼백과 의려지조는 잠재된 정신활동, 즉 의식이나 마음의 양면을 가리키는 개념이라고 할 수 있다. 신령혼백이 의식이나 마음이 아직 드러나지 않은 내면적 측면을 가리킨다면 의려지조는 활동하여 밖으로 드러난 것을 가리키는 개념이기 때문이다.

　이해, 막해, 혈해, 정해는 수곡의 기가 진고유액으로 화하여 진해, 고해, 유해, 액해가 되고, 이들의 청기(淸氣)가 두뇌, 등뼈 등으로 들어가 된 것들이다. 이들이 들어가는 곳을 상·하로 구분하여 표를 그려 보면 아래와 같다. 신령혼백을 상·하에 배치한 것은 이해, 막해, 혈해, 정해의 흐

린 찌꺼기(濁滓)가 머리, 손 등이 직신, 능수, 관방, 굴강하는 힘으로 작용
하기 때문이다.

직신(直伸)	능수(能收)	관방(寬放)	굴강(屈强)
머리 두뇌	손 어깨 등뼈[背脊]	허리(腰脊)	발 볼기 방광
이해(膩海)	막해(膜海)	혈해(血海)	정해(精海)
신(神)	령(靈)(氣)	혼(魂)(血)	백(魄)(精)

14

진해(津海)에는 의(意)가 감추어져 있고, 고해(膏海)에는 려(慮)가 감
추어져 있으며, 유해(油海)에는 조(操)가[23] 감추어져 있고, 액해(液海)에
는 지(志)가 감추어져 있다.

津海藏意 膏海藏慮 油海藏操 液海藏志

이 절은 「성명론」 '함유주책(頷有籌策)'[24] 절과 '함유교심(頷有驕心)'
절, '교심교의야(驕心驕意也)' 절의 장부론적 전개이기 때문에 지조려의
를 진해, 고해, 유해, 액해와 관련시켜 설명한 것이다. 지조려의가 진해,
고해, 유해, 액해에 감추어져 있다고 한 이유는 앞 절에서 이미 설명하
였다.

진해, 고해, 유해, 액해는 수곡의 기가 화하여 혀 밑, 젖가슴 사이 등

---

23) 『격치고』에서는 담(膽) 자로 되어 있다. 「유략」, 1-9.
24) 「성명론」, 7절.

으로 들어가 생긴 것들이다. 이들이 들어가는 곳을 상하로 구분하여 표를 그려보면 아래와 같다. 의려조지를 상하에 위치한 것은 진해, 고해, 유해, 액해의 탁재(濁滓)가 위완, 위 등이 상승, 정축, 소도, 하강하는 힘으로 작용하기 때문이다.

상승(上升)	정축(停畜)	소도(消導)	하강(下降)
위완, 턱, 혀밑	위, 가슴, 젖가슴 사이	소장, 배꼽	대장, 배, 전음(前陰)
진해(津海)	고해(膏海)	유해(油海)	액해(液海)
의(意)	려(慮)	조(操) (膽)	지(志)

일반적으로 의려조지는 의식이나 마음을 가리키는 유사한 개념들이지만 이제마는 이들 개념을 구분하여 사용한다. 의려조지는 본래 이제마가 재해석한 물사단(物四端) 의려담지(意慮膽志)를 다듬어 재정리한 것이다.[25] 이제마는 「지모(志貌)」 장에서[26] 맹자의 사단심(四端心)을 의려조지, 곧 지담려의의 마음으로 해석한다. 또한 그는 측은(惻隱), 수오(羞惡), 사양(辭讓), 시비(是非)의 사단 심을 다시 측수사시[天心]와 은오양비[人心]로 나누어 지담려의에는 천심(天心)과 인심(人心)이 있다고 설명한다. 측수사시의 천심은 구제[濟], 정돈[整], 조화[和], 두루함[周]을 의미하므로 공적 이익을 도모하는 마음이고 은오양비의 인심은 빼앗고[奪], 속이고[欺], 시샘하고[妬], 훔치려고[竊] 하지 않는, 즉 개인적 욕구를 채우려고 하지 않는 사적 마음이다.

성리학에서도 마음을 도심(道心)과 인심(人心)으로 나누는데, 도심 대

---

25) 『격치고』에서는 담(膽) 자로 되어 있다. 「유략」, 1-9.
26) 같은 곳. 2-9. 「지모(志貌)」 장.

신 천심과 인심으로 나눈 것은 그가 말하는 천심이 삼라만상을 일관하는 성리학적 개념과 다르기 때문이다. 참고로 이제마는 맹자의 사단을 재구성하여 사심신물(事心身物) 사단으로 재구성하고 사심신물에는 각기 모언시청(貌言視聽), 변사문학(辨思問學), 굴방수신(屈·放·收·伸), 지담려의(志膽慮意)의 사단이 있다고 설명한다. 변사문학과 굴방수신은 심신에 갖추어진 능력을 가리키고, 모언시청과 지담려의는 사(事)를 헤아리는 능력과 물(物)을 향한 마음을 가리킨다.

15
두뇌(頭腦)의 이해(膩海)는 폐의 근본이고, 등뼈[背膂]의 막해(膜海)는 비의 근본이며, 허리뼈[腰脊]의 혈해(血海)는 간의 근본이고, 방광(膀胱)의 정해(精海)는 신의 근본이다.

頭腦之膩海肺之根本也 背膂之膜海脾之根本也 腰脊之血海肝之根本也 膀胱之精海腎之根本也

이 절은 이해, 막해, 혈해, 정해가 폐비간신 작용의 원천이라는 것을 말한 것으로 「장부론」 9절의 요약이다. 두뇌, 등뼈, 허리뼈, 방광은 이해, 막해, 혈해, 정해가 모인 곳이다.

앞서 언급했던 것처럼 한의학에서는 폐비간신을 오행에 배속시키고, 상생상극으로 그 기능을 설명하였다. 설명이 불가능한 것은 아니지만 적절한 방식으로 평가받기는 어려워 보인다. 엄밀한 실증적 검증이 요구되는 학문이라는 점을 고려하지 않더라도 장부 기능을 설명하기에는 지나치게 추상적인 방식이기 때문이다. 물론 이제마의 방식도 오늘날과 같은 과학적 이론에 바탕을 두었다고 말하기는 어렵다. 그러나 그의 설명 방식은 경험적 관점에 의지하고 있다는 점에서 과거의 사변적인 설명 방식을 벗어나 있다. 그는 폐비간신의 기능을 오행의 상생상극이 아니라 몸 안에서 생성된 에너지가 그 원천이라는 사실을 토대로 해명하기 때문이다.

다음 절도 물론 같은 맥락에서 해석되어야 한다. 사상의학의 「장부론」은 모두 이러한 시각에서 정리된 것이기 때문이다.

16

혀의 진해(津海)는 귀의 근본이고, 젖가슴의 고해(膏海)는 눈의 근본이며, 배꼽의 유해(油海)는 코의 근본이고, 전음(前陰)의 액해(液海)는 입의 근본이다.

舌之津海耳之根本也 乳之膏海目之根本也 臍之油海鼻之根本也 前陰之液海口
之根本也

이 절은 진해, 고해, 유해, 액해가 이목비구 작용의 원천이라는 것을 주장하고 있으며, 「장부론」 8절의 요약이다. 혀밑, 젖가슴 사이, 배꼽, 전음(前陰)은 진해, 고해, 유해, 액해가 모인 곳이다.

이상 두 절에서 이해, 막해, 혈해, 정해와 진해, 고해, 유해, 액해가 폐비간신과 이목비구의 근본이 된다고 하는데, 13~14절에서는 이해, 막해, 혈해, 정해와 진해, 고해, 유해, 액해에 신령혼백과 의려지조가 감추어져 있다고 말한다. 이것은 이목비구와 폐비간신의 기능은 물론 정신 활동까지 이해, 막해, 혈해, 정해와 진해, 고해, 유해, 액해에서 생기는 에너지를 통해 작용한다는 것을 설명하고 있다. 이 작용은 물론 이목비구와 폐비간신, 그리고 신령혼백과 의려지조가 하늘을 살피고 사람을 세우며, 지혜와 행업을 행한다는 것을 의미한다.27)

여기에서 우리는 「장부론」이 첫 장 「성명론」에 근거하고 있음을 다시 확인할 수 있다. 이제마의 「장부론」이 한의학이나 성리설을 벗어나 새롭게 재해석되었다는 필자의 주장은 이에 근거한 것이다. 이제마는 하늘을 살피고 사람을 세우며 지혜와 행업을 행하는 능력(혜각·자업)은 천리가 아니라 수곡을 섭취해 소화시키는 과정에서 생긴 이해, 막해, 혈해, 정해와 진해, 고해, 유해, 액해가 그 원천이라고 말하기 때문이다. 이에 근거하면 이제마가 제시한 '사심신물 사단'도 이러한 맥락에서 해석되어야 한다. 사심신물 사단의 기능은 천리로 주어지는 것이 아니라 이해, 막해, 혈해, 정해와 진해, 고해, 유해, 액해에서 생긴 에너지를 원천으로 하여 작용하는 기능을 가리키는 개념이기 때문이다.

사심신물 사단이 구체적으로 어떤 능력을 가리키는지 4~16절까지 참고하여 표를 그려 보면 다음과 같다. 이 표는 다음 절에서 함께 설명할 것이다.

---

27) 「성명론」, 11절.

지/혜각	사사단 (事)	모언시청 (貌言視聽)	원청(遠聽) 대시(大視) 광후(廣嗅) 심미(深味)	관천 (觀天)	이목비구 (耳目鼻口)
	심사단 (心)	변사문학 (辨思問學)	선학(善學) 선문(善問) 선사(善思) 선변(善辨)	입인 (立人)	폐비간신 (肺脾肝腎)
행/자업	신사단 (身)	굴신수방 (屈伸收放)	신령혼백 (神靈魂魄)	행기행 (行其行)	두견요둔 (頭肩腰臀) 두수요족 (頭手腰足)
	물사단 (物)	지담려의 (志膽慮意)	의려조지 (意慮操志)	행기지 (行其知)	함억제복 (頷臆臍腹) 위완, 위, 소장, 대장

17

심(心)은 일신(一身)의 주재자(主宰者)가 되어 네 귀퉁이[肺脾肝腎]와 심장을 등에 지고 앞가슴의 중앙을 바로 향하면 불빛처럼 밝아서 이목비구(耳目鼻口)가 살피지 못하는 것이 없으며, 폐비간신(肺脾肝腎)이 헤아리지 못하는 것이 없고, 함억제복(頷臆臍腹)은 정성을 다 하지 않는 것이 없으며, 두수요족(頭手腰足)은 공경하지 않는 것이 없다.

心爲一身之主宰 負隅背心 正向膻中 光明瑩徹 耳目鼻口無所不察 肺脾肝腎無所不忖 頷臆臍腹無所不誠 頭手腰足無所不敬.

○ 심(心): 마음.

○ 부우(負隅): 우(隅)는 네 모퉁이(四隅)로서 폐비간신(肺脾肝腎).

○ 배심(背心): 심(心)은 오장의 심장(五臟之心).

○ 단중(膻中): 심장이 있는 곳.(心之所在處).

○ 두수요족(頭手腰足): 두견요둔(頭肩腰臀)과 같은 의미로 사용.

○ 경(敬): 삼가(愼)하여 공경함.

  이 절은 마음이 몸 기능을 주재함을 설명한 것이지만 『장부론』의 결론이요 사상의학 원리편의 결론이라고 할 수 있다. 유학에서는 전통적으로 마음이 몸[一身]을 주재하는 것으로 설명한다. 그러나 이제마가 말하는 심의 주재는 그들과 내용이 다르다. 맹자가 사유(思惟)는 마음의 기능이며, 몸[耳目之類]은 물욕에 이끌리는 것으로 해명한 이후 유가적 전통에서는 몸에는 사유 기능이 없는 것으로 이해하였다. 따라서 그들은 도덕성 실현의 요체가 마음의 주재를 받아 몸에서 생기는 욕구를 억제하는데 있다고 하여 마음과 몸의 기능을 분리하였다. 그러나 이제마는 이들과 다르게 몸에는 지각과 행위(혜각·자업) 능력이 주어져 있다고 하여 마음과 몸을 분리시키지 않는다. 또한 그는 욕구를 절제의 대상으로 인식하면서도 악으로 규정하지 않는다. 이러한 사실은 이제마의 사상의학이 유가적 사유에 근거를 두면서도 유학과는 다른 시각에서 인간을 이해함으로써 새로운 의학 이론을 정립했다는 것을 의미한다.

  마음이 몸을 주재한다는 주장도 이러한 시각에서 해석되어야 한다. 이제마 역시 도덕의 원천을 선을 좋아하고 악을 싫어하는(호선오악) 마음에서 찾는다. 그러나 그는 비록 호선오악의 마음일지라도 편급한 마음을 경계해야 한다고 말한다. 악은 몸의 욕구가 아니라 편급한 마음이 원인이라고 보기 때문이다. 편급하면 교긍벌과와 천치나욕하는 마음이 생겨 몸의 지행 능력이 발휘되지 못하게 된다. 즉 몸 기능이 발휘되기 위해서는 마음의 주재가 요청된다는 것이다. 그러므로 주재는 욕구를 원천적으로 봉쇄하는 것이 아니라 마음을 먼저 바르게 향하고 맑게 빛 나게 하여 과욕이 없도록 하는 방식이다. 그렇게 하여 정직중화하면 몸, 즉 이목비구와 폐비간신이 살피고 헤아리지 못하는 것이 없고 함억제복 과 두견요둔이 정성과 공경하지 않는 것이 없게 된다는 논리다.

지금까지 살펴본 원리편(「성명론」, 「사단론」, 「확충론」, 「장부론」)을 토 대로 전개된 사상의학 이론의 특징은 대략 다음과 같이 정리할 수 있다.

첫째, 혜각과 자업은 성명으로 주어지지만 그것은 리기와 같은 보편 원리가 아니라 지행 능력이다. 이 지행 능력이 곧 사심신물 사단이다. 이 가운데 변사문학과 굴방수신은 심과 신에 갖추어진 내적 능력이고, 지담려의와 모언시청은 물과 사를 향한 심·신의 외적 능력이다.

둘째, 혜각과 자업의 지행 능력은 몸에 주어져 있다. 이목비구와 폐비 간신에는 혜각, 즉 지각 능력이, 두견요둔과 함억제복에는 자업, 즉 행 위 능력이 주어져 있다. 두수요족과 위완, 위, 소장, 대장에도 두견요둔, 그리고 함억제복에 주어진 것과 같은 행위 능력이 주어져 있다.

셋째, 혜각과 자업의 지행 능력은 수곡의 온열량한의 기가 화하여 생 긴 진해, 고해, 유해, 액해와 이해, 막해, 혈해, 정해에서 에너지를 얻어 작용한다. 청시후미와 학문사변, 그리고 신령혼백과 의려조지는 사심신 물 사단 능력이 여기에서 얻어진 에너지를 원천으로 작용하는 기능을 가리켜 말한 것이다.

넷째, 진해, 고해, 유해, 액해와 이해, 막해, 혈해, 정해에서 생긴 에너지를 원천으로 하는 몸 기능(이목비구, 폐비간신, 두견요둔, 함억제복)은 모두 기의 상승 하강 운동을 통해 이루어진다. 몸은 오직 기의 상승 하강 운동을 통해 기능하므로 상생상극과 같은 초월적 원리와 무관하다.

다섯째, 호연의 리와 기는 마음과 몸이 지각하고 행하는 판단과 행위를 가리키는 개념이다. 리는 성리학에서 차용한 것이지만 호연의 리는 도덕 판단을 가리키는 이제마의 독창적 개념이다. 따라서 호연의 리는 추상적인 성리설적 리 개념과 구별해야 한다. 호연의 리는 천리로 주어지는 것이 아니라 천기를 살피고 인사를 행하는 과정에서 생겨나기 때문이다. 호연의 기는 물론 도덕적 용기를 가리키는 개념으로 맹자의 '호연지기'를 수용한 것이다.

여섯째, 혜각과 자업의 지행 능력에는 개인차가 있다. 따라서 청시후미와 학문사변, 그리고 신령혼백과 의려조지의 능력을 발휘하는 데 있어서도 차이가 있다. 이 차이는 사람마다 각기 다르지만 크게 네 가지로 유형화할 수 있다. 태양인, 소양인, 태음인, 소음인의 사상인(四象人)은 지행 능력의 개인차를 유형화한 것이다. 따라서 오행에 맞추어 유형화한 전통적인 체질 구분과는 근본적으로 다르다.

일곱째, 욕구는 억제가 아니라 절제의 대상이다. 인간에게는 교긍벌과(驕矜伐夸)와 천치나욕(擅侈懶慾), 비박탐나(鄙薄貪懦) 등 다양한 마음과 욕구가 존재한다. 욕구 추구에 있어서는 요순(堯舜)이나 공자 맹자(孔孟)와 같은 성인도 예외는 아니다. 다만 성인은 공익을 걱정하기 때문에 사욕을 거들떠 볼 겨를이 없어서 편급(偏急)한 마음이 없을 뿐이다. 따라서 발병은 욕구 자체가 아니라 편급한 욕구가 원인이다. 물론 욕구에도 개인차가 있다. 사상인은 이러한 사실을 감안하여 유형화한 것이다.

여덟째, 발병의 가장 큰 요인은 감정이며, 도덕 감정도 발병의 요인이다. 상한 음식이나 과식 등은 물론 풍한서습(風寒暑濕)과 같은 환경도 발병의 중요한 원인이다. 그러나 도덕 감정을 포함한 지나친 애노희락의 감정이 더 큰 발병의 요인이다. 음식이나 풍한서습으로 인해 생긴 병보다 욕구가 편급하여 생긴 애노희락의 감정은 회복하기 어려운 병의 원인이 되기 때문이다.

아홉째, 몸의 지행 능력은 심의 주재를 받는다. 인간의 몸에는 모언시청이나 지담려의와 같은 지행 능력이 주어져 있다. 그러나 인간에게는 교긍벌과와 천치나욕과 같은 마음도 있어서 지행 능력이 발휘되지 못하고 편급하게 된다. 편급한 마음이 곧 발병의 원인이기 때문에 정직중화(正直中和)하여 불편불의(不偏不倚) 무과불급(無過不及)하는 수신(修身)의 노력이 요청된다.[28] 심의 주재는 심이 먼저 바르고 맑게 빛나게 하여 몸이 살피고 헤아리지 못하는 것이 없으며 정성과 공경을 다하지 못함이 없도록 하는 방식이다. 따라서 이제마가 말하는 주재 개념은 과거의 "마음이 몸의 욕구를 절제(억제)한다"는 주재 개념과 구별해야 한다.

이상 사상의학 이론이 보여 준 특징을 근거로 다음과 같은 몇 가지 결론을 얻을 수 있다.

첫째, 사상의학은 한의학과 다른 관점에서 성립된 의학 이론이다. 사상의학은 한의학에 뿌리를 두고 있기 때문에 넓은 의미에서 한의학의 범주에 속한다고 할 수 있다. 그러나 사상의학은 한의학의 계승이나 파생이론으로 보기 어렵다. 한의학이 유가는 물론 도가, 음양가, 참위설 등 여러 학설을 받아들여 한의학의 관점에서 체계화한 것과는 달리 사상의학은 오직 유학에 이론의 근거를 두기 때문이다. 또한 한의학은 오

---

28) 「사단론」, 23절.

랜 의학적 경험을 음양오행설로 재구성하여 이론화했지만 사상의학은 음양오행이 아닌 사상 개념을 중심으로 이론을 전개하기 때문이다. 사상 개념을 비롯한 태극, 음양 등 주역의 개념을 사용한 것은 사상의학 이론 전개를 위해 차용한 것일 뿐이다. 주역 개념의 사용 때문에 사상을 주역의 변화 원리와 오행을 변형시켜 전개한 이론으로 해명하려는 일부 견해들은 이제마 스스로 주역의 괘상을 모방하였다는 것을 밝히고 있다는 점과 상생상극설을 일체 수용하지 않고 있다는 점을 다시 검토해할 것이다.

둘째, 사상의학은 유학사상을 경험의 관점에서 재구성하여 이론의 기초를 삼았다. 사상의학 이론은 성명, 사단, 성정 등 성리학 개념을 사용하여 설명하기 때문에 성리학 수용의 관점에서 사상의학 이론을 해석하기도 한다. 그러나 이들의 해명 역시 설득력이 부족하기는 마찬가지다. 사상의학은 이론 전개를 위해 부득이 성리학 개념을 차용하지만 장부 기능은 물론 인간을 초월이 아닌 경험의 관점에서 재해석하여 이론의 기초를 삼기 때문이다.

셋째, 사상의학 이론은 경험에 기초를 두면서도 과학적 설명 방식을 시도하였다. 지행의 기능이 가능하도록 하는 힘의 원천을 수곡의 기가 화하여 생긴 에너지로 설명하거나, 기의 상승 하강으로 이목비구나 폐비간신의 신체적 기능을 설명하는 방식은 검증 가능한 과학적 설명을 시도한 것이다. 이 방식은 적어도 수곡을 받아 들여 소화 배설하는 과정에서 에너지가 생긴다는 과학적 근거를 갖고 있기 때문이다.

이상의 결론을 통해 우리가 분명하게 알 수 있는 것은 사상의학의 이론적 근거가 과거와 본질적으로 달라졌다는 사실이다. 한의학이 유기체적 관점에서 오행의 상생상극으로 질병 치료의 길을 모색한 것과는 달리 사상의학은 유학의 핵심 개념인 성명과 사단을 경험적 관점에서 재구성하여 인간을 해명하며, 이를 토대로 장부 이론의 근거를 마련하였다. 따라서 사상의학 이론은 먼저 음양오행에 근거를 둔 한의학 이론과 성리설을 당연히 계승했을 것이라는 선입견을 버리고 이제마가 재구성한 경험적 관점에 주목함으로써만 사상의학의 이론적 본성에 대한 적절한 이해가 가능할 것이다.

이상과 같은 필자의 해석이 받아들여진다면 이제마의 사상의학 이론은 유학사상과 한의학 이론을 재조명하는 새로운 시도로 받아들여질 수 있을 것이다. 임상적 경험을 통한 이제마의 실증적 의학 이론은 한의학 이론이 나아갈 방향을 제시한 것으로 평가할 수 있으며, 또 인간을 의학이나 실증적 지식과의 접목을 통해 종합적으로 이해하는 계기를 제공한 것으로 평가할 수 있기 때문이다.

이제마의 생애와
사상의학 이론에 관한 대담

일 시 : 2011년 6월 15일 오후 3시

장 소 : 中國 吉林省 延吉市 河南街 前進路 942号. 孫永錫 中醫診所

대담자 : 孫永錫(이제마의 3대 제자)

기 록 : 최대우(전남대 철학과 교수)

최 : 선생님! 이렇게 만나 뵙게 되어 반갑습니다. 저는 유학을 전공한 사람인데, 현재는 특히 이제마 선생님의 철학사상에 관심을 갖고 연구하고 있습니다. 그런데 이제마 선생님의 3대 제자인 선생님이 연변에 계시다는 것을 알고 이렇게 찾아오게 되었습니다.

손 : 이렇게 멀리서 찾아와 주시니 감사합니다.

최 : 그 동안 사상의학 이론을 공부하면서 의학 이론과 이제마 선생님과 관련해 풀리지 않았던 의문을 중심으로 질문을 드리고자 합니다.

손 : 예. 제가 들어 알고 있는 대로 말씀해 드리지요. 그런데 한국에

가서 보니 몇 가지 사항은 제 스승인 김구익(金九翊) 선생님께 들은 것과 다르게 알려져 있더군요. 이번 기회에 바로 잡아져 후학들이 사상의학을 공부할 때 혼란에 빠지지 않았으면 합니다.

최 : 저의 질문은 이제마의 생애와 사상의학 이론에 관련된 것입니다.

이제마와 사상의학은 드라마와 소설을 통해 소개됨으로써 이제 일반인에게도 잘 알려져 있습니다. 뿐만 아니라 이미 오래전부터 한의과대학에 사상체질의학과가 개설되고 연구자도 늘어나고 있어서 사상의학에 의한 치료가 점차 일반화될 것으로 기대합니다.

그러나 이제마가 어떠한 환경에서 의학을 배우게 되었고, 또 왜 새로운 의학 이론을 세상에 내 놓게 되었는지 등을 알 수 있는 정확한 자료가 부족합니다. 또한 사상의학 이론의 근거는 무엇이며, 전통의학과는 어떻게 다른가의 본질적인 문제에 대해서도 아직 통일된 입장을 갖지 못하고 있습니다.

선생님은 유일하게 생존해 계시는 이제마의 3대 제자로 알려져 있습니다. 먼저 그 내력을 말씀해 주십시오.

손 : 예, 제가 이제마의 3대 마지막 제자라고 할 수 있습니다. 저의 스승인 김구익 선생님은 당시 중국 동북에 있던 만주국 강덕황제의 상을 받을 정도로 이 지역에서는 명성이 자자한 한의사였습니다. 저는 13세 때부터 선생님께 한문도 배우고 한의학도 배우게 되었습니다.

그런데 선생님 말씀에 따르면 당시 유행병이 전통의학으로 잘 치료되지 않아 고민하고 있던 중, 『동의수세보원』 필사본을 얻어 본 것이 계기가 되어 사상의학에 관심을 갖고 연구하게 되었다고 합니다. 그러던 중 1936(56세)년에 선생님은 제자 임봉우(林鳳宇)와 함께 함흥에 계시던 이제마 선생님의 제자 최겸용(崔謙鏞) 선생을 찾아가 약 3~4개월 동안 사사받고, 의학 자료(『동의수세보원』『격치고』『동무유고』『사상초본권』『동의사상초본권』『비망록』『동의사상신편』 등)를 탐독하고 필사한 후 용정으로 가지고 돌아왔다고 하십니다. 이제마 선생님은 최겸용, 김영관 두 분 제자를 제일 믿고 가장 사랑하셨는데, 그 외에 사상의학 이론을 이해할 만한 제자들을 많이 길러내지 못했다고 합니다. 이제마 선생님 사후 제자들은 더러 죽고, 김영관 선생도 얼마 되지 않아 세상을 떠났다고 합니다. 그리고 최겸용 선생님도 사회적 환경 등 여러 이유로 제자를 길러내지 못했다고 합니다. 그래서 김구익 선생님은 최겸용 선생을 이은 제자이고, 또 김구익 선생님을 이은 제자는 임봉우, 김동섭 등 10여 명이 있었지만 현재 모두 타계하셔서 제가 남아 있는 마지막 제자입니다.

최 : 이제마 선생님의 생애는 이미 잘 알려져 있습니다. 그러나 혹 더 알려지지 않은 사항이 있으면 말씀해 주십시오.

손 : 예, 이제마 선생님의 생애는 한국에 잘 알려져 있다고 봅니다. 다만 두 가지 사항은 잘못 알려져 있어 수정되었으면 합니다. 먼저 탄생 일화에 관한 것인데, 일화는 거의 맞지만 주모가 이진사에게 의도적으로 술을 마시게 했다는 부분은 사실과 다릅니다. 사

실은 술에 약한 이진사가 어느 날 술이 많이 취했었는데, 그날 비가 너무 많이 와 그치기를 기다렸지만 저녁 늦게까지 그치지 않자 할 수 없이 초당에서 하루 밤을 묵게 되었답니다. 이진사는 그 때 마침 초당에 있던 여자를 데리고 자게 되었는데, 아침에 보니 천하 박색이고 정신이 약간 이상해 보여 놀라 도망해오려고 했답니다. 그러자 그 여자가 "만일 내가 아이를 갖게 되면 뉘 집 후손이라고 할까요?" 라고 하니 이진사가 말하기를 "그 아이를 이가(李家)라 하라"고 하였답니다.

다음은 이름을 족보에 올리게 되는 과정입니다. 아버지 이진사의 첫째 부인은 아이를 낳지 못하였고, 두 번째, 세 번째 부인 역시 당시에는 아이를 갖지 못하였다고 합니다. 그러다가 넷째 부인, 즉 이제마 선생님의 생모가 이제마 선생님을 낳은 후에 아이를 갖게 되었다고 합니다. 이제마 선생님이 7세 때인 어느 날 족보에 이름을 올리는 집안의 큰 행사가 있었을 때의 일입니다. 동생들은 출생하자마자 이미 다 족보에 올랐지만 오직 자신의 이름만 족보에 올려주지 않았습니다. 이에 어린 이제마는 나는 왜 족보에 올려주지 않는가 하며 자신도 족보에 올려줄 것을 요청했지만 첩의 자식이기 때문에 올려줄 수 없다는 말을 듣게 되었답니다. 이에 분개한 이제마 선생님은 마침 정주 칸에서 나무를 패다가 들고 있던 도끼로 밥상을 찍으며 "그러면 왜 책임지지도 못할 자식을 낳았는가?"라고 거세게 항의했다고 합니다. 할아버지, 아버지, 백부에게 계속해서 울부짖으며 자신도 족보에 이름을 올려줄 것을 요청하자 할아버지가 "잘못하면 살인나겠다. 올려주어라"고 허락하여 장남이지만 셋째로 이름을 올리게 되었다고 합니다.

최겸용 선생은 이러한 사실을 두고 우리나라 명의 두 분은 모두 첩의 자식인데, 허준 선생은 공로를 인정받아 "양천 허씨만 서자를 가리지 말고 족보에 올리라"는 임금 명에 따라 족보에 오르게 되었고, 이제마 선생은 이렇게 족보에 오르게 되었다고 말씀하셨답니다.

최 : 이제마 선생님의 학문 세계는 사승(師承)을 댈 수 없을 정도로 독창적입니다. 이제마 선생님은 우연히 운암 한석지 선생의 글 『명선록』을 얻어 보고 깨달은 바가 크다고 알려져 있습니다. 이제마 선생님의 수학 과정은 그분의 학문 세계를 이해하는 데 도움이 될 것인데요, 언제 누구에게 글을 배우고 익혔다고 들으셨습니까? 그리고 의학 공부도 몇 살 때 누구에게 배우기 시작했는지 궁금합니다.

손 : 알려진 대로 『통사(通史)』와 같은 글은 백부인 직장공(直長公) 이반린(李攀鱗)에게 7세 때부터 배웠다고 합니다. 그러나 얼마 동안 공부했는지는 불분명합니다. 체계적인 공부는 직장공에게 배운 것이 전부라고 들었습니다. 그리고 의학은 함흥의 어느 해변 가 작은 암자에 계시던 스님에게 배웠다고 합니다. 그러나 최겸용 선생님은 "몇 살 때 얼마 동안 배웠는지는 듣지 못했고, 다만 불자가 되기 위해 가지 않았다는 것만은 분명하다"고 말씀하셨답니다.

최 : 이제마 선생님은 13세에 향시에서 장원하였습니다. 그러나 아버
    지가 돌아가시고 또 그해 말 지극히 아껴 주시던 할아버지 충원
    공(忠源公)마저 돌아가시자 가출한 것으로 알려져 있습니다. 23세
    때에 장남이 태어난 것을 보면 14세부터 22세까지의 행적이 묘
    연합니다. 러시아 연해주와 만주를 여행한 것으로 알려져 있는
    데, 이에 대해 말씀해 주십시오.

손 : 최겸용 선생님의 말씀을 근거로 추측하면 15세에서 16세 즈음인
    데, 선생님은 자신에게 의학을 가르쳐 주신 스님이 만주 봉천(奉
    天, 지금의 심양)에 계시다는 소문을 듣고 찾아갔지만 안계셨다
    고 합니다. 그러나 스님이 안산 탄강온천에 계시다는 소문을 듣
    고 그곳을 찾아가십니다. 그런데 그곳에서도 스님을 만나지 못
    하고 천산에 계시다는 소문을 따라 다시 그곳을 찾아가십니다.
    그러나 천산에서도 역시 스님을 만나지 못하고 다시 소문을 따
    라 사평(지금 요녕성과 길림성 경계선에 있음)에 있는 작은 절을
    찾아가십니다. 선생님은 사평의 절에서 드디어 스님을 만나게
    됩니다. 최겸용 선생님은 의학을 더 공부한 것으로 추측하셨답
    니다.
       그리고 18세 경에는 러시아 연해주를 다녀오셨다고 합니다. 지
    금의 블라디보스톡까지 가셨는데, 얼마 있지 않고 돌아오셨다고
    합니다. 유람이었지만 방랑에 가까운 여행으로 추측됩니다.

최 : 20세 때에는 신의주 부호 洪씨 집에 머물면서 많은 책을 읽었다
    고 알려져 있습니다. 홍씨는 누구이고, 그 분과 어떤 인연이 있으

며, 얼마동안 어떤 책을 탐독하셨습니까?

손 : 홍씨로만 알려져 있습니다. 선생님은 약 1년 가까이 홍씨의 초당
에 머물면서 여러 분야의 많은 책을 탐독 하셨다고 합니다. 아마
학문적 기초는 이 시기에 거의 쌓았을 것이라고 합니다.

최 : 이제마 선생님은 이 무렵 노사 기정진 선생님을 만났다는 이야기
도 있습니다. 그러나 한국의 학자들은 두 분의 만남을 믿지 못하
고, 잘 알지도 못하는 듯합니다. 전해 들어 알고 계신 내용이 있
으면 말씀해 주십시오.

손 : 전해들은 말씀에 의하면 노사 기정진 선생님을 만난 것은 사실이
며, 이제마 선생님의 일생에 매우 중요한 사건이었다고 합니다.
기정진 선생님을 찾아가 만난 것은 20세 초반인데, 약 한달 보름
정도 계시면서 여러 가지를 묻고 배웠다고 합니다. 최겸용 선생님
이 전한 말씀에 의하면 노사는 이제마 선생님에게 이렇게 말씀하
셨다고 합니다.

　공은 비상한 천재다. 그러나 그 불같은 성격, 남을 업신여기는 자세는
버려야 한다. 그러면 너의 병도 낫고 큰 학자가 될 것이다.

　당시 이제마 선생님에게는 액역증(먹으면 토하고 하지가 무력
한 증세)이 있었는데, 기노사의 이 말씀을 듣고 마음의 병을 다
스린 후 좋아지게 되었다고 합니다.

이 일이 있은 후 이제마 선생님은 인간의 병은 마음(정신)이 가장 중요하게 작용한다는 것을 알게 되었고, 이 일이 계기가 되어 마음이 몸에 어떠한 영향을 미치게 되는지에 관심을 갖고 연구를 하게 되었다고 합니다.

최겸용 선생님은 제자들에게 "그토록 방황하던 이제마 선생이 현인, 군자가 되고 학자가 된 것은 다 기노사의 가르침을 받아서 전변된 것"이라고 항상 말씀하셨다고 합니다. 이제마 선생님은 태양인이라 성질이 불 같아서 한번 화가 나면 스스로 삭이지 못하였는데, 기정진 선생님의 가르침을 받아 깨달은 후 몸과 마음이 안정되고 정상적인 생활을 하게 된 것이지요.

최 : 당시 한의학은 오랜 전통과 함께 절대적인 권위를 갖고 있었는데, 왜 새로운 의학 이론 수립을 결심하게 되었는지가 저에게는 항상 의문이었습니다. 그러면 기노사 선생님에게 이 말씀을 듣고 자신의 병이 나은 것이 계기가 되어 전통의학과는 다른 새로운 이론을 모색하게 되었다고 볼 수 있을까요? 혹 이와 관련해 들은 말씀이 있으시면 들려주십시오.

손 : 최겸용 선생님의 말씀으로는 이제마 선생님이 "내가 의학을 공부했는데, 허준 선생이 제일이다. 그러나 이들 의학으로는 치료가 되지 않았지만 기노사 선생을 만난 후에 마음의 병이 고쳐져야 완전히 고쳐질 수 있다는 것을 알았다"고 하셨답니다. 심신이 함께 치료되어야 완전한 치료가 가능하다는 말씀이지요. 기노사 선생의 말씀을 듣고 병이 낫게 된 사건은 아마 사상의학을 이해

하는 데 매우 중요한 참고자료가 되리라고 생각합니다.

최 : 아시다시피 이제마 선생님이 생존한 시대는 청나라를 통해 서양의 문물이 많이 들어온 때입니다. 이 때 이제마 선생님께서 서양의학을 접하고 배우거나 또는 영향을 받았을 개연성이 있는데, 혹 들은 말씀이 있으십니까?

손 : 그 때는 서양의학이 이미 소개되었기 때문에 아마 서양의학의 자극을 받았을 것으로 추측할 수 있습니다. 그러나 이에 대해서는 전해 들은 말씀이 없습니다.

최 : 말년에 이제마 선생님은 정신이 흐려지는 신경쇠약 증세를 보였다고 들었는데, 자세히 말씀해 주십시오.

손 : 최겸용 선생의 말씀에 의하면 이제마 선생님은 말년에 풀밭에 앉아 혼자 하소연도 하고 때로는 통곡도 하는 등 신경쇠약 증세를 보였다고 합니다. 원인은 자식과 뜻이 맞지 않았기 때문이지요. 작은 아들 용수(龍水)는 허준 선생 계열의 한의사를 했는데, 자신의 학문과 다른 길을 갈 뿐만 아니라 욕심이 많은 것에 대해 늘 걱정하셨답니다. 그러나 아들 용수는 자식보다 제자들을 더 아끼신다고 생각하여 늘 불만이었답니다. 그러던 중 돈벌이가 될 비법을 가르쳐달라고 하여 거절하자 더욱 사이가 멀어졌다고 합니다.

　작은 아들이 이제마 사후에 보원국(保元局)을 이어 받아 경영했다고 말하는 한국의 학자가 있던데, 이것은 잘못 알려진 것입니다. 보원국은 최겸용 선생이 이어받아 경영하셨다고 합니다.

최 : 제자인 김영관의 집에서 타계하셨다는 것도 이런 사정과 무관하지는 않겠군요. 이에 대해서도 말씀해 주십시오.

손 : 이제마 선생님은 돌아가시기 전 어느 날 "앞날이 멀지 않았는데, 내가 산 자리를 좀 봐야겠다"며 제자들과 함께 함흥의 반용산에 올라가 묘 자리를 찾으셨다고 합니다. 한 자리를 보시면서 "이 자리가 좋은데 말발굽 소리가 듣기 싫다"고 하셨답니다. 다음 고개를 넘어 한 자리를 보시고는 "늪이 생겨 보기 싫다"고 하셨고, 마지막 고개를 넘어 한 자리를 보시고는 "여기가 좋구나. 그런데 도둑이 무서우니 깊이 묻어다오"라고 말씀하셨답니다. 첫 자리는 일제 강점기 때에 바로 옆에 신작로가 생겼고, 두 번째 보았던 자리는 뒷날 저수지로 변했답니다.

선생님이 돌아가시자 제자들은 세 번째 보았던 자리에 유언에 따라 깊이 모셨답니다. 그런데 장례 후 제자들이 걱정이 되어 다음날 묘소에 가 보니 작은 아들 용수가 아버지 묘를 파고 있었다고 합니다. 제자들을 본 작은 아들은 이들을 향해 "너희 제자들에게는 많은 것을 주었는데, 내게는 준 것이 없다. 무슨 관을 썼는지 보고 싶다"고 고함을 쳤다고 합니다.

잘 아시는 대로 이제마 선생님은 64세 때인 1900년 9월 21일 오시(午時)에 제자인 김영관(金永寬)의 집에서 운명하셨습니다. 선생님은 그날 밖에서 돌아와 김영관 선생에게 "내가 너에게 신

세를 좀 져야겠구나"라고 하시면서 방에 들어와 목침을 베고 주
무시듯이 타계하셨다고 합니다.

장례는 최겸용, 김영관 등 율동 계원 제자들이 치렀다고 합니다.

최 : 오늘날 사상의학에 대한 해석이 분분한 것은 이제마 선생님의 사
상의학이 제자들에게 온전하게 전해지지 못한 것이 원인이라고
생각됩니다. 제자들에 관련해 알고 계신 것을 듣고 싶습니다.

손 : 사상의학을 제대로 전수받은 제자가 몇 분인지는 명확하지 않습
니다. 다만 당시 상황으로 미루어보면 제자들을 길러낼 충분한
여건이 되지 못했던 것으로 짐작됩니다. 말년까지 공직에 계셨
고, 고향에 돌아와서는 치매 비슷한 신경쇠약을 앓으신 것이 그
원인이라고 생각합니다. 최겸용, 김영관 선생 두 분 정도가 사상
의학을 온전하게 이해한 제자로 들었습니다.

　잘 아시는 바와 같이 알려진 율동계 제자는 金永寬, 韓稷淵, 宋
賢秀, 韓昌淵, 崔謙鏞, 魏俊赫, 李燮垣입니다. 그러나 율동계 제자가
모두 의학을 공부한 것은 아니며 한학을 공부하신 분도 포함되
어 있다고 들었습니다.

최 : 한국에서는 한두정(韓斗正) 선생이 이제마 선생님의 직계 제자로
알려져 있습니다. 그런데 왜 율동계 제자로 기록되어 있지 않은
지 궁금합니다.

손 : 제자인 것은 맞습니다. 그러나 그 분은 처음부터 율동계 계원이

아닙니다.

최 : 한두정 선생이 이제마 선생님의 제자라면 왜 율동계에 들지 못했
을까요? 율동계원이 아니라면 제자가 아니라는 의미로 해석되는
데, 여기에는 어떤 사연이라도 있습니까?

손 : 한두정 선생은 이제마 선생의 첫 제자입니다. 머리가 매우 영특
한 분입니다. 그러나 얼마 배우지 못하고 이제마 선생님에게 방
임을 당하셨다고 합니다. 쫓겨난 것이지요. 이제마 선생님은 태
양인이고, 한두정 선생은 소양인이었는데 성격이 맞지 않아 자
주 충돌했다고 합니다. 이제마 선생님의 가르침에 따르지 않거나
약을 함부로 쓰기도 하며, 심지어 이제마 선생님의 글을 자주 뜯
어 고쳤답니다. 그래서 결국은 야단을 맞고 쫓겨난 것이랍니다.

최 : 그렇다면 최겸용 선생이나 김영관 선생이 이제마 선생을 계승한
제자라고 할 수 있는데요 이 분들이 길러낸 제자들이 혹 북한에
남아 있는지, 남아 있다면 지금도 사상의학이 전승되고 있는지 궁
금합니다.

손 : 저의 스승 김구익 선생님의 말씀에 따르면 김영관 선생은 불행하
게도 이제마 선생님 사후 얼마 되지 않아 타계하셨고, 최겸용 선
생도 여건이 되지 않아 많은 제자를 길러내지 못했다고 합니다.
제가 평안남도 진남포에 있는 '남포고등의학원'(현 개성의대로
합병) 동의계를 1964년에 졸업했는데요, 공부할 당시에 이미 사

상의학이 전수되지 않았음을 확인했습니다. 특히 지금은 한의학 자체를 연구할 수 없는 형편이고, 일반인의 치료는 민간요법에 의존하는 실정입니다.

최 : 그러면 사상의학은 최겸용 선생에서 김구익 선생에게로, 다시 김구익 선생에서 손 선생님에게 전승된 것으로 보아야 하겠군요.

손 : 예, 그렇다고 할 수 있습니다. 그렇지만 저는 철학을 공부하지 않아 사상의학의 이론적 근거가 무엇인지에 대해서는 알지 못한 점이 많습니다.

최 : 최겸용 선생님은 어떤 분이셨습니까?

손 : 최 선생님은 율동계의 한 사람으로 기록되어 있을 뿐, 그 외에 다른 기록은 없습니다. 다만 김구익 선생님이 전하신 말씀에 따르면 최겸용 선생님은 이제마 선생님이 돌아가시기 전에 지필묵과 모든 자료를 물려줄 정도로 가장 총애한 제자였다고 합니다. 그리고 최선생님은 유학자요 문객으로 율시와 문장이 매우 뛰어났다고 합니다. 김구익 선생이 최겸용 선생님을 찾아가 사사받고 필사한 것이 곧 이 자료들입니다. 그러나 최겸용 선생님이 물려받은 자료는 이미 모두 없어져 전해지지 않고 있다고 들었습니다.

최 : 그러면 김구익 선생님은 어떤 분이며, 어떤 연유로 최겸용 선생

님을 찾게 되었습니까?

손 : 김구익(1880~1969) 선생님은 함경북도 출생이시고, 호는 노산(魯山)입니다. 15세 때부터 의학자인 안형래(安亨來) 선생에게 의학 공부를 했다고 합니다. 33세에 이미 『오운육기론(五運六氣論)』 『임상의안집록(臨床醫案集錄)』을 집필하셨습니다. 북한 무산군 연사에서 의사 생활을 하셨는데, 1914년에는 만주로 들어가십니다. 사상의학은 스스로 공부를 하셨고, 그 이전에는 『의학입문』으로 공부를 했다고 합니다. 앞서도 말씀드렸습니다만 김구익 선생님은 강덕황제의 상(상장과 상금을 목단강에서 받으심)을 받을 정도로 의사로서 명성이 자자한 분이셨습니다. 그리고 56세가 되던 1936년에는 제자 임봉우(林鳳宇)와 함께 함흥에 계신 최겸용 선생님을 찾아가 약 3~4개월 동안 사사 받고 의학자료(『동의수세보원』『격치고』『동무유고』『사상초본권』『동의사상초본권』『비망록』『동의사상신편』 등)를 필사하여 가지고 돌아오셨습니다. 처음에는 보름 정도 시간을 내어 필사하고 돌아 올 계획이었는데 3~4개월이 걸렸고, 돌아오는 길에는 이제마 선생님의 행적을 따라 사평까지 돌아보고 오느라 여행 기간이 6개월이 걸렸다고 합니다.

최 : 만일 그 때 김구익 선생님이 필사해 오지 않았다면 오늘날 이제마의 저술 중 일부는 전해지지 않았을 수도 있었겠군요.

손 : 그렇습니다. 당시 사상의학은 이단으로 버림받은 학문이었는데,

사상의학을 발굴하여 정리하고 후학에게 전수하신 것은 높이 평
가받아야 할 것입니다.

최 : 이제 손 선생님(孫永錫: 1944년 길림성 용정 출생)에 대해 여쭈어
보겠습니다. 김구익 선생님께 어려서부터 의학을 배웠고, 이제마
선생님의 『동의수세보원초본권』이 존재한다는 것을 세상에 알리
는 공헌을 하셨다고 들었는데요, 이에 대해 말씀해 주십시오.

손 : 예. 저는 모친의 병을 고치겠다는 일념으로 중학 시절 13세 때부
터 김구익 선생님에게 의학을 공부하게 되었습니다. 고등학교는
다니지 않았습니다. 그러다가 61년에 북한으로 건너가 평안남도
진남포에 소재한 '남포고등의학원'(전문학원, 현 개성의대로 합
병) 동의계에 진학하여 의학을 공부하고 1964년에 졸업했습니다.
그리고 1965년에 연변으로가 용정(龍井)에서 의사 생활을 했습니다.
    그러다가 김구익 선생님이 정서한 『동의수세보원초본권』을
근간으로 띄어쓰기를 하고, 백화문으로 바꾼 후 1985년 10월에
'연변조선족 자치주민족의약연구소'에서 발간한 연구지 『조의
학(朝醫學)』의 부록에 『사상의학초본권』이라는 이름으로 실었습
니다. 이때 김구익 선생님의 저술 『사상임해지남(四象臨海指南)』
도 함께 정리하여 『조의학』의 부록에 실었습니다.
    연변에서도 사상의학의 연구가 진행되고 있다는 사실이 한국
에 알려진 것은 1991년도 이후의 일입니다. 류희영 교수(전 원광
대 한의대 교수, 현 안동 유리한방병원)께서 연변의학잡지 『중
국의학사잡지』에 실린 제 논문 「김구익 선생을 회억하며」를 보

시고 연변에도 사상의학 연구가 존재한다는 사실을 알게 되었
다고 합니다.

최 : 그러면 다시 이제마 선생님의 저작 출판에 대해 여쭈어 보겠습니
다. 이제마 선생님의 대표작인 『동의수세보원』은 타계하신 다음
해에 출판된 것으로 알고 있습니다. 그 후의 출판에 대해서도 말
씀해 주십시오.

손 : 예. 『동의수세보원』 초판은 1901년에 율동계원 제자인 김영관,
한직연, 송현수, 한창연, 최겸용, 위준혁, 이섭원 등에 의해 목활
자본 4권 2책으로 간행되었습니다. 그 후 1998년까지 8판이 간행
되었습니다.

　　그러다가 1940~1941년에 함흥에서 한두정 선생을 중심으로
이제마 선생님의 저술 정비 작업과 간행 사업이 대대적으로 진
행되었습니다. 그 때 한석지의 『명선록』과 이제마의 『격치고』
(1940)가 함께 간행되었고, 다음 해(1941)에는 『동의수세보원』을
간행하였는데, 이 책이 7판(신축본)입니다.

최 : 그 밖의 출판물에 대해 아시는 내용이 있으면 말씀해 주십시오.

손 : 종손 이진윤, 이헌재(당시 두 분은 모두 포목장사를 하심) 씨가
6·25때 남하하면서 이제마 선생님이 친필로 쓴 『동의수세보원
자주』를 가져왔는데, 홍순용, 이을호 두 분 선생님에게 전해졌다
고 합니다. 그리고 「약성가」는 행림서원 이태호 사장님이 보관

하셨던 것으로 알고 있습니다.

최 : 저에게 주신 선생님의 책 『중국조선민족의학진수(中國朝鮮民族醫學眞髓)』를 검토하다가 다음과 같은 이제마 선생님의 말씀이 있다는 것을 처음 알게 되었습니다.

　　　이 책은 비록 이 사람의 손에서 나왔지만 사실은 천고(千古)의 의가(醫家)에서는 볼 수 없는 책이다. 이 책은 고금의 시비가 있겠지만 결국은 의약(醫藥)의 중심[樞軸]이 될 것이다. 비록 한 글자라도 잘못 쓴다면 곧 글 짓는 자에게 큰 누가 될 것이다.

　　　(此書 雖出今人之手 實是千古醫家稀罕之書 此書任古今之是非 決醫藥之樞軸. 雖一字誤書 則爲作文者之大累.)

　　사상의학이 새로운 의학서로서 앞으로 한의학의 중심이 될 것이라는 강력한 주장으로 해석되는데, 알고 계신 내용이 있으면 말씀해 주십시오.

손 : 예. 제 책에 쓴 이 글은 이제마 선생님의 말씀이 맞습니다. 이 글은 한두정 선생을 중심으로 출간한 『동의수세보원』 7판 맨 끝에 실려 있습니다. 7판의 내용은 전과 동일하지만 다만 「사상인 변증론」 맨 끝부분에 이 글이 첨가되어 있는 점이 다릅니다. 김용준 선생이 편집한 것을 포함 6판까지는 이 글이 없었는데, 한두정 선생이 자신의 기록이나 기억하고 있던 말씀을 보충하여 기록한 것입니다. 아마 7판을 보지 못한 사람은 이 말씀에 대해 알지 못하겠지요. 이 말씀은 사상의학의 종지를 헤아리는 데 매우

중요한 자료로 판단하고 있습니다.

최 : 저는 대학 시절(1975) 이을호 교수님에게서 사상의학 이론을 공부하면서 이제마 선생님이 "사상의학은 내가 죽은 100년 후에쯤 사람들에게 널리 쓰이게 될 것이다"고 말씀하셨다는 것을 들었습니다. 이 말씀의 출처를 찾지 못하고 있었는데, 손 선생님의 책에 이런 말씀이 백화문으로 기록되어 있는 것을 발견했습니다.

> 인간은 천부적으로 타고난 오장육부의 허실이 있고, 사람마다 각기 체질이 다른 만큼 그에 맞는 약재를 쓰고 식생활을 해야 한다. 나는 이 진리를 옛 사람들로부터 전해온 저술과 나 자신의 오랜 경험 및 연구를 통해 발견하였으며, 앞으로 내가 죽고 100년 뒤에는 반드시 사상의학이 모든 사람들에게 널리 쓰이는 시대가 올 것이다.
>
> (人有天稟五臟六腑之虛實 因人人體質不同 因此用藥 飮食生活也應該跟着相應. 這個眞理 是余根據古人傳下來的著述 通過本人的實踐經驗和硏究而發現的, 我去世一百年之后 人們廣泛之使用四象醫學的時代必將到來.)

이 말씀이 사실인지, 그리고 어느 책에 기록되어 있는지 궁금합니다.

손 : 예. 사실입니다만 기록이 아니라 구전되어 온 말씀입니다. 물론 이 말씀은 어느 한 제자가 아니라 최겸용, 김영관, 한두정 등 여러 제자들에 의해 전해진 것입니다. 그것을 제가 한어(중국어)로 정리해서 『조의사상의학약성관(朝醫四象醫學藥性觀)』에 실은 것입니다. 특별히 약성관에 실은 것은 학생들이 가장 많이 접하는 책

이기 때문에 가장 잘 전해질 것이라고 생각해서 여기에 기록했습니다.

최 : 현재 북한에도 사상의학을 연구하는 학자들이 있을까요? 혹 알고 계신 내용이 있으면 말씀해 주십시오.

손 : 저는 북한에서 의학 공부를 할 때 김희성 선생에게 배웠는데요, 당시에는 사상의학 연구자가 있었습니다. '고려의학연구원' 밑에 '사상의학연구소'도 있었습니다. 그런데 지금은 연구 목적의 약재도 없어서 민간요법 위주로 치료하는 형편입니다.

최 : 마지막으로 사상의학 이론에 대해 선생님의 견해를 듣고 싶습니다.

지금까지 한국에서 진행되어 온 사상의학 이론 연구에서 '사상의학'을 해석하는 데 크게 두 가지 관점이 존재합니다. 하나는 사상의학을 주역의 변화 원리에 근거한 오행 원리 또는 오행의 변형 원리라는 관점에서 해석하는 견해가 있고, 다른 하나는 오행과 일체 무관한 의학 이론이라는 견해가 있습니다. 그리고 최근에는 『동의수세보원』에 등장하는 성명, 이기, 심성정 등 사상의학의 철학적 근거가 되는 개념들을 주자학의 관점에서 해석하는 연구도 있습니다.

선생님은 김구익 선생님에게 배웠기 때문에 전통 한의학과 사상의학의 차이가 무엇인지를 전해 들으셨을 것입니다. 전해 들은 말씀 또는 선생님의 견해를 말씀해 주십시오.

손 : 예. 앞에서도 말씀드렸듯이 저는 의학은 공부했지만 철학은 공부
하지 못해서 사상의학에 대한 철학적 이해가 부족합니다. 그러
나 전해 들은 말씀에 의하면 사상의학 이론 또는 사상 개념은 오
행 이론이나 주역, 그리고 주자학과도 전혀 무관한 것입니다. 주
자학을 비판했던 다산의 학문과도 관계가 없는 매우 독창적인
이론입니다. 김구익 선생님은 허준 선생님의 의학도 우리 의학
사의 중요한 자산이지만 전통 의학과 다른 독창적 의학 이론을
수립했다는 점에서 이제마 선생님의 사상의학을 높이 평가하셨
습니다.

최 : 오랜 시간 동안 수고하셨습니다. 오늘 선생님의 말씀 감사드리고
요, 선생님의 말씀은 후학들에게 이제마 선생님과 사상의학을
이해하는 데 많은 참고가 될 것입니다.

손 : 오히려 제가 감사드립니다. 부디 이제마 선생님에 대한 잘못된
기록이 이 대담을 통해 수정되기를 바라고, 또 사상의학은 오행
이나 주자학과 무관한 학문이라는 것이 세상에 알려져 바르게
연구되기를 바랍니다.

최 : 감사합니다. 저도 사상의학 이론이 이제마 선생님이 의도하신 방
향으로 연구되기를 바라고, 또 이 연구에 기초한 사상의학 이론
이 더욱 발전하여 사상의학에 의한 치료가 질병으로 고통 받고
있는 인류에게 희망이 되기를 기대합니다.

손 : 감사합니다.

최 : 감사합니다.

찾아보기

역해자 소개

전남대학교와 동 대학원 철학과를 졸업하고 충남대학교 철학과에서 철학박사 학위를 받았다. 현재는 전남대학교 교수다. 저서로는 『정다산의 경학』(민음사, 1989, 공저), 『유학사상』(전남대학교출판부, 광주고전국역총서, 1992, 공저), 『이제마의 철학』(경인문화사, 2009) 등이 있으며, 편저로는 『형식논리학입문』(전남대학교출판부, 1986, 공편저) 등이 있다. 역서로는 『유학사상(연보집성)』(한국전산출판사, 광주고전국역총서, 1994, 공역)이 있다.

동의수세보원 역해

초판 인쇄   2012년 12월 21일
초판 발행   2012년 12월 28일

저   자   이제마
역   해   최대우
발 행 인   한정희
발 행 처   경인문화사
등록번호   제10-18호(1973년 11월 8일)
주   소   서울특별시 마포구 마포동 324-3
전   화   718-4831~2
팩   스   703-9711
홈페이지   www.kyunginp.co.kr
이 메 일   kyunginp@chol.com

ISBN 978-89-499-0914-1   93150
값 23,000원